U0806340

ALTERED TRAITS

Science Reveals How Meditation Changes Your Mind, Brain, and Body

新情商

改变大脑、成就自我的力量

[美] 丹尼尔·戈尔曼（Daniel Goleman）
理查德·戴维森（Richard Davidson）/ 著
史耕山 张尚莲 / 译

中信出版集团 | 北京

图书在版编目（CIP）数据

新情商 /（美）丹尼尔·戈尔曼，（美）理查德·戴维森著；史耕山，张尚莲译. -- 北京：中信出版社，2019.4（2019. 7 重印）

书名原文：Altered Traits: Science Reveals How Meditation Changes Your Mind, Brain, and Body

ISBN 978-7-5217-0040-4

Ⅰ. ①新… Ⅱ. ①丹… ②理… ③史… ④张… Ⅲ. ①心理学－研究 Ⅳ. ①B84

中国版本图书馆 CIP 数据核字（2019）第 024418 号

Altered Traits: Science Reveals How Meditation Changes Your Mind, Brain, and Body by Daniel Goleman and Richard J. Davidson

Copyright © 2017 by Daniel Goleman and Richard J. Davidson

Simplified Chinese translation copyright © 2019 by CITIC Press Corporation

All rights reserved.

本书仅限中国大陆地区发行销售

新情商

著　　者：[美] 丹尼尔·戈尔曼　[美] 理查德·戴维森

译　　者：史耕山　张尚莲

出版发行：中信出版集团股份有限公司

（北京市朝阳区惠新东街甲 4 号富盛大厦 2 座　邮编　100029）

承 印 者：北京通州皇家印刷厂

开　　本：880mm × 1230mm　1/32　　印　　张：11.75　　字　　数：250 千字

版　　次：2019 年 4 月第 1 版　　印　　次：2019 年 7 月第 4 次印刷

京权图字：01－2019－0507　　广告经营许可证：京朝工商广字第 8087 号

书　　号：ISBN 978－7－5217－0040－4

定　　价：69.00 元

版权所有·侵权必究

如有印刷、装订问题，本公司负责调换。

服务热线：400-600-8099

投稿邮箱：author@citicpub.com

目录

第十章　冥想心理疗法

第十一章　瑜伽修行者的大脑

第十二章　科学奇观

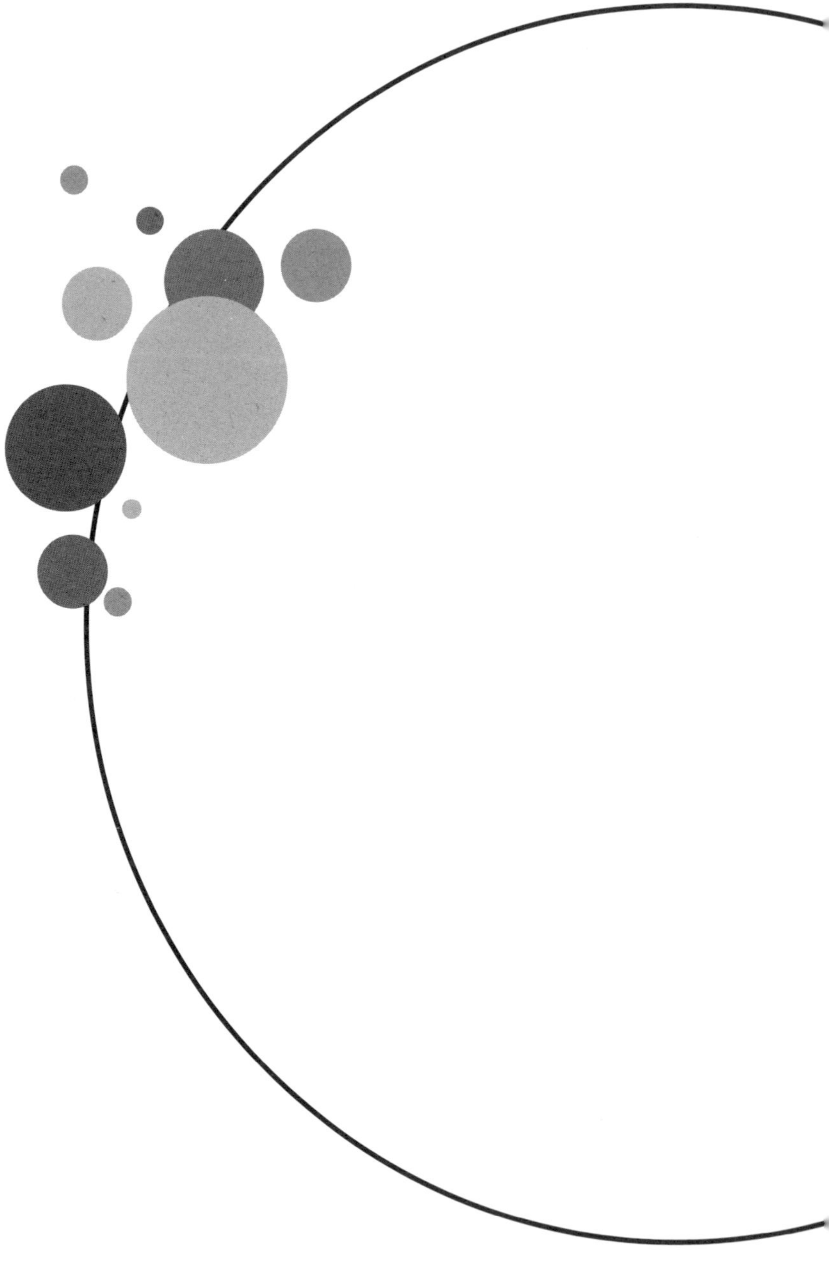

第一章

冥想：提升心智的古老“神话”

在一个晴朗的秋日上午，中校史蒂夫·Z正在五角大楼里工作。突然，他听到一阵惊天巨响，刹那间，天花板轰然落下，他被埋入废墟，顿时失去了知觉：2001 年 9 月 11 日，一架客机撞上了紧邻史蒂夫办公室的那座大楼。

机身爆炸时，火光冲天，一个巨大的火球冲入他的办公室，多亏了埋在身上的废墟，史蒂夫才捡回一条命。尽管得了脑震荡，4 天后史蒂夫还是回去工作了。他忙忙碌碌，度过了一个个焦虑不安的夜晚，每天从下午 6 点一直工作到次日早上 6 点（因为此时正是阿富汗的白天）。不久之后，他自愿去伊拉克工作了一年。

史蒂夫回忆道："我去伊拉克，主要是因为逛商场时我的精神会不由自主地高度紧张，我时刻警惕人们看我的样子，草木皆兵。我不敢乘坐电梯，堵车时我会觉得被困在车里，再也无法脱身。"

他的种种表现是典型的创伤后应激障碍（PTSD）。当意识到自己无法应对时，他找到一位心理治疗师寻求帮助。直到现在，史蒂夫仍会去找她就诊。她慢慢引导他尝试正念（mindfulness）冥想法。

他说："正念让我变得更加平静、更加放松，不再反应过激。"正念练习的增加，使他产生了慈悲心。通过继续静修，他的创伤后应激障碍不再那么频繁发作、那么严重了。虽然他仍会感到焦虑不安，但总算可以沉着应对了。

史蒂夫的故事使我们对冥想（meditation）的尝试兴趣陡增。我们每个成年人其实都是冥想者，并且像史蒂夫一样，知道这种练习对自身大有裨益。

我们所掌握的科学知识也让我们三思而后行，并非所有由冥想“魔力”促成的事情都经得起严格的考验。因此，我们已经着手辨别有效之举与无效之举。

你对冥想的一些了解可能是错误的，（甚至）你可能还不知道冥想究竟是什么。

很多人都有与史蒂夫类似的感受，他们声称通过冥想之类的方法，比如正念，人们可以获得解脱，它不仅能治愈创伤后应激障碍，而且几乎能帮助解决所有的情绪问题。

然而，正念是古代冥想传统的一部分，原本并非一种心理疗法，最近才成为治愈现代焦虑的一剂良药。其最初的目的是深入探索大脑，从而全面调整身心，时至今日，这一初衷仍为一些人所坚持。

另外，冥想的实际应用（正如帮助史蒂夫从创伤中恢复的正念）对人们有着广泛的吸引力，但人们对冥想的探索仍然不够深入。由于这种宽泛的练习方式很容易掌握，很多人已经设法每天至少冥想一会儿。

冥想涉及两个方面：深入与拓展。两者尽管大相径庭，但常常被混淆。

我们认为深入探求冥想的方式包括两个层级，我们将东南亚古老的南传佛教（Theravada Buddhism）僧人或瑜伽修行者练习清心寡欲的冥想（我们将在第十一章中看到一些重要的资料）这种最深入的练习方式称为第一级。

在第二级中，这些传统的练习方式已不再（如同僧人或瑜伽修行者那样）是一种不折不扣的生活方式，而变得更适合西方。第二级冥想抛弃了源于亚洲传统，可能会提高跨文化交流难度的部分内容。

接着是几种拓展开来的冥想方式。在第三级中，这些相同的冥想练习不再局限于个人的精神世界，而是被拿出来传授给众人。如正念减压疗法（MBSR），由我们的好友乔恩·卡巴金（Jon Kabat-Zinn）创立，现今在数以千计甚至更多的诊所和医疗中心得以传授；再如超觉静坐（TM），以简明易懂的方式为现代社会带来了经典的梵文咒语。

第四级中的冥想方式对绝大多数人来说最为方便可行。当下流行的桌前正念练习，或使用几分钟的冥想应用软件，就是这一层级练习的范例。

我们还预见到了第五级，虽然它现在尚未成形，但必定会日益成熟。在第五级中，科学家研究所有其他层级所得出的经验将会带来创新和改变，这对我们大有裨益——我们将在第十四章中探讨这种可能性。

我们最初开始冥想时，第一级给人带来的深刻转变令我们着迷。丹尼尔研究了古代的经文，并练习了它们所描述的方法。他在印度和斯里兰卡读研究生的两年期间以及随后的日子里更是如此。理查德跟随丹尼尔到亚洲进行长期游学，同样在那里静修，与冥想研究者见面——最近在威斯康星大学的实验室里完成了对资深冥想者脑部的扫描。

我们自己主要进行第二级的冥想练习，但是从一开始，第三级和第四级中宽泛的冥想方式对我们也是至关重要的。我们的亚洲老师说，如果冥想的任一方面能帮助减轻痛苦，那么就应该把它带给所有人，而不仅仅是那些进行精神探索的人。我们的博士学位论文采纳了这一建议，进而研究冥想给人带来认知和情感回报的种种方式。

这里的故事是我们个人经历和专业历程的真实写照。20 世纪 70 年代，我们在哈佛大学读研究生时相识，自那时起，我们就成为好友，并在冥想科学上进行合作。此外，在这些年里，我们俩都是这一人类内心艺术的践行者（尽管我们都不是这方面的专家）。

尽管我们俩都是心理学家，但讲述这个故事的能力是互补的。丹尼尔是一位经验丰富的科学记者，10 多年来他一直为《纽约时报》撰写文章。理查德是一位神经科学家，作为威斯康星大学健康心智研究中心的创始人兼主席，他还管理着魏斯曼中心的脑成像实验室，这里有功能性磁共振成像（fMRI）、正电子发射断层成像扫描仪（PET scanner）和一系列的尖端数据分析程序，并且配备数百台服务器来完成繁重的计算任务。他的研究团队汇集了 100 多名专家，包括物理学家、统计学家、计算机科学家、神经科学家、心理学家以及专注冥想研究的学者。

合著一本书可能会面临困难，我们确实也遇到了一些困难，但是无论合著让我们面临多大的困难，与一起工作的快乐相比，都不值一提了。我们是数十年的好友，但在大部分的职业生涯中，我们的工作没有交集。本书让我们有机会重聚，这的确是件乐事。

你手捧的这本书是我们以前一直想写却无力完成的书。现在我们所需要的科学知识和数据都已经趋于完善，因此我们很开心能和读者分享这本书。

我们的欣喜也源于一种共同的、意义非凡的使命感：我们的目标是通过从根本上重新解释冥想的真正优劣和冥想练习的真实目的，从而转变交流方式。

深入的冥想方式

1974 年秋，理查德从印度回到哈佛大学参加一个关于精神病理学的研讨会。他留着长发，衣着打扮紧跟当时剑桥的时代潮流，还系着彩色编织腰带。教授看了他一眼，意味深长地说：“精神分裂症的一个症状就是一个人的穿衣打扮怪异。”这番话令他大吃一惊。

理查德告诉他在哈佛大学的教授，他想写有关冥想的论文，教授立刻直言不讳道：“这将会直接断送你的职业生涯。”

丹尼尔开始使用真言研究冥想的作用。听闻此事，他的一位临床心理学教授质疑道：“真言和我那些病人不停说的‘呸呸呸’有什么不同呢？”[1] 丹尼尔回答道，秽语是精神病理学中无意识的表现，而无声的真言重复是意识专注后油然而生的。教授对他的解释颇不以为然。

这些都是学院负责人对我们的研究表示反对的典型反应。他们仍然习惯性地否定任何与意识有关的研究——这或许是他们处理完蒂莫西·利里（Timothy Leary）和理查德·阿尔珀特（Richard Alpert）事件后出现的一种轻度创伤后应激障碍。利里和阿尔珀特被断然逐出学院，原因是他们竟然让哈佛大学的本科生试验迷幻药。虽然我们入学时这件事已经过去 5 年了，但其影响延续至今。

即便我们的学术导师将我们的冥想研究视为一条死胡同，但直觉告诉我们这是一项令人心驰神往的研究。我们有个大胆的猜想：冥想除了能给我们带来精神上的愉悦外，其真正的益处是塑造持久的人格。

重塑人格的理念已经成为我们的终生追求，我们在讲述这个故事时相互协作。在印度的那些年，丹尼尔作为早期研究者，研究了起源于亚洲的重塑心智的方法，但在他回到美国后，他并没有成功地将从冥想中获得的有益变化以及相关古老练习方式传达给当代心理学界。

理查德在冥想上的个人经历促使他数十年来致力于相关科学研究，以便为我们重塑人格的理论提供强有力的支持。如今，他的研究团队得出的数据已经验证了那些似乎只是幻想的故事。作为冥想神经科学（contemplative neuroscience）这一新兴研究领域的开拓者，他一直在培养下一代科学家，他们的研究将会进一步充实理查德的研究。

当拓展的冥想方式越发令人欣喜若狂时，人们常常错过另一种方式——深入的冥想方式，这已经成为冥想真正的目标。正如我们所见，冥想最引人入胜的不是让我们拥有更加健康的身体或更加敏锐的业务能力，而是让我们更接近美好的本性。

一连串有关深入冥想方式的发现，大力发展了积极潜能上限的科学模式。进一步研究发现，深入的冥想方式可培养持久的品格，如无私、沉着、钟情、同情，这些品格都有助于重塑正面人格。

如果当代心理学界愿意洗耳恭听，那么我们的研究对其而言似乎是一则大新闻。不可否认，除了我们在亚洲遇到一些大师后所产生的直觉、古代禅修经文的论断以及自己对这种内在艺术的初步体验外，我们有关人格重塑的理论一开始缺乏足够的支撑。现在，在受到几十年的冷落之后，过去几年里的诸多发现终于证实了我们早期的直觉。直到最近，科学数据才趋于完善，证实了我们的直觉和经文的论断：研究中所揭示的人类心智的深刻变化显示出人脑还有与平常迥然不同的功能。

相关的大量数据来自理查德的实验室，这是唯一一个对几十位冥想大师（这些大师主要是瑜伽修行者）展开研究并取得成果的研究中心。该实验室里有关深入冥想的资源也最为丰富。

作为当今世界主要的灵性传统之一，冥想秘而不见，现代人对其也颇感困惑。要想为冥想提供科学方面的证据，这些貌似不太合适的研究参与者就尤为重要。现在我们可以分享有关人类心智深刻转变的科学依据——这将大大改善人类对心理科学研究的局限性。

这种“苏醒”（深入冥想的目标）观点似乎为古老的童话增添了现代气息。然而，理查德实验室的一些数据是在本书出版之前刚刚发布的，数据证实了思想和行为方面显著的积极转变，也证实了对深入冥想方式的长期研究不是神话，而是现实。

拓展的冥想方式

长期以来，我们一直是心智和生命研究院（Mind and Life Institute）董事会的成员，该研究院成立的初衷就是为心智领域的大师和科学家提供一个对话平台，他们可以就很多话题展开深入交流。[2] 2000年，我们组织了一个有关“破坏性情绪”的高端论坛，一些情绪领域的顶级专家出席了论坛，其中就包括理查德。[3] 讨论过程中，一名与会者向理查德提出了一个新颖的观点。

他发现，东方传统中有许多行之有效的方法可以排解破坏性情绪。因此，他主张将这些方法脱去宗教的外衣，带入实验室，并对它们进行严格的测试。如果它们能帮助人们摆脱破坏性情绪，那么就可以大范围推广，从而使所有人受益。

这令我们热情高涨。在那天晚餐时和接下来的几个夜晚，我们便开始策划本书所要汇报的整个研究课题。

这一想法使理查德重新运用其强大的实验室去研究深入冥想和拓展冥想的方式。作为健康心智研究中心的创始人，理查德鼓励有价值且有理有据的研究，如学龄前儿童慈善项目和退伍老兵的创伤后应激障碍治疗。这些研究对学校师生、医护人员、商界人士、警察等都大有裨益。

这也促使一些新的研究得以问世。这些研究通过科学依据支持了拓展冥想方式。与此同时，拓展冥想方式像病毒一样迅速传播，瞬间成为博客、推文和时髦应用软件的素材。例如，我们创作本书时，正念冥想法激起了一股练习热潮。现在，成千上万甚至几百万的人在练习这种冥想方式。

当我们从科学的角度看待正念冥想法（或任何一种冥想法）时，会遇到这样的问题：它何时有效？何时无效？这种方式会惠及每个人吗？它的好处与锻炼有何不同？正是这些问题引领我们来写这本书。

一个实用的建议：“冥想”是各种静修练习的总称，就像“体育”泛指体育运动。对体育和冥想来说，最终的效果都取决于你真正做了什么。

对那些将要开始冥想练习或已经尝试过冥想练习的人来说，要牢记：正如掌握一项体育技能一样，找到一种吸引你的冥想练习方式，坚持下去，就会大有裨益。你要找一种方式尝试，并且确定每天的实际练习时间（哪怕只有几分钟），坚持一个月，看看 30 天后效果如何。

就像经常锻炼能让你拥有更健康的身体一样，任何方式的冥想都能在一定程度上改善你的心理健康。正如我们所预见的那样，你投入的冥想练习时间越多，冥想带给你的特定好处就会越多。

一记警钟

某位瑜伽大师 X（我们这样叫他）是 19 世纪 70 年代中期涌入美国的亚洲冥想教师中的佼佼者。那时我们还在哈佛大学读书，瑜伽大师找到我们，说他希望哈佛大学的科学家能研究他在瑜伽方面的杰出才能，并且证明他的非凡能力。

一个令人兴奋的消息是，生物反馈（biofeedback）作为当时的新技术能让人们即时了解诸如血压等生理机能，而仅仅通过意识是不能对这些机能有所察觉的。根据这种新的反馈信号，人们就能以更健康的方式强身健体，但瑜伽大师说他不需要反馈就能拥有这种控制力。

我们很高兴能在无意中发现一个几近成功的研究课题，然后打着别的幌子使用了哈佛医学院马萨诸塞州精神健康中心的生理实验室[4]。

测试瑜伽大师超凡能力的日子到了。当我们要他降低血压时，他的血压反而升高了；当我们要他升高血压时，他的血压反而降低了。我们把这个情况告诉了他，瑜伽大师斥责我们给他喝了“毒茶”，这可能破坏了他的天赋。

我们追踪瑜伽大师的生理状况，发现他做不了他所吹嘘的那些超凡之事。然而，他却的确能够让心房颤动——一项存在高风险的生理技能。他称自己使用的方法为“狗三昧”，这个名字至今仍让我们困惑不解。

瑜伽大师时不时躲进男厕所去抽比迪烟，这种廉价的香烟（用植物叶裹几片烟草）在印度很受欢迎。不久之后，我的一位朋友从印度发来的电报揭穿了这位“瑜伽大师”的老底：他原来是一家鞋厂的前任经理，抛下妻子和两个孩子到美国来敛财。

毋庸置疑的是，这位瑜伽大师正在寻求一种营销手段来吸引门徒。在随后的抛头露面中，他一定提到了“哈佛大学的科学家”研究了他那杰出的冥想能力。这预示着相关数据会被大肆包装，并再次被用于销售炒作。

面对这样的警醒事件，我们对当前的冥想研究潮流持开放又怀疑的态度——这正是科学家的态度。大多数情况下，我们欣慰地看到正念运动的兴起及其在学校、商业和个人生活中迅速发展——这是拓展的冥想方式，但科学一旦与营销挂钩，这些数据常常就会被歪曲或夸大。对此我们深感痛心。

冥想和货币化的结合是一件令人遗憾的事，因为这是与“推销”“失望”甚至“丑闻”的结合。严重的失实、可疑的观点或对科学研究的歪曲常常被用来推销冥想。例如，一个商业网站开设一个特色博客，名为“正念冥想法如何修复你的大脑，帮你减轻压力、提高业绩”。这些观点经严谨的科学发现证明过吗？有还是没有——尽管“没有”，也太容易被忽略了。

在这些尚不确定的发现中，一些振奋人心的观点得以疯狂传播：冥想使大脑的执行中心（前额皮质）变得更厚，而能够触发战逃反应的杏仁核则变得更小；冥想将我们大脑中的情绪定点转向一个更积极的范围；冥想可以延缓衰老；冥想可以治愈糖尿病、注意缺陷多动障碍等疾病。

如果再深入探究，我们会发现支撑这些观点的研究方法都存在一些问题。这些研究方法需要进一步证实。这些研究发现或许经得起深入分析，或许根本不堪一击。

例如，关于杏仁核收缩的研究报告使用大脑尺寸测量法，如今，这并未受到神经学家的青睐。一项被广泛引用的研究声称人的衰老过程可以变缓，这项研究所使用的疗法非常复杂，包括冥想疗法，但也加入了特殊饮食和剧烈运动疗法，因此冥想本身的作用依旧无法凸显。

尽管如此，社交媒体依旧充斥着此类内容——夸张的广告文案无比诱人。因此，本书中的视角一定要基于严谨的科学验证，从而明察秋毫，剔除那些夸大其词的论断。

即使是善意的支持者也缺乏相关的引导，无法辨别哪些是对的，哪些是可疑的，或者哪些纯粹是无稽之谈。处在狂热的浪潮中，我们很难快速清醒过来。

本书前三章介绍了我们在科学的直觉感召下进行冥想研究的初步尝试。第四章至第十二章讲述了这次科学之旅，每一章都关注一个特定的主题，比如注意力或同情心；每一章最后为“小结”，供那些只对我们的研究发现（而不是研究过程）感兴趣的人阅读。在第十一章和第十二章中，我们到达了梦寐以求的目的地，分享了对迄今最卓越的冥想大师进行研究后的惊人发现。在第十三章中，我们列出了冥想益处的三个层级：冥想初学者、长期冥想者和世界级水平的瑜伽修行者。在最后一章中，我们将畅想未来，讨论这些发现为我们每个人和整个社会带来的裨益。

冥想研究的加快

很久以前，在19世纪30年代，梭罗、爱默生和他们身边的美国先验论者初步接触了这些东方的心灵艺术。他们对亚洲古代冥想文献的英文早期译介感到非常神往，但是他们无从知晓冥想文献中的结论是如何通过实践验证的。大约一个世纪以后，西格蒙德·弗洛伊德建议心理分析学家在倾听患者时进入“问诊的平台期”，但他也没有提出任何指导方法。

近几十年来，西方人开始更加认真地研究冥想。在越来越多的东方冥想教师来到西方的同时，许多西方人前往亚洲学习冥想，其中一些人回来后也成为冥想教师。这为当前加快研究拓展冥想方式铺平了道路，同时为那些追求深入冥想方式者带来了新的希望。

20 世纪 70 年代，当我们开始发表关于冥想的研究发现时，关于这个话题的科研论文寥寥无几，但是，到目前为止，已经有 6 838 篇这样的论文发表，并且这一数字在持续稳定增长：2014 年发表 925 篇，2015 年发表 1 098 篇，2016 年则发表 1 113 篇（见下图）。[5]

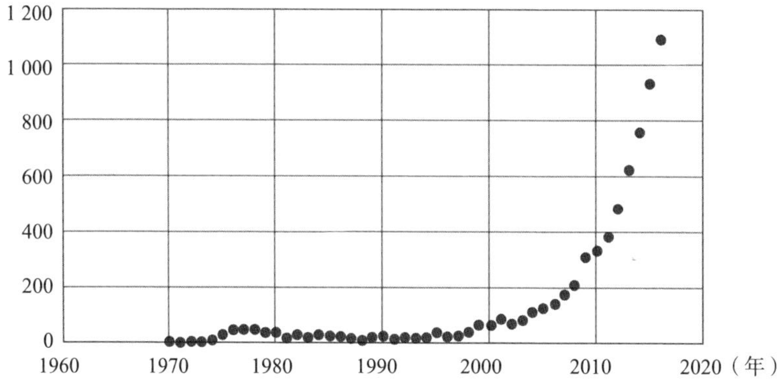

有关冥想或正念研究的论文数量统计（1970—2016 年）

涉足冥想领域

2001 年 4 月，在威斯康星大学麦迪逊分校弗卢诺中心的顶层会议室，我们用了一下午的时间来研讨有关冥想的研究成果，神经学家弗朗西斯科·瓦雷拉（Francisco Varela）却没有出席现场的会议。弗朗西斯科生于智利，是法国国家科学研究中心认知神经科学实验室主任，他在工作上成绩斐然，还联合创立了筹办本次研讨会的心智和生命研究院。

作为一名正经的冥想研习者，弗朗西斯科能够保证冥想大师和研究他们的科学家之间达成默契的合作。这种合作也成为理查德实验室和其他实验室中的常态。

弗朗西斯科本打算参加此次会议，但他正在与肝癌抗争，身体日趋虚弱，难以成行。他躺在巴黎家中的病床上，奄奄一息。

在网络电话和视频会议诞生前，理查德的团队就实现了让我们在会议室里和远在巴黎公寓卧室中的弗朗西斯科进行双向视频通话。

理查德和屋内的许多人在这一重要时刻都心潮澎湃、热泪盈眶。弗朗西斯科在会议结束几天后就与世长辞了。

三年后（2004 年）发生的事情使弗朗西斯科的夙愿变成了现实。盖瑞森研究所位于哈得孙河上游，距纽约城一小时车程，100 名科学家、研究生和博士后在此见证了年度系列活动的首发仪式：这里的暑期班将致力于开展更加深入的冥想研究。

这次会议的主办方是心智和生命研究院，它成立于 1987 年，由弗朗西斯科和由律师转行从商的亚当·恩格尔共同创立。我们都是这个研究院董事会的成员。心智和生命研究院的使命是“结合科学与冥想练习来减轻痛苦、促进和谐”。

我们认为，心智和生命研究院的暑期班为像我们这样想要研究冥想的研究生提供了更为便利的现实条件。我们虽是孤独的拓荒者，但还是希望与志同道合的学者和科学家组成一个团队。即便他们在自己所属的机构里找不到志同道合之人，他们还可以远程支持彼此的工作。

在理查德位于麦迪逊的家中餐桌前，理查德和亚当·恩格尔讨论了有关暑期班的细节。随后，理查德与几位科学家及学者组织了第一期暑期班项目，并担任了一周的教员。项目的主题是注意力和精神意象的认知神经学研究。在创作本书期间，这样的暑期班已经举办了 13 次（目前在欧洲举办了两次，将来还有可能在亚洲和南美洲举办）。

从暑期班成立起，心智和生命研究院就启动了一个为纪念弗朗西斯科而以他的姓氏命名的小额资助项目。这几十项数额不大的瓦雷拉研究基金（额度为 2.5 万美元，当然大多数此类研究需要更多的资金）继而撬动了其他基金会和美国联邦资助机构资助的超过 6 000 万美元的后续资金。这一举措取得了丰硕的成果：约 50 名暑期班结业生发表了数百篇关于冥想的论文。

随着这些年轻学者走上学术岗位，从事冥想研究的人员数量大大增加。他们在很大程度上推动了越来越多的冥想科学研究。

与此同时，鉴于相关研究成果具有重要意义，越来越多的著名科学家开始关注这一领域。理查德位于威斯康星大学的脑科学实验室不断有新的成果问世，作者来自斯坦福大学、埃默里大学、耶鲁大学和哈佛医学院等。如今，这些成果经常被刊登在报纸的头条位置。

冥想研究目前成为热门领域，我们更加认识到潜心研究的重要性。经可靠的科学证实的神经和生物学益处，并不一定是我们在媒体、脸谱网或电子邮件轰炸式的营销中所看到的那个样子。其实一些被大肆宣扬的观点并没有什么科学价值。

许多报告归结出一点，每天冥想片刻会让我们的生理状况和情感生活变得更好。这条消息迅速传播，吸引了全世界数百万人在日常生活中练习冥想。

我们还会有更大的成功可能性（当然也会遇到一些危机）。现在是该讲述一个更震撼人心，报纸的头条都尚未报道的故事了。

多种因素促成了本书的问世。一是我们几十年的友谊和追求更高目标的共识，尽管目标起初遥不可及，但是我们仍迎难而上，坚持不懈。二是神经科学领域的证据不断涌现，证明我们的行为方式塑造了大脑，并且支持了我们的理论：正如冥想能训练精神世界一样，它也可以重塑大脑。我们的大量研究数据揭示了这种渐变过程。

初期，每天练习几分钟冥想会带来令人惊讶的好处（尽管不是所有人都有这样的体验）。除了这些初期的好处外，现在我们可以证明，你练习的时间越长，收获就越多。我们发现，最高层级的冥想练习的确可以重塑人格——我们在几十年前就曾提出这个观点，但是科学界对这种大脑所产生的变化至今毫无察觉。

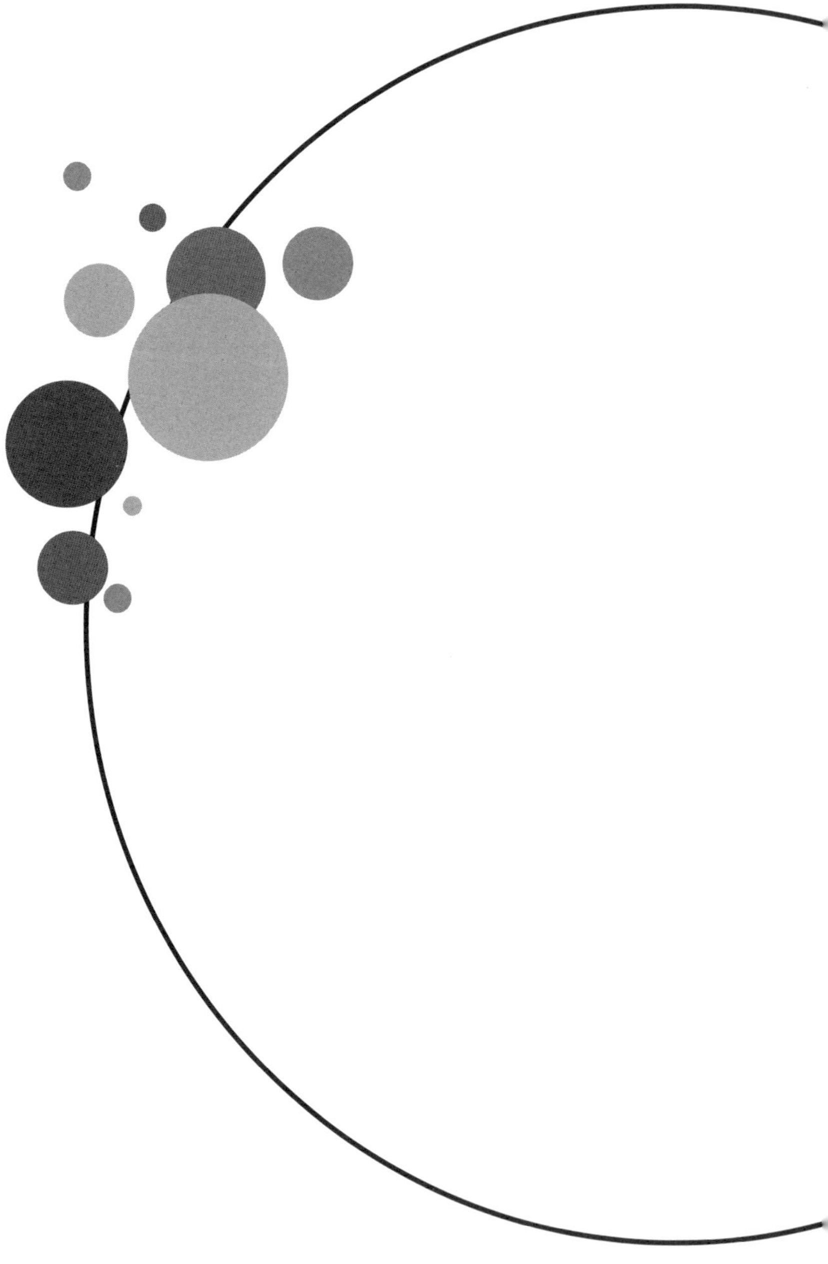

第二章

东方式修行的奥秘

1970年11月初的一个清晨，菩提伽耶的佛塔塔尖被不远处尼连禅河边升起的晨雾笼罩，消失在视野之中。佛塔旁生长着一株菩提树，传说佛祖释迦牟尼就是坐在这株菩提树下入定成佛的。

透过蒙蒙晨雾，丹尼尔瞥见一位年长的僧人正缓步围绕着圣迹做黎明后的转经早课。僧人剃着灰白的短发，戴着可乐瓶底一般厚的眼镜，他一边手捻念珠，一边口中默默诵念经文，称颂佛祖为"正觉智者"——梵文中称为"牟尼"："牟尼，牟尼，摩诃牟尼，摩诃牟尼耶，娑诃！"

时隔数日，丹尼尔恰巧跟随朋友一起去拜访那位僧人。他居住在一间非常简陋的斗室里，房间内没有供暖设施，水泥墙上折射着晚秋的寒意。一块厚木板既作床，又作日间休憩的榻，在其一侧还有一张小床几，用来放置诵读的经文，除此之外，几无他物。与一名僧人的身份相符，房间内没有一件私人物品。

从清晨一直到深夜，僧人就坐在那张床上，他面前总是放着一卷打开的经书。无论何时有客人突然造访——这种情况随时都有可能发生，他始终以和蔼可亲的神色与温暖如春的话语热情相待。

僧人的品性——对所有访客都目光慈爱、神态轻松、态度温和，让丹尼尔感到非常不同于他在哈佛大学攻读临床心理学学位时所一直研究的人格特质，而且远比那些人格特质要积极得多。他的那些研究更关注消极方面：神经质类型、不可抗拒的负重感，以及纯粹的精神病理学。

另外，僧人身上默默彰显出人性美好的一面。比如，他的谦卑总是为人们所津津乐道。故事是这样的：寺院的住持为了表彰他的精神状态，为他提供了寺院顶楼的一套房间作为住所，并派人照顾他的生活起居，但他谢绝了，他更偏爱他那间狭小简朴的僧人室。

僧人受到佛教各派别的敬仰，而这样的大德高僧寥寥无几。许多冥想大师求教于他，以获得关于寂天菩萨所撰的《入菩萨行论》（*Bodhicharyavatara*）的开示，这是一部关于菩提萨埵（简称“菩萨”）慈悲为怀生活的指南。

在遇见僧人之前，丹尼尔曾经跟随印度瑜伽修行大师尼姆·卡洛里巴巴（Neem Karoli Baba，巴巴意为“苦行僧”）几个月，而最初正是他吸引丹尼尔来到印度的。尼姆·卡洛里，以尊贵的“马哈拉吉”①而闻名于世，近年来他作为拉姆·达斯（Ram Dass）的精神导师在西方声名鹊起。那些年，拉姆·达斯曾带着催眠术游历印度，他从理查德·阿尔珀特（哈佛大学教授，因与同事蒂莫西·利里试验迷幻剂而被解雇）的崇拜者转变为这位瑜伽修行大师的虔诚信徒。1968年哈佛大学圣诞节放假期间，丹尼尔与拉姆·达斯偶遇，当时拉姆·达斯刚刚结束与尼姆·卡洛里在一起的时光从印度返回。那次偶遇最终促成了丹尼尔去寻找尼姆·卡洛里的印度之行。

1970年秋，丹尼尔设法争取到了前往印度的哈佛大学准博士旅行奖学金，并在喜马拉雅山山脚下的一所静修之处找到了尼姆·卡洛里巴巴。马哈拉吉过着苦行僧的生活，他仅有的世俗财产似乎是他

① “马哈拉吉”在印度语中意为“印度圣哲”。——译者注

在炎热的夏日里脚上穿的白色棉布袜，以及在寒冷的冬日里身上披的厚厚的花格羊毛毯。他没有特定的日程安排，没有组织，也没有任何固定程式的瑜伽姿势或冥想禅修。像大多数的苦行僧一样，他云游四方，行踪不定。多数情况下，每到访一处静修地，无论是寺院还是民宅，他都会在门廊上悬挂一只喇叭。

马哈拉吉似乎总是全身心地投入长时间安静的凝神参禅中，而矛盾的是，与此同时他又随时注意到谁同他在一起。[1]对于马哈拉吉，丹尼尔感触颇深的是他十分平和的心境和他亲切和蔼的为人。他对每一位来访者——从政界高官到街头乞丐，无论贵贱，一视同仁。

丹尼尔从马哈拉吉身上感受到一种妙不可言的心灵状态，这是他之前从未在任何其他人身上体会到的。无论马哈拉吉在做什么，他似乎都可以毫不费力地处在一个充满幸福和爱的空间里，始终保持轻松自在。马哈拉吉所处的任何一种状态，似乎都不是脑海中的一个临时绿洲，而是一种持久的生存方式：一种完全健康的人格特质。

突破藩篱

丹尼尔每天都到马哈拉吉静修处拜访，他在那里度过了整个秋天。大约两个月后，丹尼尔和他的朋友杰夫［Jeff，梵音歌手，现在他的名字克里希纳·达斯（Krishna Das）已广为人知］同另一个西方人一起旅行，而那人作为一名苦行僧在印度生活了 7 年之后，迫切地想要续签签证。丹尼尔在菩提伽耶结束了那次旅程。

位于印度北部比哈尔邦的菩提伽耶，是全世界佛教徒的朝圣圣地。几乎每个佛教国家都会在朝圣者驻留的城镇建造一处住所。缅甸的精舍，也就是朝圣者休息的居所，是在军事独裁统治禁止缅甸公民出游之前建造的。精舍有许多房间，但朝圣者寥寥无几，于是很快就成为那些衣衫褴褛、在城镇间颠沛流离的西方人的夜宿驿站。

丹尼尔于 1970 年 11 月抵达菩提伽耶时，遇到了唯一一位久居此地的美国居民约瑟夫·戈尔茨坦（Joseph Goldstein）。约瑟夫曾经是国际维和部队驻泰国的工作人员，他已经跟随静修大师阿纳加里卡·慕宁达（Anagarika Munindra）在精舍里学习了 4 年。慕宁达个头不高，总是身着一袭白衣，属于孟加拉邦的巴鲁阿（Barua）种姓，自乔达摩（佛祖释迦牟尼的俗姓）本尊时代以来，其家族成员便是佛教徒。[2]

慕宁达曾经跟随缅甸声名赫赫的大师研习内观禅修法（小乘佛教禅修之道，并且是许多当今流行的正念冥想法的源头）。慕宁达成为丹尼尔研习内观禅修法的第一位导师，而慕宁达刚好邀请了他的朋友S. N. 葛印卡（S. N. Goenka）来精舍进行数轮 10 日静修。葛印卡天性乐观、大腹便便，以前是一位商人，最近做了禅修导师。

葛印卡已经成为一名冥想教师，以雷迪西亚多（Ledi Sayadaw，西亚多意为“尊者”“大师”）所创立的传统为宗旨。雷迪西亚多是一位缅甸僧人，20 世纪初，他对内观禅修法进行了革新，从而使之为更多的世俗民众所接受，这也成为抵制英国殖民统治影响的文化复兴的一部分。几个世纪以来，在受到英国殖民统治影响的文化背景下，静坐冥想一直是僧尼所独有的，葛印卡从缅甸尊者乌巴庆（U Ba Khin）那里学习了内观静坐。乌巴庆曾任缅甸政府审计总长，他从一个农民那里学到了内观禅修法，而这位农民曾得到雷迪西亚多的亲传。

丹尼尔沉浸于这种丰富的冥想方法中，一连修了 5 轮葛印卡老师的 10 日静修课程，约有 100 名同行的旅客加入了他的行列。跨越 1970 年和 1971 年的冬天的这次集会，是具有开创性意义的事件。正是从这时起，正念冥想法从仅是在亚洲国家的深奥实践转变为目前的为全世界所广泛采用。后来，正是这次集会里以约瑟夫·戈尔茨坦为首的少数学生把正念冥想法引入西方。[3]

从大学时代开始，丹尼尔就养成了每天两次、每次冥想 20 分钟的习惯，但是这次沉浸在 10 天中的不间断练习，使他达到了新的高度。葛印卡老师的方法，最初只关注呼气和吸气的感觉——不是仅仅 20 分钟，而是每天几个小时。这种集中练习随后变成了系统性的全身扫描，人能感受到身体任何部位产生的任何感觉。“我的身体、我的膝盖”上发生的一切仿佛成了一片直觉变化的海洋——那是意识的彻底转变。

这种变革性的时刻标志着抵达正念冥想的边界，在那里我们观察到心灵正常状态下的起伏变化，从而使我们得以进一步洞察心灵的本原。研习正念冥想，你只会注意到意识的流动。

下一步，内观帮助我们进一步实现如何将我们宣称体验到的这些感觉变成“我自己的”。例如，对痛苦的内观，揭示了我们如何实现一种“我”的感觉，使之成为“我的痛苦”，而不只是一种从这一刻到下一刻不断变化的不适感。

在一本以过时的油墨印刷方式印成的关于冥想修行建议的小册子里，这一内在变化得到了详细解释。这本手册是由慕宁达的缅甸冥想教师马哈希西亚多（Mahasi Sayadaw）撰写的，以地下出版的方式发行传播。小册子虽有些粗糙简陋，但人们能从中找到对正念冥想及其更高境界的详细指导，从而在这条路上走得更远。

这本手册是以千百年来一直沿用的思想渗透方式来改变内心的[4]，若与师生之间口传心授的教学法一起使用，可以指导冥想者达到卓越水平。

学习这本手册的一个前提条件是要相信修行冥想及其实践的生活会使内心产生显著变化。从马哈拉吉及丹尼尔在环游印度时遇到的其他一些人物身上共有的品质看，这种可能性似乎得到了印证。

整个欧亚大陆的精神文学都聚焦于描述一种从日常烦恼、焦虑、自我关注、矛盾心理和冲动中得到心灵解放的方式，表现为不再以自我为中心，心平气和地面对一切困难，对“当下”的感知极其敏锐，喜欢关注一切。

相比之下，仅有约一个世纪历史的现代心理学对人类潜能这一领域却一无所知。临床心理学是丹尼尔的研究范畴，专注于探寻诸如高度焦虑等具体问题，并试图将其归结于某一原因。亚洲心理学对我们的生活认识广角更加开阔，并提供了一些方法来增强我们的积极态度。丹尼尔决定，从印度回到哈佛大学后，他要让他的同事们意识到内在提升远比我们目前心理学中能想象到的任何方式所起的作用更宽泛、更重要。[5]

就在来印度之前，丹尼尔曾经写过一篇论文——基于他在大学期间自己第一次尝试冥想的经历，并参考了关于这个主题的寥寥无几的英文资料，这篇论文提出了一种持久的超良性意识模式的存在。[6]从科学角度来看，一个人一天的主要意识状态是清醒、睡觉、做梦，这些状态都有独特的脑波特征。还有一种状态颇具争议性，尚缺乏强有力的科学证据，那就是心无旁骛、全神贯注的状态，即梵文中的“三昧”，是通过冥想达到的一种状态。

当时丹尼尔能够引用的文献只有一项与“三昧”有关的科学案例研究，但存在一些值得怀疑的问题：一份研究报告声称，一名研究人员用一根加热过的试管触碰一名进入“三昧”状态的瑜伽修行者，据说这名修行者的脑电图显示他对这种痛苦一直没有察觉。[7]

但是，没有一丝数据表明人能达到比这持续时间更长、更温和淡定的状态。所以，丹尼尔所能做的只是假设。然而，丹尼尔却在印度遇到了许多能够达到或者看似达到这种神圣“觉悟”境界的人物。

佛教、印度教、耆那教——在印度文明中萌芽的所有宗教都以某种形式分享“自由”的理念，而在心理学中，我们的假设更偏向于我们所看到的。印度文化拥有“自由”人的强大原型，丹尼尔知道，这一观点可能容易引起一厢情愿的臆测，即一个完美的假象，为普遍而强大的信仰体系服务。

所以，关于这些神圣精神品质的疑问依然存在：它们是事实还是神话？

离经叛道者

就像大多数印度人家中都设有神龛一样，他们的车辆上都贴有神像。如果它是一辆随处可见的笨重的塔塔卡车，司机恰好是锡克教教徒，那么神像会是锡克教令人崇敬的创始人那纳克上师（Guru Nanak）。如果司机是印度教教徒，就会有像哈奴曼、湿婆或杜尔迦这样的神像，也许还有一位司机最喜欢的圣人或上师的神像。神像使司机的座位成为移动的祭坛，那是每个印度家庭每日祈祷的圣地。

1972 年秋，从印度回到哈佛大学后，丹尼尔驾驶着像消防车那样的红色大众面包车环游剑桥市，展示了自己的“神坛”。在他的仪表板上贴的是尼姆·卡洛里巴巴（马哈拉吉）以及他听说过的其他圣人的形象：俨然来自另一个世界的斯里·尼蒂亚南达（Sri Nityananda），笑容可掬的罗摩纳大仙（Ramana Maharshi），留着八字胡须、满脸困惑的美赫巴巴（Meher Baba）及其口号——“别担心，要开心”（Don’t worry. Be happy）。这句口号后来作为歌曲被歌手博比·麦克费林（Bobby McFerrin）传唱开来。

丹尼尔把那辆面包车停在离他晚间会议不远的地方。他选修了一门心理生理学课程，以此获得他的博士学位论文所需的实验室技能，论文研究对象是将冥想作为身体应对压力的干预措施。在威廉·詹姆斯大楼14层的那个房间里，只有为数不多的学生坐在研讨会桌旁。理查德恰巧选择了丹尼尔旁边的座位，所以我们的第一次见面就在那天晚上。

在课后谈话中，我们发现一个共同的目标：要以论文研究为契机，记录冥想带来的一些裨益。来参加心理生理学研讨会可以学到我们所需的方法。

搭乘丹尼尔驾驶的便车，理查德回到他与苏珊同住的公寓（苏珊是理查德自大学以来的女友，现在是他的妻子）。理查德看到大众汽车仪表盘上供奉的众神像，瞪大了眼睛，感到非常惊讶，但是，他很高兴能和丹尼尔搭车同行：尽管理查德当时只是一名本科生，但他广泛阅读心理学期刊，包括晦涩难懂的《超个人心理学杂志》（*Journal of Transpersonal Psychology*），也正是在这本期刊上他偶然读到了丹尼尔的文章。

正如理查德所回忆的那样："哈佛大学居然有人写这类论文，这让我心潮澎湃。"当他申请研究生学校时，他把这当成选择哈佛大学的几个重要指标之一。对丹尼尔来说，他很高兴有人认真看待这篇论文。

理查德对心理意识的兴趣最初是由以下几位作家的著作引起的：英格兰作家阿道司·赫胥黎（Aldous Huxley）、英国精神病学家R. D. 莱恩（R. D. Laing）、马丁·布伯（Martin Buber）和后来的拉姆·达斯等。当时拉姆·达斯的作品《活在当下》（*Be Here Now*）刚刚出版，理查德的研究生学习也恰恰是从看他的这本书开始的。

在纽约大学布朗克斯校区（纽约北郊）心理学系读大学期间，理查德的这些兴趣被迫转移到地下。跟随B. F. 斯金纳（B. F. Skinner）的那些忠诚的行为主义者主宰着那里的心理学系。[8]他们坚定地认为，只有可观察到的行为才是对心理学的正确研究——探求内心令人怀疑，完全是在浪费时间。他们认为，我们的精神生活与理解行为完全无关。[9]

理查德选修了一门名为“变态心理学”的课程。那本教科书的作者是一名狂热的行为主义者，声称所有的精神病理学都是强化疗法（或操作性条件反射）的结果，一个理想的行为可以获得奖励，就像一只鸽子啄击鼠标右键时投给它的美味食物。理查德认为，这种观点不攻自破：它不但忽略了思维，而且忽视了大脑。理查德不能忍受这种观点，一周后便放弃了这门课程。

理查德坚信，心理学应该研究内心状态，而不是研究如何合理安排鸽子的强化时间表，所以他成了一名离经叛道者。从严格的行为主义角度来看，理查德对研究内心状态的兴趣是逾越雷池的。[10]

白天他反抗行为主义潮流，在属于自己的夜晚，他会去探索其他兴趣。他在迈蒙尼德斯医学中心做志愿者，帮忙做睡眠研究，在那里他学会了如何使用脑电图监测大脑活动，这一专长在他的整个职业生涯中都很有帮助。

理查德的毕业论文导师是朱迪思·罗丁（Judith Rodin），他们一起开展了有关白日梦和肥胖症的研究。理查德的假设是因为白日梦带我们出离了现实，我们对于身体的饱腹感暗示不那么敏感，所以继续不停地吃吃吃……研究肥胖症是因为罗丁对这个话题感兴趣，而白日梦是理查德开始研究“觉悟”的方式。[11] 对理查德来说，这项研究是学习技术的好机会，通过运用生理学和行为学的方法，可以探索内心的实际情况。

理查德监测人们思绪游离或进行心理活动时的心率和出汗情况。这是他第一次运用生理学方法来推断心理过程，这在当时是一种激进的方法。[12]

这种奇巧的研究方法将“意识”研究的元素加入另一个当时受人尊敬的主流研究中，竟成为理查德此后 10 年左右所从事研究的标志，而在那之前，他的冥想兴趣对于时代潮流几乎没有任何作用。

设计一篇论文，本身并不依赖冥想部分，但可成为对非冥想者的独立研究，这对理查德来说是一个明智之举。他在纽约州立大学商学院获得了第一个学术研究职位，一边在新兴的情感神经科学领域开创性地研究情感如何在大脑中运作，一边仍保持自己对于冥想的研究兴趣。

然而，丹尼尔却没能在任何一所大学谋得一份能够体现自己对于“意识”的研究兴趣的教职。于是，他欣然接受了一份新闻记者的工作，这条职业道路最终令他成为《纽约时报》的一名科学作家。在那里，他结合其他科学家的著作总结了理查德关于情感和大脑的研究，写成了《情商》一书。[13]

丹尼尔在《纽约时报》上撰写的 800 多篇文章中，只有少数与冥想有关，尽管我们俩在自己的时间里仍继续参与冥想练习，但在公开场合这个观念被搁置不提有十几年，事实上我们仍在秘密寻求深入而持久的冥想可以改变一个人心灵本质的证据。我们始终在雷达下飞行。①

转变状态

威廉·詹姆斯大楼在建筑学上是一个奇怪的存在：在维多利亚时代的房屋和哈佛校园低矮的砖石建筑之间，一幢 15 层高的现代主义白色板楼赫然耸立在剑桥市。20 世纪初，威廉·詹姆斯（William James）成为哈佛大学第一位心理学教授，这时他从哲学的理论研究转向注重实践经验和实用主义的心灵观，心理学成为他获得重大发现的领域。詹姆斯的故居如今依然矗立在相邻的社区。

尽管有这样的历史，但作为坐落于威廉·詹姆斯大楼内部的心理学系的研究生，我们从未读过詹姆斯的任何文章，哪怕一页都没有，因为他早已不合时宜了。尽管如此，詹姆斯对学生仍是一种鼓舞，很大程度上是因为他从事了为我们的教授所忽视却令我们着迷的话题研究：意识。

早在詹姆斯时代，波士顿的业内人士便把吸入一氧化二氮（或称“笑气”，因牙医经常使用这种化合物，病人咧开嘴似乎是在笑

① 此处为比喻，说明两人一直都在研究和探索冥想改变心灵本质的课题，并没有迷失航线，像飞机一样始终在雷达的监测与指引下飞行。——译者注

而得名）当成一种风潮。在“笑气”的作用下，詹姆斯那些超验的时刻带给他所谓的“坚如磐石的信念”：我们正常情况下的清醒意识……只不过是意识的一种特殊形态，而关于意识的所有形态，那些犹如被薄幕隔开的潜意识，则完全不同。[14]

在指出“意识的转变状态”（虽然不是以这个名字）的存在之后，詹姆斯补充道：“不关注它们是否存在，我们可能可以照常生活，但如果给以必要的刺激，只要轻轻一触，它们就会完整地呈现在那里。”

丹尼尔的文章正是从读到威廉·詹姆斯的《宗教经验的类型》（*The Varieties of the Religious Experience*）一书中的这些内容开始的，这是一个研究“意识的转变状态”的宣言。正如詹姆斯所看到的，这些状态与普通意识是不连贯的，而且他观察到，“总体上来说，没有任何一个宇宙整体性的说法是最终的，这导致这些其他形式的意识完全被忽略了”。这些状态的存在恰恰“意味着它们防止我们过早地与现实切断联系”。

心理学的研究现状没有对此进行阐释，在心理学领域的任何地方都找不到超验主义体验。如果提到的话，它们也被贬低到不太可信的领域。在心理学的早期，自弗洛伊德本人开始，转变的状态就被当作某一种形式的精神病理学症状而被否定。例如，20世纪初，当法国诗人、诺贝尔奖获得者罗曼·罗兰成为印度圣人斯里·罗摩克里希纳（Sri Ramakrishna）的门徒时，他写信给弗洛伊德描述了他所经历的神秘状态——而弗洛伊德却把它们诊断为向婴儿期的退化。[15]

到20世纪60年代，心理学家经常将药物引发的状态转变视为人为诱发的精神病（迷幻剂的原始术语是“拟精神病药”：精神病模拟物）。正如我们所发现的，他们对待冥想的态度也是一般无二，至少我们系的导师都认为这种改变内心的新途径还很值得怀疑。

1972年，理查德进入哈佛大学学习，丹尼尔则结束他的第一次亚洲旅居（共两次）回来写他的博士学位论文，而当时的剑桥研究思潮也仍对意识研究有浓烈的兴趣。查尔斯·塔特（Charles Tart）当时最畅销的《意识的转变状态》（*Altered States of Consciousness*）一书收集了许多文章，介绍了生物反馈、药物、自我催眠、瑜伽、冥想以及实现詹姆斯所谓“其他状态”的另一些途径，正符合时代的精神。[16] 在脑科学中，最近发现的神经递质让人兴奋不已。神经递质是神经元之间发送信息的化学物质，如情绪调节剂5–羟色胺——一种神奇的分子，可能使我们陷入狂喜或绝望。[17]

研究神经递质的实验室工作渗透到一般文化中，成为通过麦角酸二乙基酰酸（LSD，一种半人工致幻剂）等药物获得状态转变的科学理由。这就是迷幻药物革命的时代，它起源于哈佛大学，就起源于我们所在的这个系，这也许就是其余中坚力量对于任何研究内心转变状态的兴趣持不赞成态度的原因。

内在的旅程

达尔豪斯是一座建于19世纪中叶的山庄，坐落于喜马拉雅山脉德哈拉哈尔山（一直延伸到印度的旁遮普邦和喜马偕尔邦）的西部边缘，景色宜人，是在印度进行殖民统治的英国官僚躲避恒河平原暑热的“避暑山庄”。因这里保留着殖民时期的一座座风格别致的平房，这座山庄一直是个旅游胜地。

然而，1973 年夏，理查德和苏珊来到达尔豪斯并不是因为那儿的景色。他们来跟随葛印卡老师进行一轮 10 日静修，这是他们的第一次“深潜”（接触隐居静修），而数年前丹尼尔在哈佛大学准博士旅行奖学金项目的资助下第一次旅居印度时，同样跟随葛印卡老师在菩提伽耶进行了连续数轮的 10 日静修。理查德和苏珊在斯里兰卡的康提（斯里兰卡中部城市、佛教圣地）拜访了丹尼尔。恰巧，当时丹尼尔在博士后奖学金项目[18]的资助下旅居于此，那是他的第二次亚洲之旅。

丹尼尔鼓励这对情侣跟随葛印卡老师学习，以此作为进入深度冥想的入门。这门课程一开始有点儿令人茫然失措。比如，理查德住在男人们的大帐篷里，苏珊住在女人们的帐篷里。从第一天开始，他们就必须保持“高贵的沉默”，这意味着理查德从不知道和谁一起住在这个帐篷里——他隐约记得他们大多是欧洲人。

在冥想大厅，理查德发现地板上散放着禅式风格的蒲团，这就是他的冥想座位。按照日程表上的要求，每天要静坐 12 个小时左右。

理查德以常见的半莲花式坐在他的蒲团上，他感觉到右膝一阵疼痛，这个地方一直较弱。随着静坐的时间一天一天地过去，这种阵痛变成了一种隐隐作痛的不适，不仅延伸到另一个膝盖，而且蔓延至他的后腰——那里是西方人身体常见的伤痛部位，因为他们不习惯只靠一个地板上的坐垫支撑着静坐好几个小时。

理查德一整天的精神任务就是调整鼻孔呼吸的感觉。最令人印象深刻的感觉不是他的呼吸，而是他的膝盖和背部持续强烈的疼痛。第一天结束的时候，他想："我不敢相信还要再静坐 9 天。"

到了第三天，葛印卡老师的指导发生了一个重大的转变："清除杂念。"要求仔细地、用心地关注自己体内所有不同的感觉，从头到脚，再从脚到头。虽然理查德发现自己的关注点一次又一次地回到疼痛不已的膝盖，但他也开始感受到一丝平静和幸福。

不久，理查德发现自己进入了一种完全投入的静修状态，一次最多可以坐上 4 个小时。在熄灯的时候，他会来到空荡荡的冥想大厅，安静地冥想自己身体的感觉，有时直到凌晨一两点。

理查德的静修使他感到惬意。他深信，有些方法可以改变我们的内心，并让我们产生强烈的幸福感。我们可以不被我们思想里那些随意的联想、突如其来的恐惧和愤怒以及其余一切控制，我们可以自控。

静修结束后，理查德在接下来的几天里依然觉得自己沉浸在幸福之中。和苏珊待在达尔豪斯时，他的这种心灵自由的幸福感不断加强，伴随着他乘坐公共汽车从山上下来，沿着蜿蜒的山路，穿过田野与村庄的土墙和茅草屋顶，来到平原上繁忙的城市，最后经过德里喧嚣拥挤的街道。

理查德和苏珊在他们的研究生经费预算所能承受的一处简陋的招待所里住了几天后，他感到这种幸福感开始减弱。他们冒险去德里嘈杂而拥挤的街道上找个裁缝做衣服，买纪念品。

也许这个冥想状态衰退期间的最大影响就是旅行者的胃，他们都已经患上胃痛。当他们乘坐从印度德里机场到美国肯尼迪机场的廉价飞机（在德国法兰克福转机）时，这一症状开始折磨他们。经过一整天的飞行，他们在纽约降落，双方的父母都到机场迎接，在他们离开去往亚洲的一个夏天之后，父母十分渴望见到他们。

当苏珊和理查德从海关出来时，因患病加疲惫，以及穿着当时印度风格的衣服，他们的家人带着一脸惊讶的表情迎接他们。家人并没有充满爱意地拥抱他们，而是惊慌地大叫："你们对自己做了什么？你们看上去如此糟糕！"

当他们全部到达苏珊家位于纽约州北部乡间的房子的时候，那种幸福感的半衰期已经跌至谷底。理查德感觉自己看上去和从飞机上走下来时一样糟糕。

理查德试图还原他在达尔豪斯静修课上所达到的状态，但这种状态已经消失了。这让他想起了这样一场迷幻的旅行：他对静修的记忆十分深刻，但它们没有再现，也没有带来持久的转变。它们只是回忆而已。

这次令人清醒的经历提出了一个迫在眉睫的科学问题：像理查德的冥想幸福感这种状态的影响能持续多久？它们在什么节点上可以被视为具有持久的特质？什么可以使这种心性的转变成为持久的

表现，而不是消失在记忆的迷雾中？

就意识的领域范畴而言，理查德究竟到过哪里？

冥想者的指导手册

理查德内在归宿的方向十分可能已在一部厚厚的佛经里得到详细描述，那是几年前丹尼尔首次在印度旅居期间慕宁达鼓励丹尼尔学习的：《清净道论》（*Visuddhimagga*），在巴利语中意为“清净之路”。这部5世纪的经书是丹尼尔在菩提伽耶所挖掘到的那些油印手册的古老来源。

虽然有数百年的历史，但《清净道论》仍然是缅甸和泰国等小乘佛教国家冥想修行者的权威指导书，通过现代的解释，仍然为内观冥想提供基本的模板，即广为人知的“正念冥想”的根源。

这是一本关于冥想修行者如何穿越内心最微妙区域的手册，提供了一个关于冥想状态的细致入微的现象学研究方法，以及一路通往“涅槃”的途径。正如手册所揭示的那样，通往“完全安宁”这一伟大成果的法门是：一方面要精神完全集中，另一方面要有敏锐的领悟能力，二者结合。

取得冥想修行成果的道路上是有切合实际的经验性标志的。例如，入定的方法首先从仅仅专注于呼吸（或其他40多个推荐的专注点，如一小块色彩或任何可以使精神专注的东西）开始。对初学者来说，这意味着游走在全神贯注与思绪游离之间，摇摆不定。

起初，欲念的洪流像瀑布一样奔涌，有时令初学者感到灰心丧气，感觉自己的思想不受掌控。实际上，产生欲念洪流的感觉似乎是因为我们过于关注自己的天性，亚洲文化因其疯狂的随心所欲而被称为“猿猴品性”。

随着我们注意力集中的加强，游离的欲念在逐渐消退，而不是将我们猛然推倒在内心的某个小角落。欲念的洪流如同一条河流般缓慢地流动，最终归于一片湖泊的静谧之中，就像冥想禅修中的一个古老比喻所说的那样，它告诉我们如何沉淀心灵。

手册中提到，持续的专注获得进展的第一个重要标志是：“接近入定”——注意力在既定的目标上保持集中而不会分散。伴随这种专注的层次而来的是喜悦与冷静的感觉，有时还会伴随一些感官现象，比如看到光芒闪烁或感到体态轻盈。

“接近”意味着处于完全专注的边缘，全神贯注称为“禅定”（jhana，类似梵文中的“三昧”），在这种境界中，所有分心的欲念完全停止。在禅定中，内心充满了强烈的欣喜、极乐，以及对冥想目标持续不断、全心全意的专注。

《清净道论》列出了“禅定”的另外七重境界，其标志是从欣喜到极乐逐渐升级的微妙感觉、心境越发平和，以及越来越坚定和无须着力的专注。在最后的四重境界，连欣喜这种相对显而易见的感觉也已经消失，只留下毫不动摇的专注与平和。这种更加升华的领悟的最高境界十分微妙，就是所谓的“非想非非想”（即“不感知亦不无感知”）的禅定境界。

在佛祖释迦牟尼的时代，全神贯注于“三昧”状态被认为是瑜伽修行者获得自由的捷径。相传佛祖是在一群云游不定的苦行僧身上实践这种方法的，但他放弃了这条道路，并发现了一种与之不同的创新冥想法：深入地看待意识本身。

传说佛祖曾经宣称，禅定并不是获得精神自由的唯一途径。尽管有全神贯注作为这条道路上的强大支撑，但是佛祖释迦牟尼开创了一条独辟蹊径的自我关注之路：内观之法。

在这里，意识认知对于脑海中产生的一切都是开放的，不仅仅是对于某一事物，而是任何事物，就像完全入定状态一样。保持这种正念冥想的能力，是一种敏锐而不做出回应的专注态度，它会随着我们心无旁骛能力的强弱而变化。

通过正念冥想，冥想修行者只是下意识地记下进入内心的任何事物，比如欲念或声音等感官印象，然后就任凭它们离开。注意这里的关键词是“离开”。如果我们对刚才出现的情况加以思索，或是让它触发任何反应，我们就失去了正念的立场——除非这种反应或思索反过来成为正念冥想的对象。

《清净道论》描述了悉心修持的正念冥想（即在我们连续时段内的经历中“对于实际发生的事物清醒而专一的认知”）如何进一步完善为一种更为细致入微的内观修行，从而引导我们通过一个又一个阶段达到最终的顿悟——“涅槃”。[19]

这种向内观冥想的转变发生在我们的觉悟与欲念的关系上。通常，我们的欲念迫使我们认为：我们的憎恶或自我憎恶会产生一系列感觉与行动，而浪漫的幻想则是另一回事。通过正念冥想，我们可以深切地感受到：自我憎恶与浪漫的幻想其实如出一辙，与所有其他的欲念一样，都是脑海中正在消逝的瞬间。我们不必整日被我们的欲念驱使，它们就像一幕幕简短的故事片、预告片和剪余片，在内心的舞台上连续上演。

一旦我们将自己的心灵看作一系列过程，而不是被七情六欲的诱惑涤荡一空，我们就进入了内观之路的法门。在那里，我们通过一次又一次地改变我们与内心表露的关系获得进步——每次都对觉悟的真谛有更多的省悟。

正如沉淀在池塘里的淤泥让我们看见水一样，我们内心潮水的消退可以让我们更清晰地观察心理机制。举例来说，在这条道路上，冥想修行者会遇见许多惊鸿一瞥和令人眼花缭乱的感知瞬间，它们在脑海中竞相掠过，却常常隐藏在觉悟的纱帘之后。

理查德通过冥想修行获得的美妙感觉很有可能出现在这个过程中的某个基准点上，但是他的幸福感（美妙的幻觉）已经消失在记忆的迷雾中。转变的状态已经一去不返。在印度，人们常常讲述这样一个故事：一名瑜伽行者在洞穴中独自修行了许多年，达到了“三昧”的神圣境界。志得意满的瑜伽行者自认为该结束自己的内心修行旅程了，于是他便下了山崖，来到一座村庄。

那天集市很拥挤。瑜伽行者正穿过人群，这时他被人匆匆抓住给一位骑象的本地官员让路。站在瑜伽行者正前方的一个小男孩突然惊愕地后退，不想恰好踩到瑜伽行者的一只赤脚上。

瑜伽行者疼痛不已，气急败坏，举起他的手杖便朝这个小男孩打去。这时，他突然意识到自己的行为，以及令他伸出胳臂的怒气，随后转身离去，径自回到他的洞穴去重新修行。

这个故事讲述了冥想最高境界和持久变化之间的差异。除了像“三昧”这样暂时的状态（或与之相似的全神贯注的“禅定”）外，我们的性情也会不断发生变化。《清净道论》认为这种转变才是达到内观之法最高境界的“正果”。例如，如经书中所言，贪婪、自私、愤怒和恶意等强烈的消极情绪会消退，取而代之并占主导的是积极的品质，如平和、善良、悲悯和喜悦。

这份清单引起了其他传统冥想形式的类似声明。我们不确定这些特质究竟是源于达到那些境界而累积的某些具体的变革性经验，还是来自沿着这条道路修行的单纯的数小时。理查德由冥想而达到的美妙的幸福感，可能已经接近全神贯注的禅定境界，因为如果不是第一次禅定，不足以带来这些特质的转变。

佛祖释迦牟尼的主要发现是：通过内观之法达到觉悟——对他那个时代的瑜伽传统是一个挑战，与之相伴的是集中精神的路径以达到“三昧”的不同层次，这是全身心投入后充满幸福的状态。在那个时代，内观法与集中精神法是觉悟策略中亟待解决的问题，关系着实现那些转变的特质的最佳途径。

时间快进到实现觉悟的另一种策略，那是在20世纪60年代，那些迷幻药物风靡一时的狂欢岁月。人们突然发现药物可以促使状态转变，这引发了一系列假想，就像一个“瘾君子”（吸毒者或迷幻药物嗜用者）所说的那样："麦角酸二乙基酰酸让我们在 20 分钟内就体验到了僧人修行 20 年才可以获得的东西。"[20]

大错特错！问题在于由药物所致的状态转变，在化学药物的影响消失后，你仍然一如从前。正如理查德所发现的那样，通过冥想修行所达到的"入定"后的美妙感觉同样会消失殆尽。

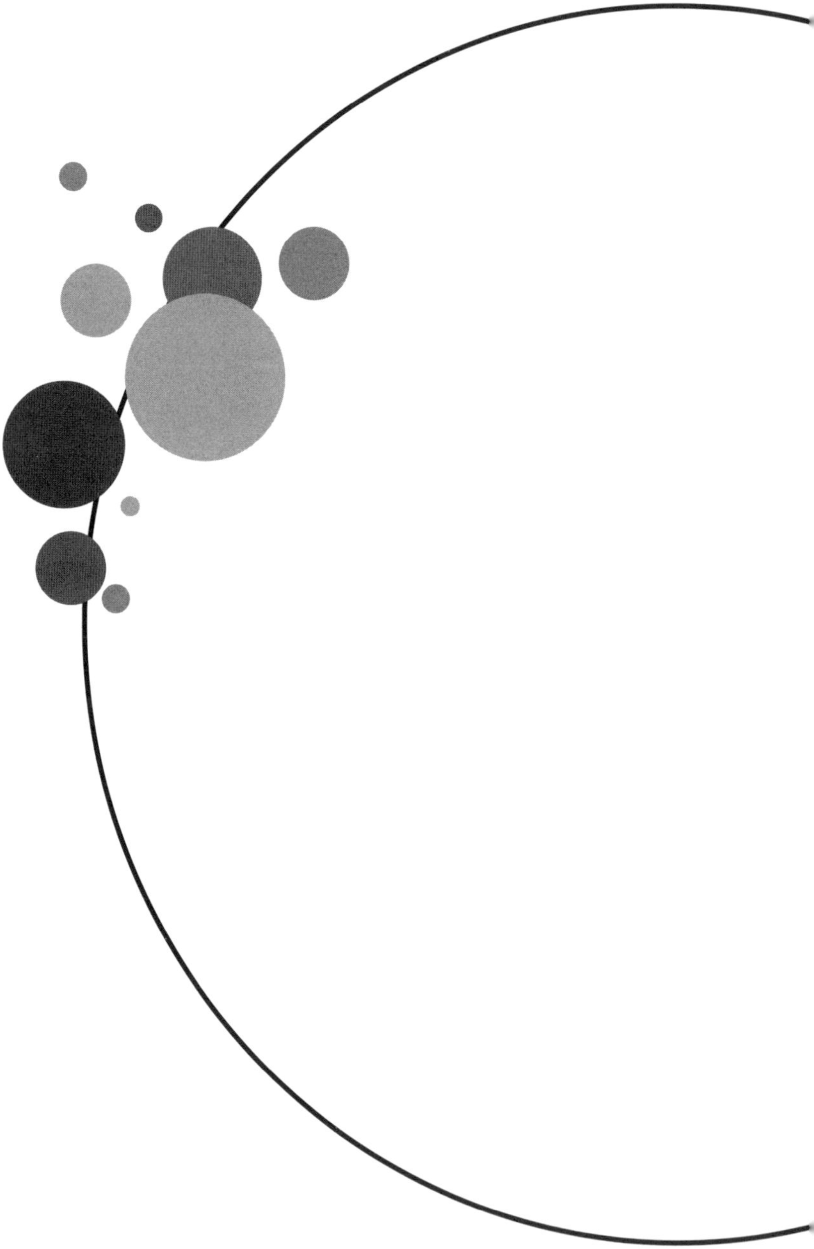

第三章

重塑健康人格的工具

丹尼尔的第二次亚洲之行是在1973年，对一名社会科学研究理事会的博士后来说，学习亚洲文化系统以分析人类心智及其可能性，从民族心理学角度来说，显然是冒了风险的。起初的6个月，丹尼尔待在一个名叫康提的斯里兰卡小山村里，每隔几天他便去请教向智长老（Nyanaponika Thera）[1]。向智长老生于德国，是上座部佛教僧人，主要研究禅修理论与实践。

向智长老著作的核心是一种名为“阿毗达摩”（即论藏）的思维模式，该模式展示了意识向人格重塑的方向转变的图谱和途径。丹尼尔所读过的《清净道论》和禅修手册是用来指导心智的，而“阿毗达摩”则是这类手册的指导理论。这一心理系统详细地解释了组成心智的关键要素，以及如何穿越这种内在景观，改变人的内心深处，并达到持之以恒的效果。

在向智长老的著作中，某些章节与心理学有关，尤其是“健康”和“不健康”心理状态[2]之间的动态关系。在我们精神状态的波动范围中，突出的往往是贪婪、以自我为中心、行动迟缓、焦虑不安等类似特性。这些都属于不健康状态之列。

相反，健康状态包括平心静气、冷静沉着、持续的专注力和现实的自信心。有趣的是，健康状态的一个子集同时适用于心理和身体：愉悦感、灵活性、适应性和柔韧性。

健康状态和不健康状态相互抑制。判断进步与否的标志是：在日常生活中，我们的行为是否预示着向健康状态转变？目标是建立以健康状态为主导的持久的人格特性。

当修行者沉浸在较深的定力中时，他的不健康状态会受到抑制——但是，正如深处闹市的瑜伽修行者一样，注意力会不集中，不健康状态也会随之增强。相比之下，根据这一古老的佛教心理学，不断深入的内观修行引发一种根本性的转变，最终使修行者从不健康状态中解放出来。

高超的修行者能毫不费力地稳定在健康状态中，体现自信、乐观和其他类似的人格特性。丹尼尔将这一亚洲心理学说看作一种思维工作模式，这种模式经过几百年的时间考验，已成为一种理论，即心理训练能使人格特性发生十分积极的转变。这一理论指导禅修已有 2 000 多年的历史——也成为人格重塑这一概念的有效证明。

1973 年夏，理查德和苏珊来到康提，进行为期 6 周的访问，后前往印度，与葛印卡一起完成了一次既激动人心又发人深省的静修。在康提停留期间，理查德和丹尼尔穿过丛林来到向智长老幽僻的隐居处，向他请教这一心理健康模式。

丹尼尔以社会科学研究人员的身份完成了第二次亚洲之行，同年晚些时候，他回国后被哈佛大学聘为客座讲师。1974 年秋季学期，丹尼尔开设了一门名为“意识心理学”的课程。这门课程非常适合当时的情况——至少迎合学生的需求。当时许多学生在课外研究致幻剂、做瑜伽，甚至还练一点冥想。

意识心理学课程一经公布便吸引了数百名哈佛大学本科生。冥想以及冥想的不同状态、佛教心理学系统和当时还鲜为人知的注意力学说均涵盖在课程之内。选课的学生极多，上课地点不得不调到哈佛大学有 1 000 个座位的桑德斯剧场。[3] 理查德当时是三年级研究生，也是这门课程的助教。[4]

意识心理学的大部分话题乃至课程名称本身都远远超出了当时传统心理学的范畴。因此，学期结束后丹尼尔未得以留任也是意料之中的事。那时，我们已经开始论文写作，相关研究也已经展开。理查德兴奋不已，觉得这正是他想研究的方向，正是他渴望做的事。

我们还在斯里兰卡时就开始动笔撰写论文初稿，并一直持续到丹尼尔讲授关于意识心理学的课程。我们努力说服我们的心理学同人接受人格可以重塑这一理念。虽然丹尼尔的第一篇论文论点比较单薄、实践研究不足，并且存在许多猜测内容，但是现在我们有了一个如何重塑人格的模板、一个内在转化的算法。我们努力研究如何将这一图谱与当时已经存在的零散数据联系起来。

回到马萨诸塞州的剑桥后，我们就这一问题进行了多次长谈，反复琢磨解决方法。我们谈话的地点经常是哈佛广场。那时，一家叫埃尔西的餐馆在深夜供应肉汁满溢的烤牛肉三明治，这颇受欢迎，但当时作为素食主义者的我们只在布拉特尔街上的贝利冰激凌店里吃焦糖圣代。我们在那里把能够找到的有关数据整合到一起，最终写成了一篇论文来阐明人格重塑具有极大的益处。

这篇论文的题目是“专注在冥想和催眠中的作用：精神生物学视角下的意识转变”（The Role of Attention in Meditation and Hypnosis: A Psychobiological Perspective on Transformation of Consciousness）。这里的关键词是“意识转变”，这是我们为阐述人格重塑而创造的

术语，我们将其视为“精神生物学的”（即如今称为“神经的”）转变。我们认为催眠不同于冥想，催眠只能产生阶段性效果而非根本性效果。

那时，无论致幻剂还是冥想，令人着迷的不是人格特性而是人格重塑，但正如我们在贝利冰激凌店里讨论时说的，“在亢奋状态消失后，你还是和以前一样糟糕”。我们在随后发表的期刊论文中更加正式地阐述了这一观点。

我们当时研究冥想如何使人发生改变，这一问题仍是人们普遍感到困惑的基础问题。一些人关注的是冥想过程中（尤其是在漫长的衰退过程中）所达到的非凡状态，但忽视了这些状态是如何转化为一种人格特性上的永久性变化，在他们冥想结束后仍发挥积极作用的。这些人过于重视达到非凡状态，而忽视了练习冥想的真正意义：在一天天的冥想练习中改变自己，并达到持之以恒的效果。

最近，我们更加确信这一点了。我们根据一位长期修行者在理查德的实验室里所展示的情况，终于有机会向一位冥想大师阐述他们的冥想状态和大脑模式。当该修行者处于某种特定冥想状态，例如专注冥想或可视化冥想时，他的脑成像数据显示出每个冥想转变状态的神经分布。

“研究得不错，”冥想大师评价道，“这位修行者展示出了一些体现瑜伽能力的迹象。”此处冥想大师所指的是瑜伽修行者在喜马拉雅洞穴中做的数月或数年强化冥想，而非如今颇受追捧的各种普通类型的健身瑜伽。[5]

但是，他随后又补充道："一个冥想者真正的标志是他能使自己从负面情绪中解放出来，自觉控制自己的精神状态。"

《清净道论》问世以来，经验法则保持不变：重要的并非冥想过程中所达到的非凡状态，而是最终你所获得的改变。

关于如何调和冥想图谱与自身体验这一问题，我们仍存在困惑。后来，我们搜集了一些科学证据，据此阐明一种假设：一次冥想"之后"的状态是下一次冥想"之前"的状态。当然，不可否认的是，我们所掌握的科学证据数量有限。

具体来说，"之后"是指从冥想中获得持久性变化的状态，这种变化能产生持续的影响，远超冥想练习期间的影响。"之前"是指我们所处的起始状态，在冥想开始之前的状态。"期间"指的是冥想时发生的事情，我们停止冥想时状态的暂时变化。

换言之，反复练习冥想可以重塑人格特性——达到"之后"的状态。

我们对某些生物途径的可能性感到好奇，反复的练习能稳定地呈现十分积极的人格特性，例如仁慈、耐心、有风度和坦然等。正如我们所说，冥想是一种工具，有助于培养这类有益的人格特性。

20 世纪 70 年代，我们在一本学术刊物上发表了一篇论文。该学术刊物对冥想这一奇特的研究主题感兴趣。[6] 这篇论文中包含了我们关于冥想重塑人格的初始想法，尽管它的科学基础还很薄弱。"概率不是证据"，从某种意义上来说的确如此：这方面存在可能性，但可能性并不是言之凿凿的证据。

我们第一次写这方面的文章时，尚未有科学研究能提供我们需要的证据。几十年后，理查德发现十分娴熟的冥想者“之前”的状态的确同从未进行冥想训练或者极少进行冥想训练的人有明显的不同——这是重塑人格的一个重要指标（我们将在第十二章中具体介绍）。

那时，心理学界还没有人谈论过重塑人格这一概念。另外，我们的原始材料在心理学家看来极其不同寻常：在亚洲以外的国家很难找到的古代冥想手册、我们自己在强化冥想静修中的经验，以及我们与娴熟的修行者的偶遇之交。可以说，我们是心理学界的异类或者怪人，毫无疑问，一些哈佛大学的同人也是这么想的。

我们对重塑人格特性的看法远远超越了当时心理学的研究范围。这无疑是项冒险的事业。

脑科学证据

当一个富有想象力的研究人员在琢磨一个新奇的点子时，一系列尝试由此产生，就像进化中的自然变异一样：正如一项优秀的实证研究在检验新理念时会筛选出好的假设、去除有问题的假设。[7]

为此，科学需要寻求怀疑论者和投机者之间的平衡——投机者遍地撒网，想象力丰富，考虑“如果”。知识网络是通过测试像我们这样的投机者所想出的新奇点子发展起来的。若只有怀疑论者追求科学，就没什么创新可谈了。

如今经济学家约瑟夫·熊彼特广为人知，他提出了“创造性破坏”这一概念，认为市场中新事物将破坏旧事物。我们对重塑人格的早期预感符合熊彼特所称的“设想”：一种可以为你提供进行分析的方向和力量的直觉行为。正如他本人所言，一种设想可以让你以一种新的眼光看待事物，这种眼光“不存在于科学原有状态的事实、方法和结果中”[8]。

然而，我们没什么有用的方法或数据来探索重塑人格特性，并且我们也不了解产生这样深刻转变的大脑机制。我们执意提出这一观点，但多年来缺乏关键性的科学证据。

我们认为，人们练习如何进入冥想状态的次数越多，获得的影响就越大，且这种影响深远持久，远远超过冥想过程中产生的影响，但我们的研究数据可以说是非常缺乏说服力，不足以支持这一观点。

尽管如此，随着脑科学近几十年的发展，我们有了越来越多的理论依据来支持这一观点。

1975 年，理查德参加了他人生中第一次神经科学学会会议。这次在纽约市举行的学会会议上，理查德同约 2 500 名科学家一起怀着激动的心情见证了一个新领域的诞生（会议期间竟吸引了超过 3 万名神经科学家的关注）。[9] 来自洛克菲勒大学的布鲁斯·麦克尤恩（Bruce McEwen）曾在 20 世纪 80 年代中期任神经科学学会会长，他给我们带来了惊喜。

麦克尤恩把一只处于优势地位的树鼩与另一只处于劣势地位的树鼩同关在一个笼中 28 天，也就是说后者不得不与它噩梦般的老大共处。麦克尤恩的研究所产生的轰动在于，处于劣势地位的树鼩大脑中海马体的树突收缩，而海马体正是保存记忆的关键节点。身体细胞的分支投射使其能够触及其他细胞并作用于其他细胞，萎缩的树突意味着错误的记忆。

麦克尤恩的研究成果一经发表，在大脑和行为科学界引起轩然大波。人们发觉某一特定的经历可能给大脑留下印记。麦克尤恩正瞄准着心理学界的终极目标：压力事件是如何产生挥之不去的神经创伤的？任何一种经历都会在脑海中留下印记，在事情未发生之前，一切都是无法想象的。

无可否认，在这项研究课题中，压力对实验室老鼠而言是正常的——麦克尤恩只是提高了压力强度。实验室老鼠生活区的标准设置相当于啮齿类动物的单独监禁：实验室老鼠将在一个小铁丝笼里待上几周或几个月，如果够幸运的话，还能获得一个跑步锻炼用的转轮。

加州大学伯克利分校的玛丽昂·戴蒙德（Marion Diamond）为她的实验鼠建造了令人兴奋的栖息地。与生活在百无聊赖又与世隔绝的环境中相比，这可谓是啮齿动物的疗养胜地，有大量的玩具、攀爬的架子、多彩的墙壁、玩耍的伙伴和有趣的探索空间。戴蒙德的实验与麦克尤恩的基本上是同时进行的，戴蒙德发现这种生活环境有助于老鼠大脑的发育，较厚的树突分支连接着神经元和前额皮质等负责大脑生长的区域。这也是专注和自我调节的关键区域。[10]

麦克尤恩的研究表明不良事件是如何使大脑某些部分收缩的，

而戴蒙德的研究结果更为积极，但是该结果遭到神经科学界大部分人士的质疑，这也许是因为它直接挑战了该领域中的传统观念。传统观念认为，在我们出生的时候，头骨中容纳的神经元数量最多，在我们的生命进程中，神经元以稳定的速度消亡。一般认为神经元的消亡与人的经历无关。

麦克尤恩和戴蒙德的研究勾起了我们的好奇心，如果大脑或好或坏的变化可能会发生在老鼠身上，那么好的经历能否改变人类大脑，使人向有益的人格特性转变呢？冥想会是一种有益的内在练习吗？

一想到这种可能性便令人振奋不已。我们预感到真正具有革命性意义的事情正在酝酿，但搜集支持我们这一预感的证据可能还要花上几十年的时间。

“先天”与“后天”

1992 年，威斯康星大学社会学系邀请理查德主持一个重要的座谈会，理查德为此紧张不已，他意识到自己正走向学术风暴的中心。一场关于“先天”和“后天”的争论在社会科学领域已肆虐多年，“后天”阵营认为人的行为是由经历塑造而成的，“先天”阵营认为基因是人的行为的决定性因素。

这一争论由来已久，相关历史并不光彩。在 19 世纪和 20 世纪早期，种族主义者扭曲了当时的遗传学，为歧视黑人、印第安人、犹太人、爱尔兰人和其他众多受歧视的目标种族提供“科学”依据。

种族主义者认为，目标群体的教育和经济水平的任一或所有的滞后现象都是遗传命运使然。这一观点忽略了机会的巨大失衡，由此引起社会科学界的强烈反对，并导致社会学系的很多学者对任何生物学性质的主张都深表怀疑。

理查德认为，社会学家犯了一个科学谬误，他们把任何生物群体的差异问题都归于遗传学范畴，基因被视为不可改变。在理查德看来，这些社会学家被意识形态立场冲昏了头脑。

所以，理查德首次公开提出“神经可塑性”这一概念，以此来解决关于“先天”和“后天”的争论。理查德解释说，神经可塑性表明重复的经历可以改变大脑并塑造大脑。我们不必在“先天”和“后天”之间做出选择，它们相互作用、相互影响。

这一概念巧妙地调和了相互对立的观点，但理查德的观点超越了当时科学界所能接受的范围，且关于人类神经可塑性的数据不够充足。

随着一系列科学研究成果的出现，几年之后这一问题发生了变化。比如，掌握一种乐器可以扩大相关的大脑中枢。[11] 小提琴手在演奏时，左手手指不断拨动琴弦，这将扩大大脑中负责手指工作的区域。他们练习得越多，大脑中该区域就越大。[12]

关于“先天”的实验

试着做以下动作。正视前方，伸直手臂并伸出一根手指。继续正视前方，慢慢移动手指，停在距你的鼻子右侧两英尺①处。当你继续向右移动手指，并将视线集中在正前方时，手指会出现在你的周边视野中，停留在你视野的外部边缘。[13]

大多数人将手指移到鼻子的最右边或最左边时就看不见自己的手指了，但失聪的人除外。

虽然聋人这种不同寻常的视觉优势早已为人们所知，但最近人们才发现其中的缘由，其作用机制仍旧是神经可塑性。

像这样的大脑研究利用了所谓的“先天性实验”，如先天性耳聋等情况。俄勒冈大学的神经科学家海伦·内维尔（Helen Neville）对大脑可塑性有着浓厚的兴趣，她利用核磁共振成像脑部扫描仪对聋人和听力正常的人进行视觉模拟，测试聋人在阅读手语时所看到的情景。

手语是夸张的手势。当一个失聪的人在读另一个人的手语时，他通常会看着做手语的人的脸，而不是直接看手势是如何移动的。一些夸张的手势在视野外围移动，这样就自然而然地锻炼其大脑在视野外部边缘感知的能力。当聋人学习手语时，可塑性让这些大脑线路承担一项视觉任务：阅读在视野边缘发生的事情。

神经块，通常作为初级听觉皮质（称为颞横回），而聋人的颞横回接收不到知觉输入。内维尔发现，聋人的大脑经过演化，其听觉系统中的一部分已与视觉系统协同工作。[14]

此类研究结果说明，大脑在应对重复的经历时可以自行进行完

---

①　1 英尺 =0.304 8 米。——编者注

整的传讯。[15] 针对音乐家、聋人和其他人的调查结果为我们一直以来坚持的观点提供了证据。神经可塑性提供了一个基于证据的框架和一种在当前的科学思维下说得通的语言。[16] 这是我们长久以来梦寐以求的科学平台，它为冥想念动训练如何塑造大脑这一问题提供了一条思路。

重塑人格图谱

我们先从人格图谱的消极端开始讨论人格重塑问题，以创伤后应激障碍为例。杏仁体扮演有刺激作用的神经雷达角色。巨大的创伤会触发杏仁体的临界点，从而控制大脑其他部分以回应它所认定的紧急情况。[17] 有创伤后应激障碍的人，无论接受何种治疗，都无法摆脱创伤经历，还会出现连串的神经反应，包括回忆闪现、失眠、易怒和焦虑障碍等情绪混乱，而没有创伤后应激障碍的人则不会出现如此激烈的反应。

反之，我们再转向人格图谱的积极端：有安全感的孩子明显受到积极的神经影响，其大脑发育过程中有父母的呵护和他人的关爱。童年时期是大脑形成阶段，这一阶段对成年时期的大脑有重要影响，帮助人在心烦意乱时冷静下来。[18]

我们对人格特质的兴趣不局限于健康图谱，而是向着更大的受益范围发展。这些极为积极的人格特质，如平和心和同情心，是冥想传统中心理训练的目标。我们用“重塑人格”一词来表示这个十分积极的范围。[19]

神经可塑性为反复训练创造持久的人格品质这一观点提供了依据，少数优秀的瑜伽修行者、梵学家、僧人等拥有这类品质。人格重塑符合古代关于更高层次的持久转变的描述。

让内心摆脱困扰以减轻人的痛苦，这是科学界和冥想界的共同目标，但是，除了崇高的存在，我们每个人都有更实际的潜力：拥有生机勃勃的人生。

生机勃勃的人生

相传亚历山大大帝率领的军队穿过现今的克什米尔地区时，在塔克西拉遇到了一群苦行的瑜伽修行者。塔克西拉在当时是一个繁华的城市，位于丝绸之路通往印度平原的支线上。

瑜伽修行者面对亚历山大勇猛好斗的士兵，泰然地说，亚历山大其实同他们一样，真正拥有的土地仅是他脚下所占的地方，而他同样也会生老病死。

在希腊语中，瑜伽修行者的字面意思是“赤裸的哲学家”（现在仍有一些印度瑜伽修行者在修行时赤裸着身体）。亚历山大欣赏这些瑜伽修行者镇定自若的态度，称他们是“自由人”，甚至说服了其中一位名叫卡利安那（Kalyana）的瑜伽修行者陪同自己东征。毫无疑问，瑜伽修行者的生活方式和人生观与亚历山大自身所受教育产生了共鸣。亚历山大师从希腊哲学家亚里士多德，他应是将瑜伽修行者看作另一种智慧的源泉了，他对学习的热爱是出了名的。

希腊哲学流派信奉个体人格转变，这与亚洲哲学家的理念不谋而合，亚历山大在与卡利安那交流时可能也发现了这一点。希腊人和他们的继承者罗马人成为当今西方思想的奠基者。

亚里士多德将一种以美德（一种生机勃勃的精神品质）为基础的幸福感视为人生目标，这一观点在现代思潮中仍有所体现。亚里士多德认为，美德在某种程度上是通过“在极端之间寻求正确的意义”获取的：勇气介于无畏和懦弱之间，适度的克制介于自我放纵和禁欲主义克制之间。

亚里士多德补充说，虽然我们并非天生就具有美德，但是所有人都有可能通过适当的努力变得更好。这种努力包括今天我们所说的“自控”，即注意自己思想和行为的现行做法。

其他古希腊罗马哲学学派为实现生机勃勃的人生，同样也借鉴了亚里士多德的方法。斯多葛学派认为：一个关键点是关注我们对生活事件的感受，而不是事件本身，这决定了我们幸福与否；通过区分生活中我们所能控制的事物与不受我们控制的事物，我们可以获得真正的平静。当今，神学家雷因霍尔德·尼布尔（Reinhold Niebuhr）广为流传的十二步版祈祷词体现了这一信条。

上帝给予我平静的心态去接受我无法改变的，

给予我勇气去改变我力所能及的，

并给予我智慧去分辨两者。

心理训练是获得“分辨的智慧”的传统方法。这些希腊学派把哲学视为一门应用艺术，并将沉思练习和自律视为获得生机勃勃的人生的途径。同东方哲学家一样，希腊哲学家认为我们可以培养幸福的思想品质。

在某种程度上，希腊式培养美德的方法是公开教授的，而其他方法显然只提供给像亚历山大这样的启蒙者。亚历山大认为，哲学家的思想理念在这些神秘的教导中得到了更充分的理解。

在古希腊和古罗马的传统中，具有正直、善良、耐心和谦逊等品质被视为获得永恒幸福的关键。这些西方思想家的观点同亚洲的精神具有相像之处：通过一种大致相似的人格转变培养一种具有美德的人生，他们都发现了其中的价值。例如，在佛教中，内心繁荣体现在“菩提”（巴利语和梵语）这一术语中，这是一条自我实现的途径，有助于培养“最好的自己”。[20]

亚里士多德的继承者

当今心理学使用“心理健康”一词来形容亚里士多德提出的“生机勃勃”这一理念。威斯康星大学的心理学家（理查德的同事）卡罗尔·里夫（Carol Ryff）在吸取包括亚里士多德在内的许多思想家理论的基础之上，提出了一个基于以下 6 要素的心理健康模型。

- 自我接纳，对自己持积极态度，承认自己最优秀的和有待改善的品质，对自己的现状感到满意。这需要一种非评判性的自我意识。

- 个人成长，不断改变和挖掘自身全部潜能（随着时间的推移而变得更好）的感知力，采用新的方式去看待、培养和充分发挥你的才能。铃木禅师（Suzuki Roshi）告诫他的学生："现在的你就是完美的你……但你还可以有小小的改进。"这恰到好处地平衡了接受现状和做出改变。
- 自主，思想和行为上独立，远离社会压力，用自己的标准来衡量自己。顺便一提，在澳大利亚和美国等推崇个人主义文化的国家中，这一点尤为突出，但在日本这种群体和谐相处的文化中，这一点并不明显。
- 控制力，有能力处理生活中复杂的问题，当机会来临时，抓住机会，创造适应你的需要和符合你的价值观的条件。
- 满足彼此的关系，用温暖、同理心和信任，以及相互关心和礼尚往来对待彼此。
- 生活的目的、目标和信念让你有存在的价值和方向感。一些哲学家认为真正的快乐来源于生活的意义和目的。

亚里士多德提出"幸福"（eudaimonia）即"最高形式的善"，也就是实现你独特的潜力，而里夫认为以上6要素是现代意义上"幸福"的必备条件。[21] 正如我们在后文中所提到的，不同种类的冥想似乎培养了以上这些品质。更直接地说，有几项研究已在关注冥想是如何提高人们对里夫标准的评价的。

美国疾病控制和预防中心指出，只有不到一半的美国人对除工作和家庭责任外的事物抱有强烈的目标感。[22] 这一特殊意义上的健康可能对人有着重要影响：维克托·弗兰克尔（Viktor Frankl）曾写道，在集中营的数年里，面对亲人、同伴相继死去，是对人生意义和目的的坚守让自己与其他同样为之坚守的人熬了过来。[23] 弗兰克尔在集中营里仍坚持工作，他是其他囚犯的心理治疗师，而这些人的存在又给了他继续活下去的理由。他曾问人们，坚持下去是为了什么，有人说是因为孩子在等他回家，还有人说是为了把想写的书写完。

弗兰克尔所言与一项研究结果相契合。该研究发现经过三个月（约 540 个小时）的闭关冥想后，在修行者生活目标感增强的同时，其免疫细胞端粒酶活性也在同步增长，甚至 5 个月后仍是如此。[24] 这种酶可以保护端粒长度，端粒这一DNA（脱氧核糖核酸）末端的“帽子”结构决定细胞存活的时间。

这就像身体里的细胞在说，坚持住，你还有重要的工作要做。然而，正如这些研究者所指出的，这一发现还需经设计严密的研究证实。

有趣的是，为期 8 周的各种正念训练可能扩大了脑干中的一个区域，该区域的扩大与增强里夫测试中的幸福感存在相关性。[25] 该研究规模相当小（仅有 14 人），因此还需扩大测试群体，以得出更为准确的结论。

同样，另一项研究发现，练习正念的人可获得更高水平的幸福感和其他益处，这些益处可以维持一年之久。[26] 日常正念练得越多，越能主观促进心理健康。这项研究与上个研究一样，规模较小。正如我们所说，测试大脑比起自我评价对心理扭曲的影响小得多，这更让人觉得可信。

冥想能够提高健康水平，特别是对我们这些冥想者来说，这是个很有吸引力的观点，但我们的心理学同人仍对此持怀疑态度。

像这样的研究往往被称为冥想优点的“证明”，尤其是在当今正念正流行的时期。当涉及科学合理性时，冥想研究差别巨大——尽管当其被用于推广某种冥想方式、冥想应用程序或其他冥想类“产品”时，这一不容忽视的真相却被视而不见了。

在接下来的章节中，我们将用严格的标准对材料进行去伪存真，从科学的角度出发，探究冥想的影响究竟是什么。

第四章

最好的研究

试想这样一个场景：在一个木工车间，工人阿尔和弗兰克正在愉快地聊天，这时，阿尔把一块巨大的胶合板插入巨型圆锯的锯齿刀片里。突然间，你意识到阿尔在靠近锯片时并没有使用安全防护装置。当他的拇指伸向一个十分锋利的圆形尖齿钢圈时，你的心跳也立刻加速了。

阿尔和弗兰克只顾着聊天，丝毫没有察觉到阿尔的手指已经快要碰到极速旋转的锯片这一即将到来的危险。你心跳加速，满头大汗，迫切地想要提醒阿尔，可他只是你观看的影片中的一个角色。

这出自加拿大国家电影局制作的一部影片——《不该发生的悲剧》(*It Didn't Have to Happen*)，在短短的 12 分钟内讲述了三起车间事故，以警示木工在工作时务必使用机器的安全防护装置。就像即将伸向锯片的手一样，他们每个人的命运都是未知数，悲剧发生后才知道有多危险：阿尔的拇指断在了圆锯里，另一个木工也划破了手指，一块厚木板还飞进了一名旁观者的上腹部。

这部警示木工的影片颇为生动。加州大学伯克利分校的心理学家理查德·拉扎勒斯（Richard Lazarus）在其长达 10 多年的重大研究中，把这些令人毛骨悚然的事故描述视作一种情绪应激源。[1] 他慷慨地把该影片复制给丹尼尔，便于其在哈佛大学做研究使用。

丹尼尔让 60 名志愿者观看了这部影片，其中一组的志愿者是正在学习心理学课程的哈佛大学学生，他们没有任何冥想经验。另一组志愿者是冥想老师，且至少有两年的实践经历。每一组中都有一半的志愿者需要在观看影片前进行冥想。丹尼尔让哈佛大学的学生在实验室里进行冥想，而那些被分配到对照组（均为随机分配）的人只需坐下放松自己。

丹尼尔坐在隔壁的控制室里进行观察，他发现，随着影片中车间事故的发生，观众先是心率加快，汗水增多，之后又会慢慢恢复正常。相比之前没有做过冥想的新手，有冥想经验的志愿者往往能够更快地从目睹这些悲惨事件的压力中恢复过来。[2] 至少看似如此。

这项研究足以让丹尼尔获得哈佛大学的博士学位，并在心理学领域的顶级期刊上发表论文。然而，在我们回顾并仔细审查他的研究后，还是能发现很多问题。什么样的研究设计最好，或者说，什么样的研究设计得出的结果最令人信服，审核科研基金和期刊论文的人员都有严格的标准。从这个角度来看，丹尼尔的研究，甚至是今天大部分的冥想研究，都是有缺陷的。

例如，丹尼尔亲自教授志愿者冥想，或者让他们放松自己，而丹尼尔是知道这两种方式的预期结果的——冥想会产生更大的帮助，而这很有可能会影响他对两组的说话方式，进而促使冥想组取得好的结果，而仅仅放松自己的对照组效果会差一些。

此外，虽然有313篇期刊论文引用了丹尼尔的实验结果，但其中没有一个作者尝试重做这项实验来检验他们能否得到类似的结果。这些作者仅仅假设丹尼尔的研究结果足够可靠，可以用作得出自己结论的依据。

丹尼尔的这种研究态度并不是他独有的，在今天依然盛行。可复制性是科学方法的一个重点，这在业内是众所周知的。对于某个给定的实验，其他任何科学家都应该能够重做该实验，并得出相同的结果或得出自己无法重做的结果，但是几乎没有人尝试这么做。

科学界普遍存在的一个问题就是缺乏重复实验的精神，尤其是在涉及人类行为研究的时候。[3] 在对心理学中最常被引用的 100 项研究结果重新进行系统实验后发现，仅有 39% 的原始研究得以证实，而且仅有很小一部分心理学的研究得以重新做过，这个领域倾向于奖励原创研究而非复制品。另外，和其他所有科学一样，心理学存在很严重的业内发表偏倚：只有在取得重大研究成果之后，科学家才发表自己的研究。若没发现什么成果，极少有人愿意就此发表论文。然而，那些没有多大成果的发现本身却是很有意义的。

接下来阐释的是“软”“硬”测量之间的关键性差别。如果要求人们就自己的行为、感受等软测量（比如一个人当时的心情）做出报告，一些心理因素会在很大程度上影响他们的回答，他（她）们想要让自己看起来很不错，或者想让调查者满意等。然而，这些偏差却不太可能甚至根本不能影响心率、大脑活动等生理过程。由此很难衡量这些偏差。

以丹尼尔的研究为例，他的研究在某种程度上依赖人们评估自己反应的软测量。他采用的是心理学家最常使用的焦虑测评，要求人们根据一些项目（比如“感到担心”的程度从“一点儿也不”到“非常”，从“几乎从不”到“几乎总是”）来对自己进行评定。[4] 总的来说，人们在第一次尝试冥想之后，会感受到压力变小。这是冥想研究多年以来一个非常普遍的发现。众所周知，自我报告易受

“预期需求”的影响，这些信号会暗示人们报告积极的结果。

就连冥想新手也报告称他们觉得压力减小，感到更加放松。冥想者的一些数据显示，压力管理做得更好的自我报告比类似大脑活动的硬测量要出现得早。这可能意味着，在觉察出硬测量的变化之前，冥想者就能感受到压力减小了。

但是人的心脏不会说谎。丹尼尔的研究采用了心率和出汗变化等生理指标。人们通常无法有意识地控制这些指标，因此，与其他指标相比，尤其是与那些主观性很强、容易受偏差影响的自我报告的指标相比，它们能更准确地反映出一个人的真实表现。

丹尼尔论文中采用的主要生理学指标是皮电反应（GSR），脑电活动的爆发表示汗水增多。皮电反应是人体应激唤醒的标志。正如某些猜测所认为的，在人类早期的进化过程中，汗水可保护皮肤不易受伤，从而在近身搏斗时保护自身。[5]

大脑的测量指标比心率等“外围”生理学指标更加可靠，但当时我们无法使用这种偏差最小、最具说服力的方法。因为在 20 世纪 70 年代，功能性磁共振成像、单光子发射计算机断层显像（SPECT）等脑成像系统和脑电图（EEG）的计算机精密分析还尚未发明。[6] 人体中距离大脑较远的一些反应指标如心率、呼吸率、出汗量等，在当时对丹尼尔而言已经是最好的选择了。[7] 由于这些生理反应是由很多复杂的因素综合在一起导致的，因此解释起来容易混乱。[8]

这项研究还有另一个缺陷：由于当时的记录技术很落后，对这些数据进行数字化处理需要花费很长时间。丹尼尔通过用针头在连续的纸卷上不断扫描获得的墨点记录出汗率。他需要花费好几个小时来仔细观察那些混乱的墨迹，然后把墨迹转换成数字以进行数据分析。这意味着在每次意外事故发生前后都要数出能够反映受试者出汗程度的墨点数。

关键问题在于：存在 4 种不同的条件——有经验的冥想者与冥想新手被告知冥想或仅仅安静地坐着。事故发生时，这 4 类实验对象从高度紧张的状态到正常状态的恢复速度不同是否有意义？丹尼尔的记录结果表明，冥想会使恢复速度加快，经验丰富的冥想者恢复速度最快。[9]

“丹尼尔的记录结果”这一措辞说明了另一个潜在的问题：记录是丹尼尔本人做的，做实验所付出的全部努力都是为了支撑他本人提出的假设。在这种情况下，很容易产生实验者偏差，即设计研究和分析实验数据的人可能会促使实验结果偏向其预期结果。

在近 50 年之后，丹尼尔的记忆已经有些模糊不清了。据他回忆，在冥想者中，皮电反应是不明确的，即该反应可能已经处于事故反应的高峰期，或者在高峰期之后。他是在高峰期进行记录的，而不是在恢复一开始就进行记录。这种偏差的最终结果导致我们认为冥想者看到该事故以后出汗更多，恢复速度也更快（但是，正如我们所看到的，这已经是迄今为止冥想研究所采用的最先进的模式了）。

研究显示，偏差包括两个层面——有意识的偏差和无意识的偏差，而后者更难避免。至今，丹尼尔也不敢保证他给这些墨迹记录的打分是毫无偏差的。与此同时，丹尼尔分享了大多数从事冥想研究的科学家面临的困境：他们本身都是冥想者，很容易产生这样的偏差，尽管自己是无意识的。

没有偏差的科学

这可能是取自宝莱坞版影片《教父》中的一个场景：一辆黑色的凯迪拉克豪华轿车于指定的时间在指定的地点停下，后门打开以后，丹尼尔坐了进去。坐在他旁边的大老板不是唐·柯里昂的扮演者马龙·白兰度，而是一个身材矮小、留有胡须、缠着白色腰布的瑜伽修行者。

20世纪60年代，瑜伽士Z从东方来到美国，结交了一些名流，并迅速占据了新闻头条。他吸引了众多追随者，并招募了数百个美国年轻人做瑜伽师，向别人传授他的教学方法。丹尼尔在1971年第一次去印度之前曾参加过一个瑜伽师的夏令营教师培训项目。

瑜伽士Z听说丹尼尔是一名哈佛大学毕业生，并即将用奖学金前往印度旅游。瑜伽士Z为这位准博士制订了一项计划。他给了丹尼尔一份清单，上面有自己在印度的追随者的姓名和地址。瑜伽士Z让丹尼尔挨个拜访他们，并进行采访，然后撰写一篇相关的博士学位论文，期望结论是：在这个时代，该瑜伽方法是唯一一种能够“发人深省”的方法。

丹尼尔非常不赞成瑜伽士Z的这种想法。这完全属于劫持研究——只为促进某一特定冥想类型的传播，是一种典型的欺诈行为，如同某类“心灵导师”（还记得瑜伽大师X吗）一样，这一做法让人感到很可悲。当这样的老师参与任何商业品牌特有的自我推销时，都意味着有人希望利用内在进步的表象来进行营销。当某种特定冥想类型的研究人员报告了积极的研究结果时，也会出现关于偏差的相同问题，以及另一个问题：是否有未报道出来的负面结果？

例如，丹尼尔研究中的冥想教师教授的是超觉静坐。超觉静坐的研究历史有些多变，部分原因是大多数调查是由玛赫西管理大学（曾经的玛赫西国际大学）的工作人员完成的，而该组织的部分人员负责宣扬超觉静坐。即使这项研究工作做得很好，也会引起人们对利益冲突问题的关注。

出于这个原因，理查德实验室专门招聘了一些对冥想的效果持怀疑态度的科学家。他们提出了大量的问题，而“对冥想效果深信不疑的人”在练习中则可能会忽视这些问题。一个结果就是：理查德实验室发表了几项无结果的研究，这些研究用于检验关于冥想效果的一个特定假设，但并没有观察到预期的效果。这一实验室也发表了一些复制失败的研究，其研究方法是之前发表过的论文所采用的方法，这些论文认为冥想是有益的。这些复制失败的研究没有证实早先的调查研究结果，反而使其受到质疑。

引入怀疑论者只是减少实验者偏差的方法之一。另一种方法是选定一组人，告知他们冥想练习及其好处，但不给他们任何指导。更好的方法是：设计一个“阳性对照”组，让这组人员参与一个他们认为会从中受益的非冥想活动，比如运动。

对哈佛大学学生的研究所产生的更多困惑，在心理学领域也普遍存在：我们实验室中可供研究的本科生无法代表各个类型的人。受试者在心理学领域中属于“WEIRD”人群：他们都是西方人（western），受过良好的教育（educated），来自高度工业化的国家（industrialized），很富有（rich），崇尚民主（from democratic cultures）。[10] 哈佛大学的学生，即使在“WEIRD”人群中也是一个特殊群体，这就导致这些数据在寻求人性的共性方面的价值减小。

冥想体验类型

理查德在他的学位论文研究中曾发问：我们能否识别专注技能的神经信号？他是最早提出这一问题的神经科学家之一。在当时，能提出这一根本问题相当值得人尊敬。

理查德的博士研究是其在本科学习中所体现的精神的延续。研究背后的动机是：探索冥想者和非冥想者在专注技能方面所传递的信号是否有所不同。冥想者的专注技能更高吗？在当时，提出这一问题可不那么让人感到可敬。

理查德观测了冥想者在听到铃声或看见闪烁的LED（发光二极管）灯时头部的脑电信号，他指导冥想者把注意力完全集中在铃声或灯光上。理查德分析了“事件相关电位”（ERP）的电信号，即看到闪光或听到铃声后产生的特定信号。隐藏在噪声中的事件相关电位是一个十分微弱的信号，只能用微伏特（百万分之一伏特）来衡量。这些微弱的信号为我们如何分配自己的注意力打开了一扇窗。

理查德发现，当冥想者把注意力集中在光线上时，由声音所触发的信号就会减弱，而当冥想者把注意力集中在声音上时，由光线所触发的信号就会减弱。我们可以看到，单单这一发现是没有太大价值的，但是这种控制不必要变量的模式在冥想者中要比对照组有用得多，这是表明冥想者比非冥想者能更好地集中注意力的一些重要证据。

注意力能够集中于某个目标并不受其他事物的干扰，这是其拥有专注技能的一个重要标志。因此，理查德总结说脑电图可以用于此评估（脑电图在今天虽然已经普及了，但在当时属于科学的一大进步）。尽管如此，仍没有充分的证据可以证明冥想者比从未做过冥想的对照组人员更能集中注意力。

为什么说这个证据本身是令人怀疑的？回想一下，我们就可以发现一个原因：理查德招募的冥想者各种各样，他们使用的冥想方法也多种多样。在 1975 年，我们几乎不知道这些方法的多样性有多么重要。如今，我们知道注意力分为很多方面，不同种类的冥想练习会产生不同的思维习惯，继而以不同的方式影响人的心理技能。

例如，最近德国马克斯–普朗克研究所的研究人员让冥想新手们进行数月的日常冥想练习，练习一共有三种不同的类型，分别是观息法、慈爱冥想法和观心自静法（用心观察自己的思绪，但不加干涉）。[11] 他们发现，观息法能使人平静，这似乎证明了一个广为人知的假设：冥想有利于放松自我。与这种固有的假设相矛盾的是，慈爱冥想法和观心自静法都没有让身体处于更放松的状态，这显然是因为这两种冥想练习都需要耗费脑力。例如，当你观察自己的思绪杂念时，你就会沉浸其中，然而当你注意到这一现象时，就需要有意识地再次进行简单的观察。此外，进行慈爱冥想练习时，你希望自己和他人都好，自然而然地会产生积极的情绪。相比之下，另两种方法则不会产生这样的效果。

因此，不同方式的冥想会产生不同的效果。基于这一事实，我们应该把研究特定类型的冥想视为日常研究工作的一部分。然而，对于特定冥想类型的困惑实在太常见了。例如，某个研究小组搜集了使用最先进的技术研究 50 位冥想者脑部解剖的数据——这是一个非常宝贵的数据集。[12] 他们所研究的冥想练习的名称不仅揭示了冥想有诸多类型（如同一锅大杂烩），而且显示了终生练习的广泛传播。如果我们可以系统地记录下每种冥想类型所引起的特殊的心理训练，以及每个人终生练习的时长，那么数据搜集可能会带来更有价值的发现。（尽管公布有关冥想类型信息的行为是为人称道的，但这些信息往往会被忽略。）

我们通读现代冥想研究的成果时，会发现科学家对特定冥想类型的困惑以及一些不成熟的观点，这时我们可能会在继续研究时退缩。他们往往错了，就像在科学文章里所说的那样，禅宗和葛印卡式内观禅修者是让他们睁开双眼冥想的（这里的错误是：葛印卡本来是让人闭上眼睛冥想的）。

一小部分研究使用“反冥想”法作为阳性对照。在其中一个版本中，让这些所谓的反冥想志愿者尽可能多地进行积极思考。这实际上类似于一些冥想的方法，比如我们将在第六章中讨论的慈爱冥想法。那些实验者却认为这并不像冥想，这也证明了他们的一些困惑：自己究竟在研究什么？

经验法则认为，任何技能经过练习都可得到提升，它强调了将冥想过程中特定的心理策略与其结果相匹配的重要性。对那些学习冥想的人和进行冥想的人来说，这一法则同样适用：要意识到特定的冥想方式可能会产生的结果。它们并不总是完全相同，这与一些研究人员甚至冥想实践者的误解是相反的。

在思维领域中（和任何其他领域一样），行动决定结果。总而言之，“冥想”不是一个单一的活动，它包含各种不同的练习，而每种练习都以特定的方式影响我们的思维和大脑。

迷失在仙境中的爱丽丝问柴郡猫：“我该走哪条路？”

它回答说：“这取决于你想去哪里。”

柴郡猫对爱丽丝的建议也适用于冥想。

计算时间

丹尼尔研究中涉及的“专家”冥想者，都是教授超觉静坐的老师，每个人都至少练习过两年，但丹尼尔既无法知道他们总共在冥想上投入了多长时间，也无法知道投入这些时间进行冥想练习实际达到的效果。

即使在今天，也很少有研究人员有这项重要的数据。我们在第十三章中将会看到更详细的内容，我们的变化模型追踪了冥想者一生具体做了多少个小时的练习，无论是日常的冥想还是静修。这些总时长与冥想质量的不同以及大脑的根本差异有关。

通常会根据冥想经验把冥想者分为两大类，比如“初学者”和“专家”，但没有更进一步的细分。一个研究小组的报告显示，他们所研究的人在冥想上所投入的时间从每周做几次 10 分钟的冥想到每天做 240 分钟的冥想不等，但并没有显示被研究者这样做了几个月或几年，而这对计算终生练习的时长来说是必不可少的。

绝大多数的冥想研究中都没有这样的计算。因此，20 世纪 60 年代以来的经典禅学研究表明，未能习惯重复的声音（这是当时少有的最先引起我们兴趣的东西之一）这一现象实际上给出了禅宗僧人关于冥想经验的一些零星的数据。是一天一小时、一天 10 分钟、一天 6 小时还是某几天完全不做？他们做了多少次更加深入的练习——静修（或静坐敛心）？每次静修时花费了几个小时冥想？这些我们都无从知晓。

到目前为止，受到这种不确定性影响的研究清单还很长。获得关于冥想者终生练习时长的详细信息已经成为理查德实验室标准操作步骤的一部分。他们研究的每一位冥想者都报告他们做了什么样的冥想练习，一周内做几次，每次做多久，以及他们是否坚持静修。

如果是这样，他们会记录下他们每天做几个小时的静修练习，每次静修的时间，以及他们做了多少次这样的静修。冥想者会进一步仔细回顾每一次静修，并估算自己做不同类型的冥想练习所花费的时间。这一数学计算让戴维森小组得以根据总练习时长分析他们的数据，并根据不同的冥想类型或根据他们是在外静修还是在家冥想来划分时间。

正如我们将要看到的那样，当谈及冥想带来的思想和行为上的好处时，有时会出现剂量–效应关系：你做的冥想越多，回报也就越多。这意味着许多已发布的冥想报告都缺少一些重要的数据：他们没有报告其研究的冥想者的终生冥想时长。同样地，很多设有“专家”组的冥想研究对这一术语的定义也有很大不同，而且都没有用精确的衡量标准来说明这些“专家”具体做了多少个小时的冥想。

如果接受研究的人是第一次做冥想，比如，他们做的是正念练习，计算他们练习时长的方法很简单（教学时间再加上他们自己在家进行冥想练习的时间）。然而，许多更有趣的研究都涉及经验丰富的冥想者，却没有计算他们的终生冥想时长，而总时长可能会有很大的不同，比如，可能会把有一年经验的冥想者与有 29 年经验的冥想者一概而论！

还有就是那些进行冥想教学的人的专业知识的问题。我们所看到的许多研究中，有一小部分提及了教师有多少年的冥想经历，但没有一项研究计算出他们的终生冥想时长。在一项研究中，最大值大约为 15 年，而最小值为零。

超越霍桑效应

早在20世纪20年代，芝加哥附近有一家生产电气设备的工厂——霍桑工厂。实验者简单地改进了该工厂的照明条件，并略微调整了工作时间表。仅仅这样一些小小的改进，工人们就开始更加努力地工作，至少在一段时间内是这样。

经验之谈：任何积极的干预（也许只是让别人观察你的行为）都会使人们感觉更好或者在某种程度上有所改善。然而，这种“霍桑效应”并不意味着任何干预措施都能产生独特的增值效应。只有当人们把某一改变视作积极的干预时，才会有同样的良好感觉。

理查德实验室对霍桑效应这类问题很敏感，他们投入了相当多的思考，努力在其冥想研究中使用合适的对比条件。教师对某种特定方法的热情可能会感染那些学习它的人，所以教师用同样的热情传授“控制”方法，这对冥想研究是适用的。

为了从冥想的实际影响中分辨出这些无关的影响，理查德和他的同事设计了一个“健康促进计划”（HEP）来作为正念减压研究的一个对比条件。健康促进计划包含音乐放松疗法、营养教育和改善姿势、保持平衡、核心力量加强训练、拉伸、步行或慢跑等运动。

在实验室的研究中，教授“健康促进计划”的教师相信它会有所帮助，就像那些教冥想的人认为冥想对人有帮助一样。这样的“主动控制”可以抵消教师的热情等因素所带来的影响，因此会更容易识别某一干预因素所产生的影响。在该研究中，变量就是冥想。

看看它在具备霍桑优点之外又增加了什么。

理查德的研究小组把志愿者随机分配到健康促进计划组和正念减压疗法组，并让他们在训练前后填写调查问卷，而以前的研究曾用这些问卷证明冥想确实是有帮助的。在这项研究中，两组的报告都显示，志愿者在一般的痛苦、焦虑和医疗症状等主观测量指标方面都有了明显的改善。理查德的小组从中得出的结论是：冥想对于缓解初学者的压力所起的作用并不是独一无二的。[13]

此外，在一个专门为衡量正念疗法的疗效而设计的问卷中，正念减压疗法和健康促进计划给志愿者带来的改善效果没有任何差异。[14]

理查德实验室得出的结论是：对于各种各样的正念，以及其他可能的一些冥想类型，在练习的早期阶段，许多报道出来的冥想的益处可以归结为期望、群体中的社会联系、教师的热情或其他“需求特征”等因素，而非冥想本身。那些认为冥想有益的报告可能只是人们怀有积极的希望和预期的标志。

这些数据是一个警示，任何寻求冥想练习的人都要警惕，人们可能过分夸大了冥想的好处。同时，这也给科学界敲响了警钟：在设计冥想研究时要更加严谨。报告显示，那些参加了这样或那样的冥想练习的志愿者，与什么都不做的对照组的志愿者相比，前者的症状有所改善。单是发现这一结果，并不能断定改善都是由冥想带来的。然而，在有关冥想益处的研究中，这可能是最常见的范例了。这一结论也许遮蔽了冥想练习的真实优势。

我们可能会看到类似的狂热报道，一些人认为通过参加普拉提课程、打保龄球或采用原始人饮食法就可以使自己更加健康。

“正念”到底是什么

“正念”可能是当今研究人员最欢迎的研究方法了，但大家对“正念”这一概念的理解存在混淆不清的现象。一些科学家用“正念”一词来代表各种类型的冥想。在常用语中，“正念”通常指的是冥想，但正念其实只是众多冥想方法中的一种。

再深入了解一下就会发现“正念”已经成为巴利语中“sati”最常见的翻译。然而，学者们却把“sati”翻译为各种词汇，比如“觉察”“专注”“保持”，甚至是“识别”。[15]简言之，所有专家都一致认为，没有一个单一的词语可以对应“sati”。[16]

有些冥想传统保留“正念”，以在思绪游离时进行观察。在这个意义上，“正念”成为一系列冥想步骤的一部分。首先，把注意力集中于某件事上；其次，内心开始想别的事情；再次，就到正念的时刻——注意到思绪已经游离了；最后，再把注意力重新集中到关注点上。

任何一位冥想者对这个步骤都很熟悉，也可称其为“专注”，正念在人们努力专注于一件事情的过程中起到了支撑作用。例如，当你专注于某句咒语时，有时方法是“每当你注意到你的思绪在游离时，轻轻地再念一遍咒语”。在冥想的机制中，只关注一件事也意味着当你的思绪游离时你可以把它拉回来。因此，专注和正念密不可分。

“正念”的另一个常见含义指的是一种浮动的意识——观察我们生活中发生的任何事情，而不做判断或以其他方式做出反应。也许被引用最广泛的定义出自乔恩·卡巴金：“有意识地将注意力放在当下，对事情的发展不做任何评判。”[17]

从认知科学的角度来看，涉及所使用的精确方法时，就出现了另一个转折：科学家和从业者所谓的“正念”指的是用不同的方式来分配我们的注意力。禅宗或者南传佛教对正念的定义与藏族某些传统中对该词的使用几乎没有相似之处。

各方对注意力所持的观点不同（有时是很细微的差异），而且很可能和不同的大脑因素有关，所以研究人员必须了解他们究竟在研究哪种正念，或者某种特定的冥想类型是否确实就是正念。

“正念”的含义在科学研究中曾有一个奇怪的转变。最常使用的正念衡量方法不是根据实际冥想中发生的事情设计的，而是对数百名大学本科生进行问卷调查，研究人员认为通过这种方式可以从不同的角度研究正念。[18]比如，你会被问到，类似的表述对你而言是否适用：“我可以关注自己的情绪，并不受其影响”“我发现自己很难专注于当前所发生的事情”。

该测验的一个典型特点是：不要评判自己。例如，当你感觉不适时，不要评判自己。这个测验在初始阶段效果很好。这种对正念的衡量应该也确实与人们在正念减压疗法这样的培训项目中取得的进步相关联，并且测验分数与所做正念练习的数量和质量相关联。[19]从技术角度来看，该测验的“构想效度”（construct validity，测验领域的术语）很大。

然而，当理查德的小组把这种衡量方式应用于另一项技术测验时，他们发现了“区分效度”（discriminant validity）的问题。该衡量不仅与正念减压疗法等应该存在相关时无效度区分，而且在与其不应该存在相关时也无区分。在这种情况下，特意为这个阳性对照组设计健康促进计划来确保不以任何方式增强正念的变化，而这项测验不应该反映健康促进计划中的一些变化。

但是，参加健康促进计划人员的结果与参加正念减压疗法人员的结果非常相似，和正念自我报告测试评估的结果一样，都很高。更加正式的说法是，没有证据可以证明这种衡量方式具有区分效度。

在一项研究中采用了另一种广泛使用的自我报告的正念衡量方式，结果显示，酗酒与正念呈正相关：饮酒越多，正念的数值越大。这听起来好像有点儿不靠谱！[20] 另一项小型研究调查了 12 位（平均练习时长有 5 800 个小时的）经验丰富的冥想者和 12 位（平均练习时长有 11 000 个小时的）专家冥想者，在两个非常常用的正念问卷衡量尺度方面，他们与非冥想组并没有区别。这也许是因为他们比大多数人更能意识到自己思绪的游离。[21]

任何需要人们做自我报告的问卷调查都容易产生偏差。一位研究人员更直截了当地说：“这些都可以编造。”因此，戴维森小组提出了一个他们认为更强有力的行为测量：依次细数自己的呼吸来看自己保持专注的能力。

这并不像听起来那么简单。在测试中，你每一次呼气时都需要按下键盘上的下箭头。为了增加可能性，每呼气 9 次，你需要按一个不同的键——右箭头，然后你需要从 1 到 9 数自己的呼吸。[22] 这项测试的优点是：你自己的计数和实际的呼吸次数之间的差异呈现的是一个客观度量，产生心理偏差的可能性很小。当你的思绪游离时，你计数的准确性也会受到影响。正如预期的那样，专家冥想者的表现明显优于非冥想者，测试分数也会因正念训练而提高。[23]

从我们第一次试着进行冥想研究时遇到问题到设置一个阳性对照组取得的进步，再到在测量冥想的影响时对严谨度和精确度的要求，所有这些可资借鉴的回顾似乎拉开了我们开始深入研究冥想的序幕。

总结这些研究结果，我们试图采用最严格的实验标准。这让我们专注于最有效的研究结果，同时也意味着我们要驳回绝大多数的冥想研究，其中包括科学家认为有问题的、没有定论的或出于某种原因遭到破坏的研究结果。

正如我们所看到的，在哈佛大学研究生院的日子里，我们的研究方法存在一些缺陷，这也反映了 20 世纪 70 年代和 80 年代冥想研究的总体质量。我们最初的研究不符合今天所讨论的标准。在顶级的 A 类科学期刊发表的文章所使用的研究方法需达到黄金标准，但实际上绝大部分的冥想研究都未能达到这一标准。

诚然，多年来，由于冥想研究的数量每年都会激增至 1 000 项以上，冥想研究的复杂性也呈现出棘轮效应。海啸般的冥想研究如同一幅模糊的画面，有着各式各样令人困惑的结果。我们除了关注最有力的研究结果外，还试图在这种混乱的画面中找到有意义的模式。

我们已经沿着许多蕴含伟大精神传统的经典文献中所描述的特征变化的思路来整理这些发现。我们把这些文本视作能够为今天的研究提供有效假设的依据。

我们还将这些特征变化与相关的大脑系统联系起来，并且获得的数据足以支持我们这么做。共有 4 条主要冥想转变的神经通路：第一，对干扰事件感到有压力以及从压力状态恢复正常所做出的反应（丹尼尔的记录并不是很成功）；第二，大脑系统，正如我们将看到的，主要用于产生同情心和同理心，证明为升级做足了准备；第三，注意力的脑回路，理查德早期的兴趣也在几个方面有所提高——不足为奇，因为它的核心冥想重新训练了我们的关注习惯；第四，我们感知自我的神经系统，在关于冥想的话题上并没有什么压力，尽管它一直是改变的主要目标。

当这些变化的线索缠绕在一起时，任何人都可以从冥想中获得两点主要的好处：拥有一个健康的身体和一个健康的心理状态。我们会在后文中对这两点好处分别进行研究。

在探究冥想主要的特定效果时，我们面临着一项重大的任务，我们将其简化为将我们要得出的结论限制在最好的研究中进行。这种更严谨的做法与很多惯常做法（仅仅因为一些论文发表在该领域的学术期刊上，就接受其中的观点并大肆引用）形成了对比。一方面，学术期刊本身在同行评审文章的标准上有所不同，我们更赞成那些有着最高标准的A类期刊；另一方面，我们对其使用的方法进行了仔细的研究，没有忽视这些已发表的论文结尾处列出的该研究的许多真实的缺点和局限性。

首先，理查德的研究小组就某个特定的话题做了详尽的资料搜集，比如有关冥想对同情心的效果的所有期刊文章。其次，挑选出那些符合最高标准的实验设计。举例来说，在培养慈爱之心或同情心的最初的231篇报告中，只有37篇符合实验设计的最高标准。当理查德从设计优点和重要性的角度考虑时，去除了重复的内容，或对内容进行了提炼，这种详细的审查最终将研究的数量缩减至8项左右。我们在第六章中将会讨论这些研究结果以及其他一些提出了令人信服的问题的研究。

在科学领域的同事可能会希望获得更详细的全部相关研究的统计，但这不是我们今天的目的。即便如此，我们还是应该对那些与我们的观点一致（或者不一致，或者对其有所修正），在这里却没有提及的许多研究成果表示感谢。有些很出色，有些并不太好。

在此让我们做一个简单化的处理。

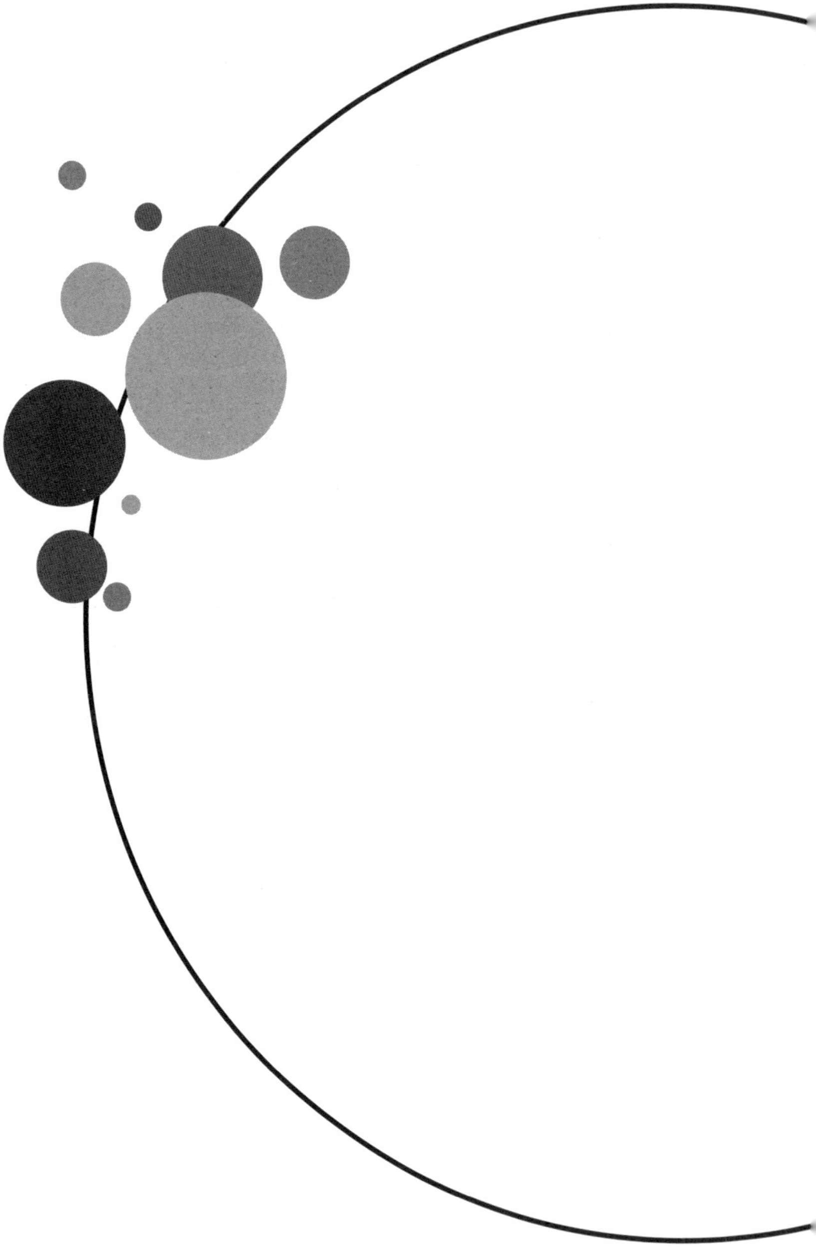

第五章

掌控压力和情绪

“你所做的任何事情，无论大小，都只不过是问题的 1/8 罢了，”一位 6 世纪的基督教修道士这样告诫他身边的修士，“哪怕没有完成任务，也能保持自己的状态不受干扰，则是问题的 7/8。”[1]

在所有伟大的精神传统中，保持内心的专注标志着冥想途径里的一个极高境界。特拉普派思想家托马斯·默顿（Thomas Merton）曾经写过一首诗，对此极为推崇。他在这首诗里描述了一位不用圆规就可以画出完美圆形图案的工匠，称其精神世界为“自由且专注”。[2]

一个人内心有所困扰，他的生活也会充满焦虑：金钱的烦恼、工作的负担、家庭问题和健康问题等。在自然界中，动物遇到捕食者会产生压力，但这种压力只是暂时性的，随着时间的推移，动物会恢复正常。在现代社会中，压力主要源于心理而非生理。只要存在压力源，压力就会持续存在，比如你有一个很差劲的老板或者家中出现了一些麻烦。压力源会使我们像动物一样产生应激反应。如果这些应激反应持续时间过长，那么我们的身体就会出现状况。

一些疾病会因心理压力而加重，例如糖尿病或高血压，但是我们又不得不时常去担心它们，进而给自己增加压力，这就反映出我们大脑构造中大脑皮质存在的一个缺点，而大脑构造的优点也在于大脑皮质。大脑皮质就相当于电脑的处理器，正是因为有了大脑皮质，我们才创造出了文明社会。大脑皮质位于前额皮质中前额的后面，是大脑的管理中心。它在给予我们有别于动物的独特优势的同时，也带来了有悖于其优点的缺点：我们有能力去预测未来，却为未来担忧；我们缅怀过去，却又时常感到后悔。

正如希腊哲学家爱比克泰德（Epictetus）在数个世纪以前所说的那样：真正困扰我们的并非发生在我们身上的事情，而是我们对那些事情的看法。诗人查尔斯·布考斯基（Charles Bukowski）提出了一个更现代的观点：令我们抓狂的往往不是重要的事情，因为我们会为重要的事情做好准备；相反，随时可能松开的鞋带倒是让我们心烦意乱。

科学表明，我们越是感到生活中处处存在麻烦，我们大脑分泌的皮质醇等压力激素就越多。这可不是什么好兆头，拿皮质醇来说，如果我们的大脑长期分泌这种物质，就会对我们的身体产生有害的影响，例如导致我们死于心脏疾病的风险增大。[3] 这时，冥想可以起到帮助作用吗？

正念减压疗法

初识乔恩·卡巴金时，我们还在哈佛大学读书。那时他刚在麻省理工学院获得分子生物学博士学位，并开始着手研究冥想和瑜伽。乔恩的老师是韩国禅宗大师崇山行愿（Seung Sahn），崇山行愿在丹尼尔居住的剑桥社区有一个冥想中心。理查德的二层公寓位于哈佛广场附近，离这个社区不远。乔恩在那里给不久之后就要去印度旅行的理查德进行了第一次冥想和瑜伽的指导。

乔恩是一位同样喜欢冥想的科学家，他在我们向瑜伽大师X学习时加入了我们哈佛医学院的团队。他刚从马萨诸塞大学在伍斯特市新成立的医学院那里获得解剖学和细胞生物学研究职位，那里距离剑桥有一个小时的车程。虽然那时的乔恩已经是一名瑜伽老师，但解剖学仍然是他最感兴趣的学科。

在马萨诸塞时，乔恩经常去巴里附近成立的一个内观禅修社进行静修，那里距离波士顿约有一个小时的车程，离伍斯特市也不太远。在内观禅修社成立之前的几年里，乔恩每年都会在天气还未回暖的 4 月去伯克希尔县里一个没有供暖设施的女童子军训练营进行两周的内观课程学习。教授此课程的老师是罗伯特·霍弗（Robert Hover），他受缅甸尊者乌巴庆的委托教授相关课程。乌巴庆同时也是印度大师葛印卡的老师，丹尼尔和理查德在印度跟随葛印卡大师静修。

和葛印卡大师一样，霍弗授课的主要方法也是让你先专注于呼吸，借此集中注意力，然后从头到脚仔细感受自己身体内部的变化。在整个过程中，你的注意力要全部集中在自己的感觉上——这也是冥想领域流行的规范。

霍弗的授课内容里有一项是分为几次的静坐冥想，每次两小时。这比葛印卡大师要求的静坐时间多了一倍。静坐期间，学员要保证不做出其他任何有意识的动作。乔恩对我们说，在静坐的时候，由于身体不能动，因此会产生一定程度的痛苦，这是他从未经历过的，但当他耐住痛苦并开始专注于内心的体验时，身体上的疼痛也都随之消失在感知内心的过程中了。

在一个信封的背面，乔恩记下了他在这次静修中的奇思妙想。

他写道，或许可以通过与患者分享冥想练习的好处帮助他们缓解痛苦，尤其是那些饱受慢性病折磨的患者，因为其病痛单靠改变姿势或停止冥想练习是无法缓解的。几年后，在内观禅修社的静修中，乔恩再次想到一个好点子，帮助他将多年的冥想经验整合成一个通用于所有人群的模式——1979 年 9 月，在麻省大学医疗中心，举世闻名的“正念减压疗法”正式诞生。[4]

疼痛科总是挤满了病人，在乔恩看来，这些病人无法逃过病痛的折磨，除非使用麻醉剂，但麻醉剂又会让人体变得虚弱。他发现人体扫描和其他心智觉知训练可以帮助这些病人将情感中痛苦的部分与纯粹的疼痛感分开，这种感知上的转变本身就是一种解脱，可以转移病人的注意力并显著减轻疼痛感。

但这些病人大多来自伍斯特市近郊的工薪阶层，随意的生活习性使得他们不能像霍弗老师教授的专业冥想者那样长时间静坐不动。所以，乔恩对他的一种瑜伽训练法进行调整，开发出了一种类似于霍弗老师的仰卧式身体扫描冥想法。冥想时，你要有意识地连接身体的各关键区域，然后让你的意识以特定的顺序穿过每个区域，从右脚小脚趾开始，一直延伸至头顶。关键点是：即使已感受到强烈不适，你仍可以记录、探寻甚至转变身体特定部位的感受与你的大脑之间的联系。

乔恩还凭借他的禅宗背景和内观法补充了一种坐式冥想法，这需要人们特别关注自己的呼吸，并释放头脑中的想法和感受——坐式冥想期间只需把注意力集中在感受呼吸上，而非时刻提醒自己正在冥想。此外，乔恩也从禅宗和内观中获得了另一个灵感，他增加了正念行走和正念进食，以及对日常活动的总体认知，包括个人人际关系。

令我们高兴的是，乔恩用我们在哈佛大学的研究证明（要知道，在那个年代此类证据还非常之少）不受任何干扰的全新冥想练习方法对现代社会有诸多好处。[5] 如今，与此相关的证据已经足够多了，正念减压疗法也已经通过科学审查，成为所有冥想练习方法中的最佳方式。正念减压疗法可能是世界各地的医院、诊所、学校乃至企业教授的最广泛的正念形式。这是因为正念减压疗法的优点之一就是它可以提高人们的抗压能力。

在关于正念减压疗法对压力反应性影响的早期研究中，斯坦福研究院成员菲利普·戈尔丁（Phillipe Goldin）和他在斯坦福大学的导师詹姆斯·格罗斯（James Gross）研究了一小部分患有社交焦虑障碍的患者，并对他们进行了为期 8 周的标准正念减压疗法计划。[6] 在培训前后，他们会进入功能性磁共振成像扫描仪，同时提供自己的压力源——通常都是一些在生活中遇到社交恐惧的例子以及产生社交恐惧时内心想法的陈述，例如“我无能”或“我为我的害羞感到难堪”。

当这些带有压力的想法被呈现时，患者的注意力会呈现两种不同的状态：要么做到了正念呼吸，要么被内心的想法干扰。只有正念呼吸不但能降低杏仁核的活跃度（主要是通过更快地恢复杏仁核状态），而且加强了大脑的注意力网络。同时，患者报告的压力反应也变少了。顺便一提，与做过正念减压治疗的患者相比，一些做有氧运动训练的患者也出现了相同的有益模式。[7]

这只是对正念减压疗法进行的数百项研究中的一项，正如我们在本书中将要看到的那样，它展现了其众多的好处。就正念减压疗法的“近亲”正念本身来说，其效果也是非常良好的。

正念觉知训练

当我们开始参与精神导师与科学家之间关于心灵和生命的对话时，一位名为艾伦·华莱士（Alan Wallace）的口译员给我们留下了深刻的印象。他竟然能用藏语将科学术语准确地表达出来。要知道，藏语是一门缺少类似的专业术语的语言。原来艾伦在斯坦福大学曾获得宗教研究的博士学位，他不但精通量子物理学，接受过严谨的哲学训练，而且当过数年的藏传佛教僧人。

凭借在冥想方面的专业知识，艾伦设计了一组独特的课程。他从藏语语境中提取了一种适用于任何人的冥想练习方法，称之为“正念觉知训练”。该课程开始时需全神贯注于呼吸，然后逐渐集中注意力，观察精神的自然流动，最后停留在觉知本身的微妙意识中。[8]

埃默里大学有一项针对从未接受过冥想训练人群的研究，他们被随机分配到接受正念觉知训练组或者自我同情冥想组。作为对照组，第三组进行了一系列关于健康的讨论。[9]

参与者接受了8周的训练，训练前后分别接受人体扫描。在进入扫描仪后，他们会观看一组情感研究专用图像，这些图像中包含一些令人不安的内容，如有烧伤受害者的画面。数据显示，正念觉知训练组的成员在看到这些图像时，大脑内的杏仁核活动会相对减少。杏仁核功能的变化在这次研究中得到证实，这也表明了杏仁核其实是产生恐惧等不良情绪的源头。

用这样一句话来形容杏仁核再恰当不过了，它就像雷达可以应对威胁一样，在大脑中具有特殊的作用：它快速接收我们对外在事物的感觉，并扫描判断该感觉是安全的还是危险的。如果它感觉受到了威胁，就会触发大脑做出“原地不动”、“战斗”或者“逃跑”的反应。像皮质醇和肾上腺素这样的激素就会促使我们采取行动。无论我们喜不喜欢，杏仁核都会对我们所关注的任何重要事情做出反应。

如今，扫描仪可以直接追踪大脑区域的活动情况，但其实在扫描仪被发明出来之前，丹尼尔就曾将汗液作为研究因杏仁核活动而引起各种反应的粗略指标。实际上，丹尼尔想要试着梳理出杏仁核功能的变化，看看杏仁核是否会通过刺激得到更快的恢复，只不过他选择了汗液反应这种非常间接的实验指标。

杏仁核与大脑神经元回路紧密地连接在一起，好处是可以让我们保持专注，但同时也会导致我们产生各种强烈的情绪反应。杏仁核扮演的这种双重角色解释了为什么在我们处于焦虑之中的同时，我们也很容易分心，尤其是因为那些使我们产生焦虑的事情。作为大脑应对威胁的雷达，杏仁核把我们的注意力放在了它认为可能产生麻烦的事情上。因此，当有什么事情令我们担心或烦恼的时候，我们就会反复琢磨那件事，甚至停留在我们当时所注视的画面上——就像在那个车间事故影片中，当观众看到阿尔的手指触向飞转的锯片时的心理一样。

大约在艾伦发现正念冥想可以降低杏仁核活跃度的同时，其他研究人员要求之前没有练习过冥想的志愿者每天进行 20 分钟的正念练习，并持续一周。他们每天会进行功能性磁共振成像扫描，并在日常心理状态下观看图像，这些图像既有可怕的烧伤受害者，也有可爱的兔子。[10] 在接受完扫描之后，他们便开始每天的正念练习。

在正念练习期间，当这些志愿者看到这些图像时，他们脑内的杏仁核活动和未接受过冥想训练的人相比明显减少。通过分析这种迹象，研究人员发现右脑的杏仁核（杏仁核在我们左右脑都有分布）可以更有效地控制我们心态的变化。在面对令我们心烦意乱的事情时，右脑杏仁核的反应也比左脑杏仁核的反应更强烈。

在这第二项研究中，杏仁核活动只在正念练习的时候才会减少，而在日常心理状态下，杏仁核会正常活动。这也表明此项研究结果只是人在不同心理状态下产生的影响，并不意味着人格的重塑。要记住，人格的改变总会先行一步，而不是在简单的刺激下即刻发生。

疼痛存在于脑中

举例来说，如果你用力捏一下自己的手背，大脑的各个系统就会运转起来。有的系统负责传达纯粹的痛感，其他系统则会传达我们对这种痛感的厌恶。大脑会把各种感觉整合起来，这让我们在那一瞬间出于本能地大叫一声“啊”。

但是，当我们练习正念时，通过数小时对我们体内感觉的详尽观察，大脑对各种感觉的整合能力就会弱化。因为当我们集中精神进行观察的时候，我们的意识也会产生变化。

怎样使捏后的痛感发生转变呢？那就要分解痛感的组成部分：捏的强度、疼痛的感觉，以及我们的情感基调——我们不想痛苦，我们迫切希望这种痛感消失。

因此，如果坚持正念练习，那种产生疼痛的掐捏就会变成一种充满兴致甚至平静的经历。我们也能够感受到自身厌恶情绪的减弱，疼痛感随即会被分解成一些其他可以分散我们注意力的微妙感觉：感受心脏的跳动、身体的热度和内心情感的强度。

想象一下，一个装有 19 公斤水的水桶开始发出阵阵轻柔的嗡嗡声，这明显是沸腾的前兆。此时，有一块约 5 厘米见方的金属片被细橡胶管绑在你的手腕上，桶里的水开始通过橡胶管循环流动。起初，金属片的温度令你感到舒适，但是，随着金属片温度的不断上升，可能在数秒内就升高了几摄氏度，那种舒适感会快速地变成痛苦，直到最后你再也忍受不了了。假如你的手触碰到的是一个热炉子，你会马上挪开，但是你并不能一下就拿开金属片，并且在感受了整整 10 秒难以忍受的高温后，你确认自己被烫伤了。

然而你并没有被烫伤，因为你的皮肤还是完好的。你的身体刚刚只是达到最大的痛阈值。为了更准确地检测痛阈值，梅多克热刺激器这一设备应运而生。神经学家利用该设备评估中枢神经系统恶化等神经病变的情况。热刺激器内部设有安全装置，所以在精确校准最大痛阈值的同时，你的皮肤也不会受到伤害。人们的痛阈值远不止限于烫伤发生的较高范围。这也是实验志愿者在确定冥想如何改变我们对痛苦的看法时需要配合使用梅多克热刺激器的原因。

疼痛主要由我们纯粹的生理感觉如灼痛和我们对这些感觉的心理反应组成。[11] 冥想理论认为，冥想可能会使我们对疼痛的情绪反应减弱，从而提高我们对热感的耐受度。

以禅宗为例，从业者会学习如何暂停自己的心理反应，并停止对他们头脑中或周围出现的事物进行分类。久而久之，这种精神立场就会逐渐渗透到日常生活中。[12] 正如禅宗大师鲁思·佐佐木（Ruth Sasaki）所认为的，“经验丰富的禅师并不只是安静地打坐”。他又进一步解释道：“这种可以控制意识状态的方法一开始确实只能在禅修室里获得，但随后我们要做到的是在任何活动中都能保持这种状态。”[13]

在对脑成像进行研究时，那些经验丰富的禅修者和被要求“不冥想”的人在接受脑部扫描时需要忍受热刺激器带来的疼痛感。[14] 之前我们提到过设置对照组的理由，但这项研究并没有设置。原因很简单，这次的研究对象是脑成像，有没有对照组对该研究影响不大。如果研究结果基于自我报告（最容易被预期所左右）或其他人观察到的行为（易受偏差影响），那么设置对照组就很重要，但是涉及人们的大脑活动时，他们并不知道发生了什么事情，所以对照组就没那么重要了。

在禅宗学习者中，经验丰富的学员不仅能够控制自己承受更多的痛苦，而且在经历痛苦时，大脑中负责执行、评估和情感的区域也没有什么活动——通常，当我们处于强压之下时，大脑所有区域的活动都会变得频繁起来。显然，他们的大脑似乎断开了负责评估的执行中心回路（这好疼）和负责感知身体疼痛的回路（这会造成烧伤）之间的常规联系。

简而言之，禅修者对痛苦的反应看起来似乎没有感觉。用更专业的话来说，他们大脑中的高级区域和低级区域表现出了对痛苦的“功能性解耦”——大脑中负责感知的区域接收到了疼痛，而负责思考与情感的区域对疼痛没有反应。这为在认知治疗中使用的策略提供了一条新思路：重新评估这种巨大的压力，以一种不太危险的方式来思考，这样可以减轻其主观上认知的压力严重程度以及大脑对压力的反应。虽然在这里禅修者似乎采用了一个未经评估的神经策略，但这其实契合了禅宗本身的思想。

仔细阅读本节内容，你会发现禅修者和对照组之间的差异只在传递一个显著的特质效应时才被提到。在最初的基线读数期间，温度会成阶梯状缓缓升高，以此来校准每个人精确的最大痛阈值。禅修者的最大痛阈值要比非禅修者高 2 摄氏度。

这听起来可能不多，但是因高温而感受到疼痛的方式意味着温度的轻微上升就会对主观意识和我们的大脑反应产生剧烈的影响。尽管 2 摄氏度的差异可能看起来微不足道，但造成的痛苦差异是巨大的。

不过，研究人员也适当地对此类特征性结果持怀疑态度。因为选择坚持冥想的人以及在中途退出的人也可以解释这些数据；也许选择坚持冥想多年的人在特质效应方面已经不同了。“相关性并不意味着因果关系”这一论断就适用于此。

但是，如果一个特质可以被理解为一种实践的持久效应，那么这就构成了另一种解释。当不同的研究小组提出相似的特质研究结果时，我们也就更加重视这些趋同的结果。

相比禅修者在打坐时将自己从过度疲劳的压力中解脱出来，那些常年在工作中经受持续不断的压力，想把自己从疲惫和无望的状态中解救出来的人则需要做得更多。职业倦怠在护士和医生等相关医疗保健职业以及那些在家里照顾患有阿尔茨海默病等疾病的亲人的人中越来越常见。当然，在面对各种持续不断被要求的最后期限，比如技术公司初创时期的各种繁忙事物，或者面对粗鲁客户的咆哮时，任何人都会感到筋疲力尽。

由此看来，这种长期的压力让大脑变得更糟。[15]对多年来每周工作时间长达 70 个小时的人进行脑部扫描，可以发现其杏仁核增大，前额叶皮质区域之间的联系较弱，杏仁核在人们出现不安情绪时刻的活动减少。所以，当压力大的工作者看到那些令人不安的图片时，他们无法做到减少自己的情绪反应——从技术上来说，这是“减量调节”的失败。

就像创伤后应激障碍患者一样，倦怠的受害者无法停止他们大脑对压力的反应——即使在恢复期间也没有很好的治疗办法。

有研究结果间接支持冥想能帮助人快速恢复，这一消息令人非常振奋。理查德实验室与卡罗尔·里夫指导的研究小组之间的一次合作把重点放在了美国一项大型多地点且参与者为中年人的研究。他们发现，一个人的生活目标感越强，他从实验室压力源中恢复得越快。[16]

目标感和生活的意义可以让人们更好地应对生活中的挑战，人们通过快速恢复的方式得以重塑。正如我们在第三章中看到的那样，里夫在她的研究中发现冥想似乎可以提升幸福感，包括提高一个人的目标感。那么，有没有证据可以直接证明冥想能够帮助我们更加沉着地应对烦恼和挑战呢？

情绪调节

1975 年，丹尼尔在哈佛大学教授意识心理学课程。理查德当时是一名助教，离研究生毕业还有一年。丹尼尔那时每周都会和一名叫克利福德·萨龙（Clifford Saron）的大四学生见面。克利福德对于技术层面的研究颇有窍门，包括电子产品。这可能遗传自他的父亲鲍勃·萨龙（Bob Saron），因为他父亲曾在美国全国广播公司（NBC）管理音响设备。克利福德的才能使他很快成为理查德研究论文的合著者。

当理查德在纽约州立大学帕切斯学院获得第一份教职时，他就带着克利福德一起管理实验室。在那段时间里，克利福德不仅与理查德合作撰写了大量的科学论文，而且在阿尔伯特·爱因斯坦医学院获得了神经科学博士学位。克利福德现在在加州大学戴维斯分校的大脑研究中心指导着一个实验室，并且经常在心智和生命暑期研修班任职。

克利福德对于方法论问题的敏锐嗅觉无疑帮助他设计并开展了一项重要的研究，这是迄今为止为数不多的冥想纵向研究之一。[17]该研究以艾伦·华莱士为静修负责人，由克利福德对学生进行一系列为期三个月的经典冥想训练，并在之后对学生进行一系列严格的评估。其中包括一些像正念呼吸这样的训练方式，旨在提高学生的注意力，以及其他的一些冥想训练，旨在培养学生积极的身心状态，比如慈爱和镇静。与瑜伽师 90 天且每天冥想 6 个或 6 个小时以上的日程安排不同，克利福德要求学生在每次静修的开始、中间、结束阶段和冥想训练结束 5 个月后分别进行一系列的测试。[18]

这项研究的对照组是那些报名进行三个月静修但要等到第一组完成训练后才开始的人。对这样一个“等待名单”的掌握消除了研究人员对期望需求和相似心理混乱的担忧，但是并没有像健康促进计划那样增加一个对照组。因为在这样的研究中，对照组会增加后勤和财务负担。作为精确研究的坚定拥护者，克利福德将“等待名单”中的对照组学生带到静修地点，并用与第一组学生完全相同的评估方法对其进行评估。

有一个关于快速并且连续呈现不同长度的线的测试，一个按钮控制一条线，共有 10 个按钮。根据指示去按下控制最短的那条线的按钮，10 条线中只有一条比其他 9 条短。这一测试的挑战在于，当短线出现时，你要抑制自己去按控制长线的按钮。就像这个测试一样，随着静修的进行，冥想者控制这种冲动的能力也越来越强——这是管理情绪的一个至关重要的技巧，也是一种不再冲动行事的能力的反应。

根据统计分析，这种简单的技巧使自我报告有了一系列改进，从较少的焦虑感到整体的幸福感。这其中还包括情绪调节，并通过报告中提到的更快速地从烦恼中恢复过来，内心也变得更加自由来衡量。值得一提的是，“等待名单”里的学生在各种测试中没有出现任何变化，但是在他们完成静修后，也表现出了与第一组学生同样的改善。

克利福德的研究直接将这些好处与冥想联系在一起，为性格重塑提供了强有力的支持。在这里告诉大家一个消息：研究实验结束5个月后的后续调查发现，那些静修带来的改善仍然存在。

这项研究同时也消除了一个疑虑：在长期冥想者身上发现的所有积极性格都来自自我选择，而已经具备这些性格的人从长远的角度出发才选择了冥想。从这样的结果来看，我们在冥想中练习的状态似乎逐渐渗透到日常生活中，进而塑造我们的性格——至少在处理压力方面是这样的。

一个魔鬼般的考验

想象一下，你作为一个面试者正在描述你凭什么胜任这份工作，而两位面试官只是坐在那里注视着你，面无表情。你在他们的脸上看不到任何同情心，甚至没有一个给人鼓舞的点头示意。这种情况在特里尔社会应激测试中也有出现，它是已知的可以触发大脑的压力回路及其压力激素级联最可靠的科学方法之一。

在经过这个令人沮丧的面试之后，你还得做一道充满压力的心算题：设定一个数字，比如 1 232，然后用 1 232 减去 13，得出数字之后再减去 13，就这样依次快速递减。这是特里尔社会应激测试的第二部分，那些同样冷漠的测试者会让你越来越快地进行计算。无论你在什么时候犯了错，他们就会告诉你要从 1 232 重新开始。这种魔鬼般的测试带给我们的巨大压力就像我们处在社会中面对的压力一样。当别人评价、拒绝或排斥我们时，我们的内心会感到非常糟糕。

艾伦·华莱士和保罗·埃克曼（Paul Ekman）为学校教师制订了一项更新后的计划，把心理训练与冥想相结合。[19] 丹尼尔把车间事故影片中的压力源带进了实验室，与特里尔社会应激测试中的模拟工作面试及其后的可怕的心算挑战带来的压力源一同进行研究。

他们发现，老师们进行冥想的时间越长，他们的血压从高度紧张的特里尔社会应激测试中恢复得就越快。计划结束 5 个月后，情况依然如此，这至少表明这项计划会使人的性格变得温和一些，他们相信 5 年之后会有更确凿的证据证明这项计划可以影响性格。

理查德的实验室对经验丰富的内观禅修者进行了特里尔社会应激测试，这些禅修者一生平均禅修时长大约有 9 000 个小时。这些接受测试的禅修者被要求一天内打坐 8 个小时，并在第二天接受测试。[20] 和禅修者性别、年龄相匹配的对照组也接受了特里尔社会应激测试（同时还接受了炎症测试，更多关于该测试的结果可在第九章查阅）。

实验结果：在接受测试的过程中，禅修者的皮质醇升高幅度较小。同样重要的是，与对照组中的非禅修者相比，禅修者在接受特里尔社会应激测试后感受到的压力较小。

这种冷静而平衡的去观察压力源的方式在禅修者进行禅修的时候并没有被发现，反而在他们休息时——也就是在我们面前接受测试的时候体现出来。他们在面对紧张的面试和可怕的心算挑战时展现出的从容似乎是一种真正的性格特质。

有关这方面的更多证据来自对这些经验丰富的禅修者的进一步研究。[21] 禅修者在接受脑部扫描时，需同时观看令人不悦的痛苦画面，比如烧伤受害者的图像。结果显示，这些禅修者在观看图像时，他们大脑中的杏仁核表现出较低水平的反应性，也就是说，他们不会轻易被情绪左右。

这是因为他们的大脑在负责控制反应性的前额皮质和控制情绪的杏仁核之间具有更强的操作连接性。正如神经科学家所了解的，大脑中这种特殊的联系越强烈，一个人受各种情绪起伏的影响就越小。

由于理查德实验室的一个意外发现，这种联系会在不断的实践中得以加强的观点得到了进一步支持，同时也和参加测试的经验丰富的禅修者的日常经历不谋而合。理查德的研究小组在对之前搜集的数据进行重新分析之后发现，在那些经验丰富的禅修者打坐前的休息期间，他们的前额区域和杏仁核之间的联系更为密切，这些大脑的关键区域正在相互交流，也就是具备神经科学领域所说的“功能连通性”。

这种连通性可以调节一个人的情绪反应水平：联系越强烈，反应越小。事实上，这种联系非常强大，以至我们可以通过连通性预测一个人的反应性水平。所以，当这些愿意把一生都用来禅修的人看到烧伤受害者可怕的表情时，他们的杏仁核反应很小。当对照组中匹配到的年龄相仿的志愿者看到那些图像时，他们的大脑就没有显示出高度的连通性，因此在情绪上也就做不到那么平静。

但是，当理查德的研究小组对练习正念减压不到 30 个小时和一些在家中做练习的人重复这项研究时，他们的大脑在观看那些图像时并没有出现前额区域和杏仁核之间联系加强的迹象，正念减压组休息期间的检测结果也是如此。

虽然正念减压训练的确降低了杏仁核的反应性，但是长期禅修者在显示杏仁核反应性降低的同时，他们的前额皮质和杏仁核之间的联系也加强了。这一发现意味着，当处境变得艰难起来（例如，需要应对像失业这样重大的人生挑战）时，长期禅修者处理痛苦的能力与那些练习正念减压的人相比要强得多，这种能力通常取决于前额皮质和杏仁核之间的连通性。

不过，好消息是这种快速恢复情绪的能力是可以培养的，只是不清楚这种影响可以持续多久。我们猜测，如果不依靠长期训练，这种影响可能只是暂时的。由此我们认为，长期进行冥想或静修训练是把这种短期状态变为我们性格特质的关键。

为了得到情绪最佳反应范围的结果，理查德实验室请来了 31 位经验极其丰富的禅修者（这些禅修者一生平均禅修时长为 8 800 个小时，总禅修时长从 1 200 个小时到 30 000 个小时不等），并对他们进行脑部扫描。

他们在接受脑部扫描时被要求随机观看普通的图片，从极端痛苦的人如烧伤受害者到可爱的兔子等。在对禅修者的杏仁核进行第一次分析时，他们对图片的反应与从未进行过禅修的匹配志愿者的反应没有显示出差异。但是，当理查德的研究小组将经验丰富的禅修者分为禅修时间最少（一生平均 1 849 个小时）和最多（一生平均 7 118 个小时）的人时，他们发现，禅修时间越长的人从痛苦的情绪中恢复得越快。[22]

这种快速恢复的能力其实就是恢复力的特点。简而言之，冥想或禅修得越多，你就越能感受到平静。长期冥想或禅修的众多好处之一就是可以带给我们心灵上的平静，而这也正是那些在沙漠地区进行苦修的僧人的毕生所求。

小　结

杏仁核是大脑压力回路中的一个关键节点，在练习正念减压 30 个小时左右后就可以显示出其活跃度降低。其他的正念训练也表现出类似的益处。在研究中的一些发现间接地表明这些变化是有可能成为性格特质的：冥想者不但在明确地接受指导来观察压力时其杏仁核活跃度会降低，而且即使在日常状态下其杏仁核活跃度也会比普通人低 50%。在各项研究中，大脑对压力反应的减轻不仅体现在接受测试人员进行脑部扫描过程中看到血腥图片时，而且表现在更现实的挑战中，比如在现场观众面前接受采访这样的特里尔社会应激测试。每天坚持多做一些冥想训练可以减轻大脑对压力的反应。经验丰富的禅修者可以承受更高级别的痛苦，并且其大脑对压力源的反应较小。练习三个月的冥想就可以提高情绪调节能力，而长期的冥想训练可以使负责管理情绪的前额叶区域和负责压力反应的杏仁核区域之间的功能连通性更强，这会使你在面对压力时更加从容。经验丰富的冥想者不论在什么情况下都能平静地面对压力，让我们觉得这是他们与生俱来的性格特质，其实这都是他们坚持长期冥想练习的结果。因此，坚持冥想训练，不仅可以进一步提升你的情绪管理能力，而且会逐渐重塑你的性格。

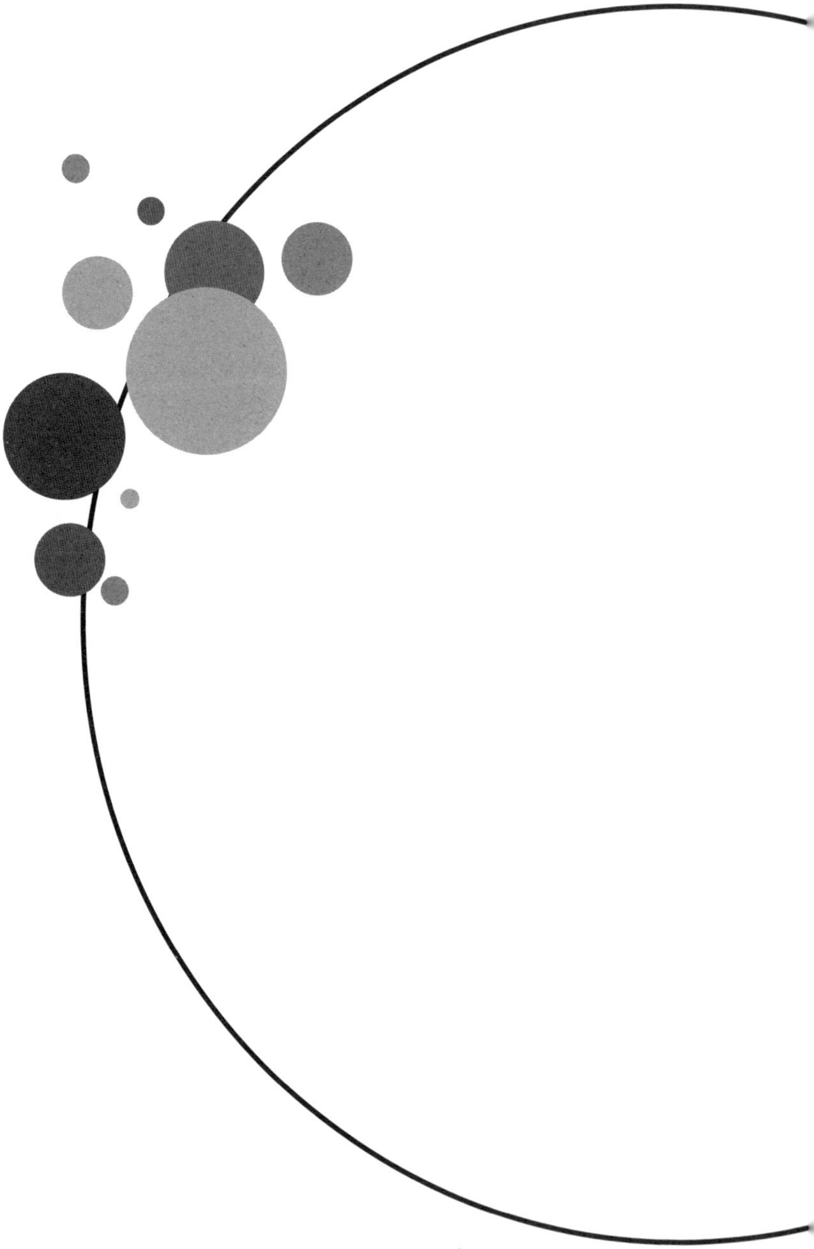

第六章

同理心，爱的前奏

古时候，葡萄在干旱地区十分罕见，鲜美多汁的葡萄多生长在遥远的边疆。据史书记载，2 世纪时，有个人不远万里穿过沙漠，将这珍奇异果献给当地的一位基督教隐士——马卡里乌斯（Macarius）。[1]

尽管是少有的美味，但马卡里乌斯并未大快朵颐，而是将其送给了附近另一位隐士，他虚弱不堪的身子似乎更需要这一美味来补充营养。

隐士虽然对马卡里乌斯的慷慨感激不尽，但是也未独享美味，而是同样将其转送给了他人。由于每个人都想将葡萄送给更需要它的人，葡萄在沙漠里经历了一场无私之旅，最后又被送回到了马卡里乌斯手中。

早期基督教隐士和如今喜马拉雅山上的瑜伽修行者秉持同一种健康卫生的生活方式。他们遵循高度相似的纪律、习俗和冥想习惯，有着无私、慷慨的高贵品质，并且崇尚独居，因为这样能帮助他们更好地进行冥想。

为什么晶莹剔透的葡萄能毫发未损地传过荒漠中的人家，却无一人将其据为己有呢？答案是同情，是慈爱，是先人后己的处世之道。从词法学上来说，“慈爱”是希望别人快乐，其近义词“同情”则是希望他人摆脱痛苦。这两种品格（后面我们统称为“同情”）都可以通过心智训练培养，训练得当的话，受训者也能变得像葡萄故事中的隐士那样乐于助人。

但如今情况变得有所不同。神学院的学生要进行一次布道实践，并以此作为成绩评估的依据。他们被分为两组，第一组学生可以从《圣经》中任选一章作为话题，第二组学生则拿到了一个寓言故事——“好撒玛利亚人”作为话题。故事中的撒玛利亚人对一名躺在路边、急需帮助的陌生人伸出了援手，而其他行人却对倒地之人熟视无睹。

经过一段时间的准备，学生依次走到另一栋楼进行布道，布道的好坏将直接决定他们的成绩。他们要在途中穿过一个庭院，一个预先等在那儿的“病人”佝偻着腰在院中呻吟。

问题是：他们是否停下来帮助了这位陌生人？

调查发现，决定一名学生是否对“病人”伸出援手的是时间的宽裕与否——时间越紧，他越可能无视陌生人。[2] 如果我们整日为乱七八糟的事情忙得焦头烂额，在一个个工作地点疲于奔命，我们的确很难对身边的人加以留意，更别提帮助他们了。

从忧虑自我（我要迟到了）、留意他人，到耳听心受，再到心生同情，直到最后对其倾囊相助，这中间仿佛隔着很长的一段距离。

心怀恻隐仅仅是尊崇美德，济困扶危则是对美德的实践。虽然以“好撒玛利亚人”为话题的学生对救苦救难的主人公赞叹不已，但他们并未把这种赞赏转化为实际行动。

旨在培养同情心的冥想方法屡见不鲜，但这样就能让人们做出善举了吗？这个问题既属科学，也关乎伦理。

自我同情

在丹尼尔初次旅居印度期间，他出席了1970年12月在新德里召开的主题为“瑜伽与科学”的大会，并受邀发表演讲。在众多慕名而来的西方与会者中，有一位名叫沙伦·扎尔茨贝格（Sharon Salzberg）的年轻人，当时年仅18岁的她正在美国纽约州立大学布法罗分校做独立研究。20世纪70年代，沙伦加入了欧洲年轻人的大军，穿过中东地区来到印度。时至今日，战争和政治原因使得重走这一路线已不再可能。

丹尼尔在演讲中提到，他参加了葛印卡在菩提伽耶开设的10日内观课程，最近才返回新德里。这样的10日课程仍在如火如荼地进行。讲毕，少数西方人直接从新德里赶往菩提伽耶的伦敦缅甸精舍参加10日内观课程，沙伦正是其中一员。她对冥想产生了浓厚的兴趣，并在课程结束后师从印度和缅甸的大师继续深造。返回美国后，沙伦成了一名冥想教师，与在寺庙中结识的约瑟夫·戈尔茨坦一起，在马萨诸塞州创办了内观禅修社。

沙伦推崇的冥想方式是慈爱冥想，最初习自葛印卡。该方法在巴利语中称为“metta”，被笼统地翻译为“慈爱”，即一种无条件的仁慈善良，近似于古希腊的博爱。[3]

在沙伦传到西方的慈爱冥想中，你要默念“愿我平安”“愿我健康”“愿我惬意安然”，首先为自己祈祷，其次为你爱的人，再次为你的泛泛之交，最后为芸芸众生——甚至包括那些难以相处或伤害过你的人。在慈爱冥想的众多模式中，这是被研究得最为透彻的模式。

在慈爱冥想领域，学者大多采用了沙伦的版本，有时会将希望人类摆脱苦难的“同情热望”囊括在内。尽管“慈爱”和“同情”在某些方面意思迥异，但是鲜有对二者差异的研究。

多年后，来自得克萨斯大学奥斯汀分校的克里斯廷·内夫（Kristin Neff）发表了一篇文章，研究自我同情的衡量标准。从此，“自我同情”这一术语踏入心理学领域。她将“自我同情”定义为：宽待自己，而非克己自责；人人皆有可能遇挫折、犯错误，这并非个人失败；对于自身瑕疵做到了解即可，不必过分苛责。

“自我同情”的反义词可以在不间断的自我批评中找到，在压抑的思维模式中很常见。反之，同情自己则是一剂直接的解毒药，能让你不再沉浸于自我批评之中。某以色列小组验证了这一设想，他们发现，将慈爱法教给那些特别喜欢进行自我批评的人后，这些人开始更多地同情自我，而减少了自我苛责。[4]

同理心即将心比心

大脑研究介绍了三种同理心。[5]第一种是认知同理心，让我们理解他人所想；第二种是情绪同理心，让我们体会他人情感；第三种同理心——同理心关怀或爱护，则是同情的核心。

“同理心”（Empathy）一词源于德语单词“Einfühlung”，意为“感受”，直到 20 世纪初才被译成英语。单纯的认知同理心无法对受难者的痛苦做到感同身受，但情绪同理心可以，因为其判断标准就是能否身临其境地体会受难者的痛苦。

不过，如果这种同理心作用让我们产生了不适，我们的下一步行动往往是停止同理心。这固然能舒缓我们的不适，却阻碍了我们做出善举。在实验室里，研究人员向志愿者展示了一组表达剧烈疼痛的图片，例如一个人的皮肤因严重烧伤而剥落，志愿者此时会下意识地将视线从图片上移开——这就是退缩本能。类似的情形还发生在流浪汉身上，他们常常抱怨自己被“隐身”了，因为行人漠然地走过他们身旁，好像看不见他们似的。这其实也是将注意力从受难者身上移开的一种形式。

要同情他人，首先要勇于面对所发生之事，不要逃避。在帮助他人时，这同样是必不可少的首要步骤。那么，旨在培养同情心的冥想能让人们做到勇敢面对吗？

德国马克斯–普朗克研究所的研究人员向志愿者传授了一种慈爱冥想的方法。[6] 在 6 小时的教学课程中，志愿者练习了如何培养慈爱之心，之后回到家中自行练习。

在学习慈爱冥想之前，志愿者在看到人们受折磨的图像和视频时，只会激活负责消极情绪同理心的脑回路：大脑将受难者的痛苦映射于自身，就好像这些悲惨遭遇真的发生在自己身上一样。这种将受害者的痛苦转移到自身的情感反射让他们感觉不适。

之后，在研究人员的指导下，一组志愿者开始对视频中的人们产生同理心——去分担受难者的痛苦。对这些志愿者的大脑进行的功能性磁共振成像显示，同理心作用激活了集中在部分脑岛上的脑回路，该脑回路只会在我们受苦遭难时变得活跃。可以这么说，同理心就是去身临其境地体会受难者的痛苦。

另一组志愿者则接受了同情方面的指导——对受难者施以爱心。这种方法激活的脑回路与上一组完全不同，这组脑回路往往在父母表达对子女的疼爱之情时才会变得活跃。[7]在他们的大脑中，原本只属于情绪同理心的部分如今多了同理心爱护的陪伴。

而这时培训才刚刚开始 8 个小时而已！

这种对受难者的积极关怀让我们能坦然面对他们的困难，并对其伸出援手。在同情心的驱使下，我们会从留心受难者的悲惨境遇做起，最终帮助他们摆脱困境，实实在在地做出善举。在东方，“观音菩萨”是同情觉醒的象征，人们视其为“闻声救苦、救度众生”之人。[8]

知行合一

持怀疑态度的科学家不得不问，人们仅凭掌握这种思维模式就会对受难者伸出援手吗？特别是如果为了帮助他人我们得做出一些勉为其难的事，甚至要牺牲自我，我们还会义无反顾地扶贫济困吗？为了验证这一点，研究人员找来了具有这种思维模式的人，在脑部扫描仪上对他们的大脑进行了扫描。他们惊奇地发现，这些人不但有着不同的思维模式，而且激发其慈爱心和善举的神经也变得更为强大。这一发现很有趣，但并不足以令人信服。毕竟，那些认真反思过“好撒玛利亚人”故事的神学院学生在实际行动中并未变得更加乐于助人。

但另一些实验结果给了研究人员信心。在理查德的实验室中，他先后对志愿者的大脑进行了两次扫描。第一次是在实验开始前，第二次是在他们分别接受了同情训练或认知重评训练（即一种以自我为中心去重新思考负面事件发生的原因）后，研究人员边扫描边为他们放映表达人类受苦的图片。扫描完成后，两组志愿者共同参与了一项名为“再分配”的游戏，他们首先目睹一名“独裁者”欺骗了一个无辜的人，他本应将游戏设置的 10 美元平分，但只给了受骗者少得可怜的 1 美元。然后，两组志愿者被要求自掏腰包，补偿受骗者一定数量的金钱，上限是 5 美元。根据游戏规则，“独裁者”最后将支付给受骗者两倍于此的金钱。

游戏结果：相比接受了认知重评训练的志愿者，接受同情训练的一组几乎多给了受害者一倍的金钱。他们的脑回路中负责关怀、换位思考和积极情感的部分变得比之前更为活跃。这类脑回路的活跃度越高，人也就越无私。

正如马丁·路德·金在评论“好撒玛利亚人”的故事时所说，那些没有对倒地之人伸出援手的行人会心想：“要是我帮了他，他会不会讹上我啊？”

但好撒玛利亚人想的是：“要是我没帮他，他会不会出事啊？”

准备去爱

一名幼儿快要饿死了，他情绪低落，低垂双眼，腹部肿胀，瘦得只剩下皮包骨头。若是一个漫不经心的人看到这张照片，定会十分痛苦。

研究人员常常将这张照片和严重烧伤的受害者的照片放在一起用于同情研究，并将其作为测试人们承受痛苦能力的标准之一。从对他人的痛苦无动于衷和对他人的需求置若罔闻，到留意到受难者，再到对其感同身受，最后到伸出援手，其间每前进一步都需要激发人们的慈爱之心。

对慈爱冥想的初学者进行研究后发现，他们在看到描绘疼痛和痛苦的图片时出现了大脑杏仁核活跃的前兆，而在正常情况下，这一现象往往只出现在经验丰富的冥想者身上，尤其是有多年冥想经验的长期冥想者身上。[9] 这从侧面佐证了这种训练模式能迅速见效。

见效有多快呢？可能只需短短几分钟——至少会让人的心情得到改善。某研究发现，7 分钟的慈爱法训练就能暂时改善人的心情并增强其社会联系感。[10] 戴维森小组的志愿者在接受了仅仅 8 个小时左右的慈爱法训练后，就拥有了与经验丰富的冥想者相似的思维模式。[11] 初学者暂时的浓烈情感可能是大脑惊人变化的前兆，那些练习慈爱法数周、数月乃至数年的人都曾有过这种感受。

有这样一组人员，他们自愿尝试两个半小时的冥想网络课程（共 15 次课，每次 10 分钟），简短的慈爱冥想训练让他们的身心得到了放松。此外，相比那些进行了等量类似伸展腰肢等轻度体力锻炼的人，他们也更乐于向慈善机构捐款。[12]

将理查德和其他人的实验结果放在一起，我们可以拼接出反映痛苦的神经脉络的缩略图。在看到描绘疼痛的图片时，负责产生痛苦感的脑回路与杏仁核所属的脑岛相连，对痛苦做出强烈反应——在人们对他人的痛苦感同身受时，这种神经模式尤为典型。脑岛控制着我们的身体信号，同时激活身体的自主反应，如心率、呼吸等，而杏仁核在这种环境中会发出信号，映射他人的痛苦。

当我们产生同理心作用时，控制疼痛和痛苦的神经中心会将他人的痛楚映射到我们自身。一个人越专注于同情冥想，这种同理心作用就越强。这样一来，同情冥想似乎加强了我们对于痛苦产生的同理心。这正是练习同情冥想的目的所在。

在理查德实验室中所做的另一项研究表明：长期冥想者在产生同情心理时，其杏仁核对于烦扰声（比如女人的尖叫声）的反应会大大增强；而在对照组中，同情控制和神经控制之间只存在细微差别。[13]在另一项配套研究中，研究人员向志愿者播放恼人的声音，要求他们将注意力集中在一束微光上，并同时对他们进行脑部扫描。[14]扫描结果显示，无冥想经验志愿者的大脑杏仁核对于声音的反应十分强烈，而冥想者的大脑杏仁核则对此毫无反应，他们的注意力也始终保持集中。即便研究人员向志愿者担保只要他们能将注意力集中在微光上就能获得奖励，他们仍然会因尖叫声而分神。

综上所述，我们可以得出一些心理训练的规律。其中很重要的一条是，冥想通常牵涉多种类型的冥想，绝非一种。内观冥想者（即在本章中多次提到的长期冥想者）会在传统静修时结合正念呼吸法与慈爱冥想。正念减压疗法和其他类似疗法也提供了几种不同的心理训练方法。

这些不同的心理训练方法会引导大脑向不同的方向发展。在进行同情冥想时，杏仁核处于高度活跃状态，但当我们将注意力放在诸如呼吸这类小事上时，杏仁核就会回归平静。冥想者正在学习如何用不同的方法来摆脱情绪的控制。

当我们与那些经常产生恐惧、愤怒或其他负面情绪的人接触时，杏仁核会变得活跃。它向大脑释放信号，提醒我们有大事发生。其作用相当于神经雷达，能帮助我们侦测出周遭发生的重大事件。一旦有紧急情况出现，比如，当你听到一个女人因恐惧而尖叫时，杏仁核就可以利用自身与其他神经回路之间的多种联系，调动它们来做出回应。

同时，脑岛与心脏等脏器相连，让身体为帮助他人做好准备（例如增加血液向肌肉的流动量）。一旦身体在大脑的控制下准备完毕，相对于普通人，慈爱冥想者更可能救人于水火。

之后，问题就来了：这类培养同情心的心理训练效果能维持多久呢？它是暂时的，还是能演化成一个人长期的内在品质？在为期三个月的心理训练实验结束7年后，克利福德·萨龙追踪到了当年实验的参与者。[15] 他惊喜地发现，正在进行训练和刚刚完成训练的志愿者在看到令人不安的痛苦照片时，能将注意力集中在照片上——从心理生理学上说，这是一种接受的表现，而其他接受测试的普通人在看到这些图片时，要么转移目光，要么面带厌恶。

那些没有转移目光、对照片中的痛苦默默承受之人，在7年后能够比其他人更清楚地回忆起这些照片。在认知科学中，只有能抵御情绪侵扰的大脑才会保留这样清晰的记忆，并更好地接受这些惨不忍睹的照片，从而比普通人记得更牢。

与其他冥想形式不同，旨在增强同情心的冥想可以迅速显现出其益处，就好比我们能迅速从压力中恢复一样。我们猜测，培养同情心可能会利用到“生物性准备”这一优势——人体学习给定技能的速度是很惊人的，比如一个蹒跚学步的孩童能迅速学会说话。于是，就像婴儿准备好开口说话一样，大脑也为爱做好了准备。

这在很大程度上归功于负责关怀的脑回路，此脑回路为哺乳动物所共有。当我们关爱我们的孩子、朋友和任何激起我们天生的关怀欲的人时，该脑回路就会活跃起来。相较于其他，负责关怀的脑回路可以通过短期同情训练得到加强。

正如我们所见，增强同情心不仅仅是培养观念，而是让人们在实际生活中更愿意去帮助他人，即使牺牲个人利益也在所不惜。这种对他人痛苦深刻感触的能力也存在于另一类人群中——那些杰出的利他主义者，他们甚至会将自己的一个肾脏捐献给急需接受肾脏移植手术的人。脑部扫描显示，与年龄相仿、性别相同的其他人相比，这些富有同情心的人有着体积更大的右脑杏仁核。[16]

既然每当我们对受难者的痛苦感同身受时杏仁核就会变得活跃，

那么如果一个人的杏仁核较他人体积更大，他体察他人痛苦的能力可能也就更强，他的利他主义就会被激发，甚至会做出捐献肾脏的无私之举，最终挽救他人生命。这种神经系统的变化（在慈爱冥想的初学者身上都能发现的启蒙信号）从慈爱练习时便已经开始，而这种变化与肾脏捐献者头脑中的变化是一致的，他们的义举比“好撒玛利亚人”更伟大。[17]

培养关怀他人之心有着令人惊讶而独特的益处，通过练习，负责快乐和同情的脑回路都能得到加强。[18] 慈爱冥想还加强了大脑中负责产生快乐和幸福感的脑回路与前额叶之间的联系，而后者是指导人类行为的重要区域。[19] 一个人在接受同情冥想训练后，他大脑中这些区域之间的联系越紧密，他就会变得越无私。

孕育同情的种子

在孩提时代，塔尼亚·辛格（Tania Singer）曾认为自己会将职业生涯奉献给舞台，成为一名戏剧和歌剧导演，但上大学后，她开始参加各种不同类型的冥想课程，多年来师从多位冥想大师。从内观冥想法到戴维·施滕德尔–拉斯特（David Stendl-Rast）的感恩实践法，塔尼亚都曾学习过。这些老师身上所具备的高贵品质——博爱，深深吸引了她。

神秘的人类思维令塔尼亚着迷，她进入了心理学领域，并获得了博士学位。攻读博士学位期间，她研究过年迈之人如何学习，这让她对于研究人类可塑性产生了兴趣。做博士后时，她对于人类同理心的研究显示，当我们目睹他人经受痛苦和折磨时，我们会激活自身类似感觉的神经，从而感受到相似的感觉。这项发现受到了广泛关注，为神经科学领域的同理心研究奠定了基础。[20]

塔尼亚发现，我们对他人痛苦的同理心会刺激神经，其实际作用相当于神经警报器，一旦触发，就会迅速将我们拖入他人的痛苦之中，潜在地提醒我们危险的存在。同情，即对受苦受难者的关心，则似乎涉及完全不同的大脑回路，与它关联的是温暖、慈爱和关怀。

这项发现起源于塔尼亚同马修·李卡德（Matthieu Richard）所做的实验。马修·李卡德不仅是一名僧人，而且是一名有着数十年冥想经验的科学博士。实验时，塔尼亚要求他尝试各种冥想形式，同时对他的大脑进行扫描。她想通过观察冥想大师的头脑活动设计出一种适合所有人的冥想方法。

在马修对一名受难者开始产生同理心、分担他的痛苦时，塔尼亚看到他负责产生痛苦感的神经网络开始活跃。一旦他开始产生同情心理，即对受苦受难者的悲惨遭遇报以关怀和呵护时，激活的脑回路则与积极情感、赏识感和归属感相关联。

随后，通过训练几组初次冥想者，让他们分别对受难者的遭遇产生同理心和同情心理，塔尼亚的小组反向验证了之前在马修身上的发现。

塔尼亚发现，同理心可能会导致情绪耗竭和情感枯竭（这种情况在护理行业中时有出现，比如在护士身上），而同情可以缓和这种同理心压力。与单纯感受他人的焦虑不同，同情训练激活了完全不同的脑回路，它所激活的脑回路与关怀、积极情感和适应力强相关。[21]

现在，塔尼亚正带领德国莱比锡的马克斯–普朗克人类认知与大脑科学研究所的社会神经科学部工作。她将自己在冥想和科学方面的兴趣相结合，以大有前途的同理心和同情可塑性研究为基础，做出了目前最权威的冥想研究。她用冥想来健全人们的心理素质，如专注、正念、换位思考、同理心和同情等。

在一项精心设计的名为“资源项目”的研究中，塔尼亚的小组招募了大约 300 名志愿者，他们承诺用 11 个月的时间来进行不同类型的冥想练习，每种类型分为三个阶段，每个阶段分别练习几个月。此外还设置了一个对照组，对照组成员不接受任何训练，但每三个月也要接受一次相同的测试。

第一项心理训练名为“存在”，需要志愿者进行人体扫描，将注意力集中在呼吸上。第二项心理训练名为“透视”，志愿者通过建立新式的人际交往方式“双人思考小组”得知彼此的想法，志愿者两人一组，每天花费 10 分钟通过手机软件或面对面交流的方式分享彼此的思维过程。[22] 第三项心理训练名为“影响”，包括慈爱冥想练习。

结果：扫描加强了身体的警惕意识，减少了心不在焉的时间；观察对方的想法增强了超然意识——正念的副产品；慈爱冥想增强了人们对他人的关爱和体谅。简单来说，如果你想要让自己变得更善良，最有效的方式就是让自己多做善举。

爱的兴奋剂

“萨曼莎携有艾滋病毒，”你读道，“她在国外一个医生不干净的针头上感染了这种病毒。她每个月都会参加一次和平集会。她在高中时期表现良好。”缩略图旁有一张照片，照片上是一个 20 岁出头的女孩，长发披肩，她就是萨曼莎。

你会为萨曼莎捐款，帮助她摆脱困境吗？

为了解内心因素在此处的作用，科罗拉多大学的研究人员将同情冥想法传授给了一组志愿者。巧妙的是，他们让另一组志愿者每天服用“催化剂脱产素”，这是一种让大脑产生虚假愉悦感觉的药物，但告知志愿者它能增强联系感和同情心。结果，服用假药的一组与同情冥想者产生了同样的美好愿望。[23]

在志愿者完成冥想练习或服用药物后，研究人员用手机软件向每个人展示了一张照片和一幅缩略图，上面有萨曼莎这类急需帮助的人的简介。屏幕上有一个选项，志愿者可以通过点击该选项，从自己的报酬中捐出一部分给这些人。然而，仅仅让某人进行同情冥想并不能完全预测出他会做出捐献。

事实上，在这项实验中，进行了同情冥想的一组并没有比另一组表现出更强的捐献欲望，事实上两组志愿者在捐款上都表现得不情不愿。我不想吹毛求疵，但是实验结果指向了一个关键点——冥想研究中所采用的方法。诚然，这项实验在很多方面都有着一流的设计，比如巧妙安排的假药组，但是至少在一个方面，它的设计有失偏颇：该实验未能确切体现同情冥想的本质，研究人员似乎随着实验的深入歪曲了其本质，将使人镇静的冥想也归为同情冥想。

这类思考练习的设计初衷是让那些为濒临死亡者服务的工作者（如临终牧师和临终关怀工作者）能对将死之人的痛苦保持敏感，同时在他们面前要表现得镇定自若。毕竟，人们很难在病人生命的最后一刻给予他们任何实质性的帮助，他们能做的唯有报以同情。尽管进行了同情冥想的志愿者没有表现出更强的捐献欲望，但他们更能感受到急需帮助之人的痛苦。我们想知道的是，与同情冥想相比，镇静冥想是否增强了人们的捐款意愿？也许没有，甚至它还减弱了捐献欲望，即使这些志愿者能对受难者的痛苦感同身受。

这就涉及一个相关问题了：只有专注于慈爱法才能做出善举吗？举个例子，美国东北大学的两组志愿者在两周的时间内分别接受了正念冥想和慈爱冥想的训练。[24] 课程结束后，每名志愿者都被要求进入一间候诊室，里面有一个妇人拄着拐杖，正忍受着病痛的折磨。房间里的另外两个人坐在座位上，全然无视妇人的痛苦，而房间里只有三把椅子。正如在“好撒玛利亚人”的研究中那样，志愿者可以自行决定是否将自己的座位让给拄拐的妇人。

相比未接受任何训练的一组，学习了正念冥想的人和实践了慈爱冥想的人表现得更为善良——他们让出了自己的座位（在未进行训练的人中，有 15% 让出了自己的座位；而在接受了冥想训练的人中，这一比例达到 50%）。仅凭这个实验，我们无法得知正念冥想能否像慈爱法一样增强人们的同理心能力，或者是其他内在原因促使人们做出善举。

在埃默里大学，一个小组利用艾伦·华莱士的方法（第五章曾提到过）进行了基于认知的同情训练法练习。主要发现：在看到人们受折磨的照片时，该小组成员的右脑杏仁核活动增加，练习时间越长，杏仁核活动越剧烈，这说明他们在分担受难者的痛苦。

不过，在对该小组进行抑郁思想测试后，研究人员发现他们在分担痛苦的同时也变得更加快乐。分担他人的痛苦不一定会沮丧，正如设计这项抑郁测试的阿龙·贝克博士（Dr. Aaron Beck）所说，当你一心想为他人排忧解难时，你会把自己的烦恼抛在脑后。

接下来是性别差异。举个例子，埃默里大学的研究人员发现，女性在看到表达情感的图片时，无论图片描绘的是快乐、悲伤还是痛苦，其右脑杏仁核活动都会比男性更剧烈。这称不上心理学界的新闻，有大脑研究表明，女性生来就比男性更善于体察他人情感。[25] 这可能是科学理论又一明显的例证：平均而言，女性比男性更加敏感。[26]

然而，与此相矛盾的是，在实际生活中，女性却并没有表现出比男性更积极地帮助他人的态度，或许是因为她们时常自感脆弱。[27] 要做出善举，仅有大脑活动是远远不够的，还需要许多其他因素的帮忙，而专家们正致力于将这些因素全部找出。这些因素包括：时间的紧迫与否？是否认识受难者？是独自一人还是身处人群之中？这些因素会对个人选择产生影响。一个开放式的问题：仅仅培养同情观念是否足以让一个人克服其他不利因素从而对受难者伸出援手？

扩大关爱圈

在理查德实验室学习的一位功成名就的冥想大师曾说："对着受难者练习一个小时慈爱冥想，相当于对着亲朋好友练习 100 个小时。"

通常，慈爱冥想会扩大我们的关爱圈，让我们将温情带给更多不同的人。我们扩大关爱圈最难跨过的一道坎，是将爱带给那些素不相识的人，更别提带给那些同我们气味不投的人了。然而，一旦跨过这道坎，我们就会获得崇高理想，把爱带给世间的芸芸众生。

我们对至亲之人的爱是小爱，对整个人类家庭乃至我们憎恶之人的爱则是大爱。怎样才能从小爱发展到大爱呢？如果这美好的愿望成真，那么就是慈爱冥想向前的一大步，在帮助各国受难群众和解决世界冲突的努力中助上一臂之力。

一视同仁效果如何？从研究视角来看还不得而知。对所有人一视同仁说起来容易，做起来难。想要知道你是否真正做到了大爱无疆，要看你是否产生了隐性偏见。你可能会在无意中对某类人表现得傲慢无礼，而你自己却坚称自己对其没有敌意。

这类隐性偏见可以通过巧妙的测试检测出来。例如，一个人可能声称自己并非种族主义者，但如果让他接受一项反应时间测试，测试内容是将隐含褒义或贬义的词语与"黑色""白色"这两个词语配对。结果，一提到褒义词，这个人总是迅速将其与"白色"配对；而一提到贬义词，他则更快地想到用"黑色"与其配对。[28]

在一个为期 6 周的慈爱冥想课程开始前和结束后，耶鲁大学的研究人员分别使用了这种测试法来检测学员是否持有隐性偏见。[29] 这次实验设置的对照组很有针对性——研究人员只告诉他们慈爱冥想的真谛，而不传授给他们具体方法。原理类似于选择“好撒玛利亚人”一组的神学院学生，学生们仍未对陌生人伸出援手。相比课程开始前，对照组在课程结束后的隐性偏见测试中没有任何进步，而真正学习了慈爱冥想的学员持有隐性偏见的比例则大幅下降。

小　结

仅仅了解同情是什么，并不足以让我们做出更多善举。从体察他人痛苦到对其伸出援手，中间有一大段距离，但是慈爱冥想和同情冥想可以增加我们缩短距离的概率。同理心有三种——认知同理心、情绪同理心和同理心关怀。人们经常在情感上感受到他人的痛苦，但往往马上停止同理心，以摆脱这种糟糕的情绪。

但是，同情冥想增强了同理心关怀，激活了我们大脑中的积极感受和爱，也让我们能更好地感受他人的痛苦，让人准备好去帮助遭难之人。同情冥想和慈爱冥想提高了大脑杏仁核对于痛苦的敏感度，同时将注意力放在呼吸这样中性的事情上，降低杏仁核的活跃度。慈爱冥想见效快，只需 8 个小时就能初见成效，而且人们练习的时间越长，大脑和行为越倾向于同情。冥想在初期的影响有着很大的作用，使我们为行善做好生物性准备。

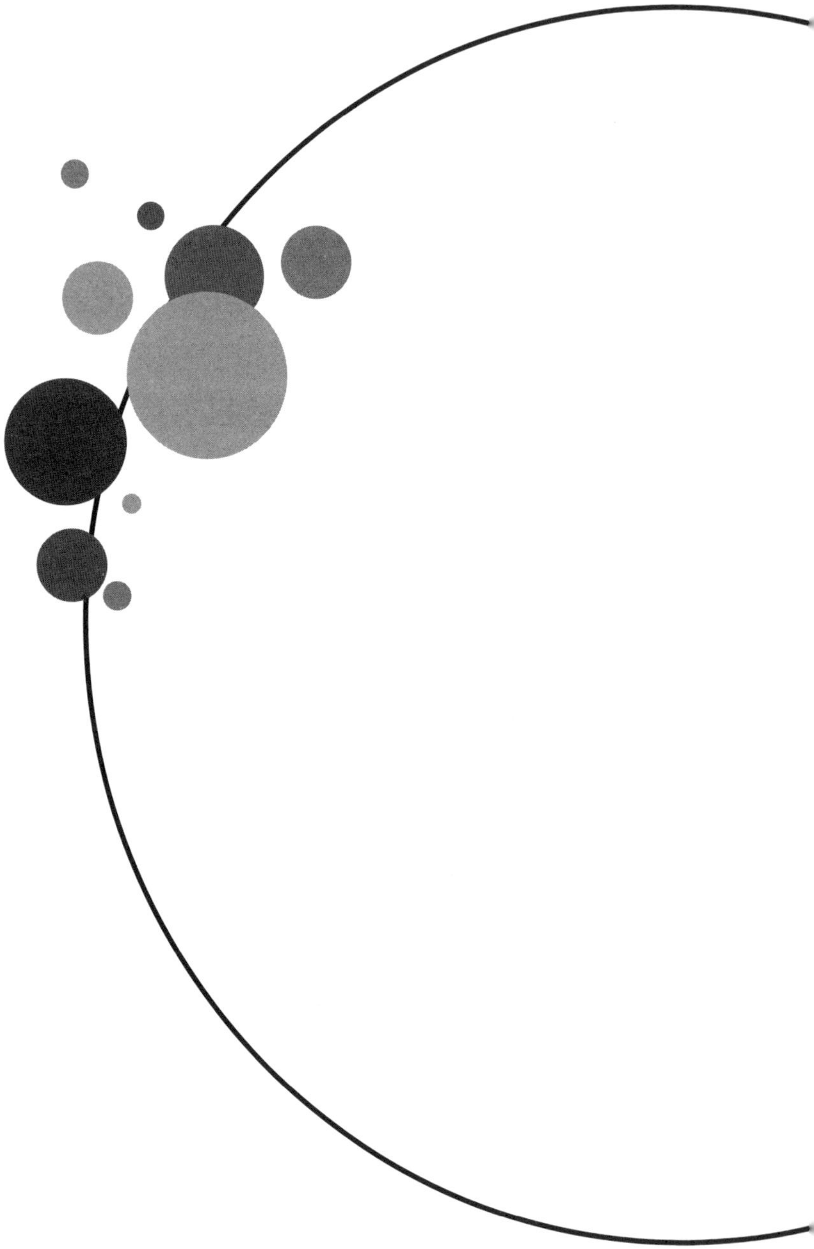

第七章

注意力

一天，一名弟子请禅师为他题一幅有关“大智慧”的字。

禅师毫不犹豫地提笔写下“专注”二字。

他的弟子有些沮丧，问道：“就是这个？”

禅师不语，再次提笔，写道：“专注。专注。”

弟子未能领悟，反而有些恼火，并向禅师抱怨道：“这并无智慧可言。”

禅师依旧沉默不语，写道：“专注。专注。专注。”

弟子十分苦恼，想知道“专注”是什么意思。禅师答道：“专注即注意力。”[1]

威廉·詹姆斯在1890年出版的《心理学原理》（*Principles of Psychology*）中对禅师想要暗示的内容做了明确的阐释：“这种一遍一遍把自己游走的思绪拉回来的能力是判断力、美德、意志力最根本的体现。”在书中他还写道：“优质的教育应当培养这种能力。”

他又在大胆设想的基础上做了补充：“明确这一设想很容易，但为其提供实践指导很难。”

虽然去印度之前理查德已经读过此书，但在经历了葛印卡内观课程的涤荡后，书中的话又像电波一样在他的脑海里闪现。

对理查德而言，这既是一个开创性的时刻，又是一个智慧的转折点。他凭直觉发现，我们已经找到了詹姆斯所寻求的最优质的教育——冥想。不论采用哪种具体形式，大多数的冥想都需要对注意力进行再次培养。

回顾20世纪70年代，也就是我们读研究生的时候，全球对注意力的研究很少。日本研究人员做过一项研究，将冥想与提升注意力构建联系。[2]他们将一台脑电图机带入禅堂，在僧人冥想的同时，给他们播放一连串毫无波动的声音。脑电图会记录下僧人在此过程中的大脑活动。随着播放的进行，大多数僧人表现得与常人无异，但三位高僧除外，听到第20遍时，他们对于声音的反应仍像听第一遍时一样强烈。这是一则轰动性的新闻：通常，我们的大脑会逐渐屏蔽掉这些噪声，听到第10遍已不会再做出反应，更不用说第20遍了。

神经系统对重复声音反应减弱这一现象叫作"习惯化"。雷达操作员在极其空旷的天空中扫描信号时，需要保持高度警惕。在进行单调乏味的工作时，人的注意力会减弱，由此给雷达操作员带来困扰。第二次世界大战期间，心理学家曾被问及如何让雷达操作员保持警觉状态，关注到这一问题的实际原因是雷达操作员出现了注意力疲劳。自那时起，人们才开始对注意力进行科学研究。

通常我们注意反常的事物，只是为了确保其不会构成任何威胁，或者仅仅是为了将其分门别类。一旦确定其是安全的或熟悉的，习惯化会让我们不再对其关注以节省脑力。这种大脑动态变化的一个弊端是：我们会习惯所有熟悉的事物，如墙上的照片、每晚同样的晚餐，甚至可能是我们的亲人。习惯让生活井然有序，但略微单调。

大脑习惯于使用我们与爬行动物相同的脑回路——脑干网状激活系统（RAS），这是当时已知的少数与注意力相关的脑回路之一。当我们一遍又一遍地看陈年旧物时，习惯化的大脑皮质回路会抑制脑干网状激活系统，从而保持该区域的平静。

相反，当我们遇到一些新的或惊人的事物时，敏化机制会激活脑干网状激活系统，然后通过其他脑回路处理新事物——好比一件崭新的艺术品取代了一件司空见惯的艺术品。

加入斯坦福研究院的英国神经科学家埃琳娜·安东诺娃（Elena Antonova）发现，按照西藏传统修行了三年的禅修者在听到高分贝的噪声时没有明显减少眨眼次数。[3] 也就是说，眨眼的反应会持续不变。这（至少在概念上）印证了前文中日本学者的研究——高级禅修者不会对重复的声音产生习惯化现象。

于我们而言，禅宗本源的研究十分重要。当他人的大脑处于游离状态时，禅宗的大脑却可以保持专注。这与我们参加正念课程时的经历类似——经过数小时的练习，我们才能强迫自己留意到每一个微小的细节，而非将其忽视。

通过正念冥想，我们可以将注意力聚焦在早已司空见惯的细节和感受（例如景点、声音、口味等）上，由此，熟悉的事物重新变得令人耳目一新。这种注意力训练可以把我们的注意力集中在一个质感深刻的点上，让旧事物焕发新生，从而丰富我们的生活，避免习惯化。

早期的关于习惯化的观点是，正念是从下意识的忽视中自动分离出来的，但该观点仅仅基于我们现有的知识，甚至逾越了人类所能接受的科学范畴，因此并不可靠。早在 20 世纪 70 年代，科学界就认为注意力主要由刺激驱动，而且是一种自觉的、无意识的、“自下而上”的脑干功能。注意力处于脊髓上方的原始结构，而非“自上而下”的皮质区。

该观点引出无意注意。当身边发生一些事情时，如电话铃响了，我们会不由自主地寻找其来源。一种声音持续到单调乏味的程度时，我们对之也就习惯了，不会再做出反应。

目前，没有任何科学理论能证明注意力受意志力操纵。尽管心理学家高呼“这种能力是存在的”，并且证明了他们能够自主控制注意力，但为了与当今的科学标准保持一致，人们选择性地忽视了心理学家的真实经历，反过来支持他们能直观看到的观点。

这种片面的观点只陈述了部分情况，而习惯化则解释了这种不受意识控制的注意力。这种位于大脑底部机制上方的注意力在神经回路中更为高级，而且能适应不同的大脑动态。

以中脑边缘系统的情绪中心为例，人类的多数行为都源于自身情绪对注意力的控制。在丹尼尔创作《情商》一书时，他大量吸收了当时理查德和其他神经科学家的新发现——“杏仁核跳动”，即大脑对（在额脑后面）前额回路威胁（在中脑的情绪脑回路中）进行勘测的执行中心，它具有学习、反思、决策的功能，可让我们追求长期目标。

当我们产生愤怒或焦虑的情绪时，杏仁核驱动前额回路；当这种令人不安的情绪达到巅峰时，杏仁核会像强盗般“劫持”我们的大脑，使其丧失执行功能；当注意力受我们主动控制时（正如当我们冥想的时候），我们能自主控制前额回路，使杏仁核处于静止状态。理查德和他的团队在长期进行静修的内观禅修者中发现了这种静止的杏仁核，人们在接受正念减压疗法的训练后，也会呈现同样的效果，尽管效果不是很明显。[4]

理查德对注意力平稳通过大脑的轨迹进行了追踪。在 20 世纪 80 年代，他创立了情感神经科学，并对中脑情感回路管控有意注意的方式有了一定的了解。到 20 世纪 90 年代，随着冥想神经科学的创立，研究人员开始关注大脑处于冥想时的状态，并对前额叶神经回路如何管控有意注意有了一定的了解。如今，大脑的这一区域已成为冥想研究的热门区域。在某种程度上，前额皮质会受到注意力的各个方面的影响。

与其他物种相比，人类的前额皮质在大脑顶层（即大脑新皮质）中占有较大比例，而且前额皮质一直是促进人类进化的主要区域。正如我们将要看到的，这一神经区域孕育着长久幸福的种子，但也交织着情感上的痛苦与折磨。我们不仅能够想象美好的事情会发生，而且会被一些烦心事困扰，这些都是前额皮质的表现。

虽然威廉·詹姆斯把注意力视为独立存在的个体，但如今的科学告诉我们注意力并不指一种能力，而是许多能力。其中包括：

- 选择性注意力，即关注某一点而忽略其他事物的能力；
- 警觉性注意力，即长时间保持注意力高度集中的能力；
- 分配性注意力，即对身边细微或快速的变化有所察觉的能力；
- 目标聚焦力，或“认知控制力”，即排除外界干扰，在头脑中明确具体的目标和任务的能力；

- 元意识，追踪自己意识特性的能力，比如会察觉到自己走神或犯的错误。

选择性注意力

在阿米希·杰哈（Amishi Jha）小的时候，她的父母曾在印度本土学习，她记得父母早上常常用珠子诵经来冥想，但阿米希对此并不感兴趣，她想成为一名认知神经科学家，潜心进行注意力研究。

当阿米希在宾夕法尼亚大学任教时，理查德到此做讲座。虽然他未在讲座中提及冥想，但他展示了两幅大脑功能性磁共振成像图片，结果显示，一个大脑处于深度忧郁状态，而另一个则处于愉悦状态。阿米希问他："你是如何让大脑从一种状态转变成另一种的？"

"冥想。"理查德答道。

不论从个人的角度还是专业的角度，阿米希对他的回答都很感兴趣。她开始学习冥想，并着手研究冥想是如何影响注意力的，但她的同事并不赞成她的做法，还告诫她这种做法存在很大的风险，而且很难在心理学研究领域引起关注。

第二年，她便参加了心智和生命暑期研修班的第二次会议，这次会议为一个转折点。在会议中，她遇到了支持她的团队。团队中的教师、研究生和博士后都鼓励她做此研究。

理查德对阿米希在此次会议上的深情发言记忆犹新：她说冥想是她们国家传统文化的一部分。尽管研究时常常受挫，但能同一群志同道合的科学家做研究，阿米希觉得暑期班就是她的家。新一代科学家致力于研究冥想神经科学及其产生的社会效益，阿米希已成为他们中的领军人物。

阿米希和她的同事进行了一项关于冥想如何影响注意力的初步研究。[5] 她的实验基地现位于迈阿密大学，经研究发现正念减压疗法能显著提高初学者的定向能力。作为选择性注意力的一部分，定向能力能帮助大脑在无数感官输入之中精确地对准某个点。

比如，你正沉醉于一场聚会的音乐之中，便忽略了身旁两位客人的对话。如果有人问及他们的谈话内容，你对此一无所知。尽管当时的你沉浸于音乐之中，但是如果谈话者之一提及你的名字，你的注意力会从那些悦耳的声音上发生转移。

这种突然的觉醒就是认知科学中的“鸡尾酒会效应”，它展现了我们大脑注意力系统的部分设计：与靠自觉意识获取的信息相比，我们会接收更多有用的信息流。这能帮助我们屏蔽与之无关的声音，但我们仍然会在大脑中对其相关性进行检测：因为我们自己的名字经常被提及。

注意力会通过多种方式有意去关注其中的某个点，进而忽略掉与之无关的内容。理查德的论文对冥想如何提高我们的注意力进行了论述，他选取了几名志愿者，要求他们注意他们所看到的（即闪光灯），忽略他们所感受到的（即手腕上的振动），或者提出与此相反的要求。同时，他用视觉皮质或触觉皮质的脑电图记录他们的关注强度。（顺便提一下，理查德用脑电图对人体的这种反应进行检测是开创之举，因为此前只对老鼠和猫做过实验。）

在他所称的“皮质特异性”方面，冥想者表现出了轻微的改善，即在皮质感觉区中的相应区域产生了更多的活动。所以，例如，当他们注意到所看到的事物时，视觉皮质比触觉皮质更加活跃。

当我们选择专注于视觉感受而忽略我们的触觉感受时，灯光成为“信号”，触觉则为“噪声”；当注意力分散时，信号则会被噪声淹没；而当注意力集中时，信号则会强于噪声。如果改变两者的比例，理查德发现信号并没有增强，但噪声有所减弱。噪声越小，也就意味着信号越多。

与丹尼尔的研究类似，理查德的论文研究暗示了他一直以来寻求的结论。数十年前就有一些更为复杂的方法被用于研究理查德试图证实的目标明确的感官知觉。麻省理工学院的研究小组采用磁场脑电图（MEG）测量法，这种方法与理查德早期提出的脑电图测量法相比，能提供更精确的脑区定位。随机分配的志愿者将接受三周的正念减压疗法课程，或者等待实验结束后再接受这一训练。[6]

要知道，正念减压疗法包括正念呼吸、对全身的感觉进行系统扫描、专心练习瑜伽，以及关注每时每刻的想法和感受，并且每天用这些方法来训练注意力。8 周后，相比那些没有接受过正念减压疗法训练的人和那些仍然在等待接受训练的人，那些接受过正念减压疗法训练的人能更好地集中注意力，在训练中会对他们手或脚的敲击做精准的记录。

结论：正念（至少在这种形式下）可提高大脑专注于一点且不

受干扰的能力。研究结果表明，选择性注意力的神经回路可以训练。这一结论与智慧的衡量标准相悖，该标准认为注意力是与生俱来的，所以这一理论超出了尝试训练的范围。

在内观禅修中心，内观禅修者进行了三个月的静修，研究人员在他们静修之前和之后对他们进行测试，发现其选择性注意力均有所提高。[7] 不论是每天长达 8 小时的正式会议，还是一天中的空闲时间，这种静修都能让禅修者的注意力充分集中。

在静修之前，他们有选择性地去注意不同音调的嘟嘟声或嘘声，在辨认目标音调的准确性上，他们并没有比其他人做得更好，但三个月后，静修者的选择性注意力明显加强，而且增加了 20% 以上。

保持专注

禅宗学者铃木大拙（D. T. Suzuki）以小组成员的身份参加了在户外举行的研讨会。当他和其他成员同坐在桌子后面时，铃木一动不动地坐在那里，他的目光集中在他面前的某个点上，仿佛置身于自己的世界。此时，一阵风突然吹动桌子上的几页纸，唯有铃木以闪电般的速度抓住了那几页纸。他并没有走出自己的世界，而是以禅宗的方式来集中注意力。

要知道，这项科学研究开始时便得出了一个小小的结论——禅宗冥想者保持专注的能力并非是一种习惯。尽管对禅宗的研究存在一定的局限性，但这依然激励我们继续研究。

注意力通过大脑，就像流经一个狭小的瓶颈，而我们还不愿意分配过多的注意力。大部分注意力集中在我们此刻所关注的点上，但是，当我们把注意力集中在这一点上时，我们的注意力必然会减弱，从而转移到其他想法上。冥想会帮助我们克服这种情绪惯性。

一般情况下，每种冥想都是以一种选择的方式或一个给定的目标来保持专注的，比如靠呼吸来保持专注。众多的逸事和科学报道都坚称冥想能让人更好地保持专注，这在专业术语中称为“警觉性”。

但是，怀疑论者可能会产生疑问，究竟是冥想练习还是其他的因素增强了注意力？当然，这也解释了研究需要对照组的原因。而且，冥想与保持专注之间的联系更具说服力，这种因果联系需要进行纵向研究。

克利福德·萨龙和艾伦·华莱士在做研究时便遇到了这一难题。在研究过程中，志愿者在华莱士的教导下进行了为期三个月的冥想静修。[8]他们每天进行5小时的呼吸练习，萨龙分别在静修之初、静修一个月后及静修结束5个月后对他们进行了测试。

在第一个月的静修中，冥想者的警觉性显著提高。静修结束5个月后，对每个冥想者的警觉性都进行了后续的测试。令人惊奇的是，在他们静修时，其警觉性依然很强。

可以肯定的是，这些冥想者认为每天几小时的训练可以保持这种状态。在冥想改变注意力的某个特质的测试中，这种方法仍是迄今为止最佳、最直观的测试。如果这些冥想者在5年之后也能有同样的状态，那么这一论证将会更加引人注目！

当注意瞬脱发生的时候

一个 4 岁的孩子专心致志地观看《寻找沃尔多》（*Where's Waldo?*）这部影片，当看到影片中的欢快画面时，她会从混乱的人群中找出身着红白条纹毛衣的沃尔多。在注意力的作用下，兴奋状态会将沃尔多标记为一个关键点。一旦识别成功，大脑就会分泌一种兴奋的神经化学物质来奖励我们。

研究告诉我们，在那些瞬间，神经系统会让我们转移注意力，并使我们放松下来，相当于举行一个短暂的神经系统庆祝派对。如果另一个沃尔多出现在这个聚会中，我们的注意力将会转向别处。我们不会注意到第二个沃尔多。

暂时性视觉缺失的瞬间如同注意瞬脱，这是我们的大脑在扫描周围的环境时会出现的短暂停顿现象（学术上称为“不应期”）。在缺失的瞬间，大脑会丧失注意的能力，我们不会察觉到可能会引起我们注意的细微变化。该现象反映了“大脑效率”，在此期间我们的注意力不会过分沉迷于一件事，因为我们会把有限的注意力转向其他事情。

实际上，这种无瞬脱的现象说明注意力更能观察到细微的变化，例如，眼睛周围小肌肉的变化会成为非言语情绪线索，并能反映一个人的情绪变化。对这样的小信号不够敏感则意味着我们会错过重要的信息。

在瞬脱的测试中，你会看到一长串字母，中间偶尔会出现几个数字。这些字母或数字以 50 毫秒一个（即 0.05 秒一个，每秒 20 个）

的速度快速闪现。研究人员会预先告诉你在每串字母中的随机区间包含 1~2 个数字。

在大约由 15 个字母组成的一串字母出现后，研究人员会问你是否看到数字，并请你说出分别是哪些数字。如果两个数字快速出现，绝大多数人都会错过第二个数字。这就是注意瞬脱现象。

长期以来，研究注意力的科学家一直认为，注意力在发现一个长期寻找的目标之后，这种空白就会出现，这是中枢神经系统不可避免也不可改变的一个方面。但是，随后便有了惊人的发现。

冥想者每年都会在内观禅修社进行为期三个月的内观课程，正是这些人在选择性注意的测试中表现良好。从表面来看，内观禅修会减少瞬脱发生的情况。此类训练可以培养一种能减少注意瞬脱现象的无反应式感官知觉，对脑海中发生的一切进行“开放监视”。参加密集型的内观课程会让人产生一种对类固醇的正念，即一种对头脑中产生的任何事物都没有反应的超级警觉。

内观禅修者接受了长达三个月的内观禅修训练，理查德的研究小组对他们参与禅修之前和之后的注意瞬脱进行了测试。研究表明，静修之后，注意瞬脱现象明显减少了 20%。[9]

当他们第一次瞥见数字时（他们只是注意到它的存在），关键神经位移会减弱，因此大脑需相当冷静才能注意到第二个数字，即使第二个数字会紧接着第一个数字出现。

该结果对认知科学家来说是一个惊人的发现，他们原来坚信注意瞬脱是与生俱来的，任何训练都不能使其减弱。该消息一从科学界传出，德国研究人员就发出了质疑声——随着年龄的增长，冥想训练有没有可能抵消注意瞬脱普遍恶化的现象？并且，随着年龄的增长，冥想训练的频率越来越高，意识差距也会越来越大。[10]对此，答案是肯定的。对那些经常接受“开放监视”冥想（对所想到的事情有一种宽泛的认识）训练的冥想者而言，由年龄增长导致的注意瞬脱现象发生的概率会减小，他们甚至比年龄较小的对照组表现得还好。

德国研究人员可能会推测这种无反应的开放意识只是单纯地注意到脑海中的事物，并不会对其产生一连串的思考。它转变为一种认知能力，在没有深刻记忆的情况下，这种能力能使注意力在瞬脱的测试中转向关注字母、数字这类目标。这就使得他们的注意力为下一个目标做好了准备，这可以更高效地见证稍纵即逝的世界。

一旦证明注意瞬脱这一现象是可逆的，荷兰科学家就会猜测能减少注意瞬脱的最小限度的训练是多少。科学家采用正念法引导那些从未冥想过的人去控制自己的大脑。[11]志愿者参加了时长仅有 17 分钟的训练，之后科学家对他们的注意瞬脱进行了测试。与对照组相比，志愿者注意瞬脱的现象明显减少。对照组也进行了专注冥想训练，但这种训练不会对其大脑产生影响。

多重任务处理的神话

数字化生活给我们每个人都带来了“重重困扰”：待接收的电子邮件、编辑中的短信、待处理的电话留言，脸谱网和照片墙

（Instagrams）上的消息，以及我们社交网络中所有类似的信息。与非数字化时代相比，如今人们似乎能从智能手机等电子产品中获取更多信息。

数十年前，我们就开始淹没在数字化的干扰之中了，具有先见之明的认知科学家赫伯特·西蒙（Herbert Simon）称："信息会消磨注意力。过量的信息造成了关注度的不足。"

然后，我们的社交关系也受到了影响。你是否曾经有过要求孩子放下手机的冲动，并要求他和聊天对象见面聊？由于数字化会分散人的注意力，同时也会危及同理心和社会临场感等人类的基本技能，因此，这种建议会越来越多。

抛开手头上的事情，眼神交流的意义在于传达尊重、关爱的情感，甚至是爱的表现。如果对身边的人缺乏关注，则会传达出冷漠之意。人们对这种社会规范的关注已悄然改变，而且这种改变势不可当。

但是，在很大程度上我们不受其影响。例如，生活在数字时代的人以自己能胜任多重任务为豪，他们在完成本职工作的同时还能干点儿别的。斯坦福大学一项惊人的研究表明，这种想法是一个神话，因为大脑不能处理"多重任务"，但大脑能帮助我们从一个任务（我的工作）快速切换到其他任务（各种有趣的视频、朋友圈的更新、紧急短信……）上。[12]

需要集中注意力的任务并不可以和"多重任务"同时进行，但能从一件事情快速切换到另一件事情上。随着每一次的转变，当我们的注意力回到原来的任务上时，注意力的强度会大大降低，可能需要花费几分钟的时间才能再次完全集中注意力。

这种伤害会渗透到生活的方方面面。首先，我们缺乏从信号（所关注的焦点）中过滤掉噪声（所有的干扰）的能力，并不清楚什么才是重要的，因此这会降低我们关注事物的能力。斯坦福大学的研究人员发现，人们在执行多重任务时常会出现注意力不集中的现象。当执行多重任务的人试图把注意力集中在他们必须完成的事情上时，他们的大脑会激活更多的区域，而不仅仅是那些与手头任务相关的区域，这都是注意力不集中的表现。

甚至高效处理多重任务的能力也会受到影响。正如后来的研究者克利福德·纳斯（Clifford Nass）所提出的观点，执行多重任务的人是“搞错重点的笨蛋”，这样做不仅分散了注意力，而且影响他们的理解分析能力和同情他人的能力。[13]

认知控制

另外，认知控制能让我们专注于一个特定的目标或任务，并牢记于心，同时消除由多重任务导致的注意力不集中的现象。这种注意力的高度集中是必不可少的：空中交通管制员需要高度集中自己的注意力，以便排除电脑屏幕上对自己关注点（如即将降落的飞机）的各种干扰；同样，仅仅完成你的日常待办事项清单也需要高度集中的注意力来排除干扰。

认知控制可以得到加强，这对执行多重任务的人而言是一个好消息。大学生自愿参加10分钟长的测试，在此期间，他们会专注于记录计算他们呼吸的次数，或者进行一项恰当的比较任务：阅读《赫芬顿邮报》或浏览色拉布（SnapChat）、Buzzfeed这两个网站。[14]

在一系列的测试中，三组10分钟的呼吸计数测试便足以提高他们的注意力。在最初的测试中，表现不佳的执行多重任务的人的注意力也有所提高。

如果多重任务会导致注意力下降，那么像呼吸计数这样的集中训练至少能在短期内提高注意力，但还没有迹象表明注意力会一直高度集中。训练过后，注意力会明显得到提高，于是在我们的脑部雷达上显示为一种状态反应，而不是一种持久的特质。我们将会看到，大脑的注意力回路需要不断努力以创造一种稳定的特质。

不过，即使是初级冥想者，他们的注意力也会得到提高，并会有意外收获。例如，加州大学圣巴巴拉分校的研究人员让志愿者用正念的方式呼吸8分钟，发现这种短时集中注意力的方式（与读报纸或放松相比）可减少走神。[15]

这一发现很有趣，而后续研究更加引人注目。研究人员为志愿者提供了为期两周的正念训练，训练共计6个小时，包括呼吸和日常活动（如吃饭），再加上每天在家10分钟的强化训练。在同等时间内，阳性对照组对营养摄取进行了研究。研究再一次表明，正念训练能提高他们的注意力，而且还能减少心智游移的现象。[16]

另一项惊人的发现表明：正念还能提高工作记忆力，即让人牢记信息，从而可将其转化为长期记忆的能力。注意力对工作记忆力的提高至关重要，如果我们不加以注意，就不能在第一时间记住那些数据。

在学生时代，人们就已经开始接触这种正念训练。经过训练，他们的注意力和工作记忆力有所提高，甚至能让他们的GRE（美国研究生入学考试）成绩提高30%以上。学生们也注意到了这一点。

认知控制还能帮助我们更好地抑制情绪冲动，其专业术语为“反应抑制”。正如我们在第五章读到的，通过让禅修者进行为期三个月的训练，克利福德·萨龙的研究发现他们抑制冲动的能力有所提高，并将这种能力维持了5个月。[17]随着自我幸福感的上升，我们能更好地抑制冲动。

元认知

第一次在印度参加内观课程时，我们一直沉浸于脑海中所发生的一切，以此来培养注意力的稳定性，而不是被无关的想法、冲动、欲望和感受分散注意力。这种对思想活动的高度关注归结为元认知。

在元认知中，我们意识所映射的对象可能并不重要，重要的是我们认识到意识本身。以意识为背景，通常我们所看到的是一个事物。元认知将我们所感知的事物与其背后意识的先后顺序进行了调换，因此意识本身变得极其重要。

这种意识的认识本身让我们控制自己的思维，使其不受我们想法和感受干扰。哲学家萨姆·哈里斯（Sam Harris）指出："悲伤的人并不难过。恐惧的人并不害怕。然而，当我陷入沉思时，我和其他人一样困惑。"[18]

科学家认为这种反映我们意识和精神的大脑活动是一种"自上而下"的模式。"自下而上"是指在意识之外的大部分内容，其专业术语为"认知无意识"。令我们惊讶的是，我们所认为的自上而下实际上是自下而上的。我们似乎对自己的意识制造了一种自上而下的假象，一丝认知无意识便引起我们的注意，并让整个大脑处于幻觉之中。[19]

至少在日常生活的传统意识中，我们仍然没有意识到自下而上的心理机制范围更广。元认知让我们看到更多自下而上的活动。

元认知可以让我们掌握注意力的动向。例如，当我们的注意力从想要关注的事物上转移时，元认知可帮助我们发现这一现象。当我们走神时，这种控制大脑不被干扰的能力提供了一个关键选择点：我们可将关注点转到手头的任务上。这种简单的心理技能提高了我们的许多能力，从学习能力到创造性地洞悉事物的能力，再到彻底完成一项工作的能力，让我们能在世上更好地生存。

有两种不同的经验：一种是我们的日常意识让我们"仅仅意识到"该事物；另一种则与之相反，即在没有掺杂任何判断和感情的情况下，我们意识到意识本身的存在。比如，平时观看一部精彩的电影，深陷于影片中的情节，便忽略了其背后的意识，但是，我们也能在聚精会神地观看电影的同时保留这种背后的意识。这种隐含的意识并不会影响我们观影，它只是一种不同的意识而已。

在电影院里，拿着一袋爆米花的人坐在你旁边，并制造出一些嘎吱作响的咀嚼声，尽管对此你可以充耳不闻，但是这些噪声已在你的脑海中留下记忆。这种无意识的大脑处理活动在关键的皮质区——背外侧脑前额皮质（DLPFC）中会减少。你越留心自己的意识，背外侧脑前额皮质会变得越活跃。

我们所持的这些隐性偏见认为我们不具备这种意识（如第六章所述）。冥想不仅能增强背外侧脑前额皮质的功能，而且能减少隐性偏见。[20]

认知心理学家对元认知进行测试，分配给测试者一些具有难度且容易出错的脑力任务，然后记录他们出错的次数并（从元认知角度）看他们有没有意识到错误。这些任务会有意设计得十分狡猾，以确保参与测试的人会犯一定比例的错误，而且他们对完成任务的信心会有所不同。

试想，比如以每 1.5 秒一个单词的速度连续播放 160 个单词，然后向测试者展示另一组单词，共计 320 个单词，其中有一半单词是在之前的幻灯片中出现过的。无论测试者在第二组单词中看没看见之前幻灯片中出现的单词，他们都必须按下两个按钮中的一个来告知研究人员。之后，测试者会对识别每个单词的准确度的自信进行排列，这是一种通过自信程度和回答的准确性对元认知进行衡量的方法。

加州大学圣巴巴拉分校的心理学家第一次采用这种极具挑战

性的方法，并对学习正念的人和参加营养课程的人进行了测试。[21] 冥想者的元认知能力得到了提高，但是那些学习营养课程的人没有。

将持续多久

阿米希·杰哈对一个高强度正念冥想课程的效果进行了测试，参与课程的冥想者需要在一个月的时间内每天进行 8 个小时以上的冥想。[22] 研究发现，该课程提高了参与者的警觉性，令其对任何事情都保持警惕。尽管在之前的研究中，她已发现那些接受过短期正念训练的初学者在定向方面会有所增强，然而奇怪的是，这些初学者的警觉性并没有得到提高。

如果我们想要全面了解冥想是如何发挥作用的，那么上述现象就是重要的数据。它可以帮助我们了解不同类型的冥想在不同的层次上如何改变（或不改变）注意力的各个方面。

一些改变可能会立即发生，而另一些则需要更长的时间：尽管定向能力起初会略微得到提高，但之后会停滞，而警觉能力似乎可随练习而得到提高。而且，我们猜测这种冥想可能需要持续一段时间以保持注意力的这种转变，避免其消退。

大概是理查德在哈佛大学进行一项关于冥想者身上信号与噪声相互转变研究的时候，安妮·特雷伊斯曼（Anne Treisman）和迈克尔·波斯纳（Michael Posner）等认知科学家指出，“注意力”不仅仅是一个概念。相反，他们认为，我们应该关注各种各样的注意力和神经回路。如今的调查结果显示，冥想似乎产生了许多分支形态，尽管我们对此还没有全面了解。阿米希的研究结果显示，这一结果会与之前的设想有细微的差别。

值得注意的是，虽然在短短几个小时（甚至是几分钟）的练习过后，注意力的某些方面就能有所改善，但这并不意味着这些变化将会持续下去。我们认为，一旦这种暂时的改善消退，一次性的干预是十分重要的。例如，没有证据表明，17 分钟的正念练习会消除注意瞬脱的现象。在这种状态减弱之后，经过短短几个小时就会呈现出显而易见的变化。对那些参加时长 10 分钟的正念练习的人来说，也会有同样的效果，这些正念练习可以改变多重任务引起的注意力分散的现象。我们认为，除非每天坚持正念练习，否则同时处理多项任务仍然会分散注意力。

那些参加沙玛莎项目的人随后参与了克利福德·萨龙时长 5 个月的测试研究。对此我们有一种预感，保持注意力这类神经系统不仅需要这些短期的训练和持续的日常练习，而且需要密集型的辅助训练课程。否则，大脑结构将回到之前的状态——注意力分散的时期。

即便如此，令人欣喜的是如此短暂的冥想也会提高注意力。事实上，这些改善证明了威廉·詹姆斯的猜想，即可以培养出更加灵敏的注意力。如今的剑桥有许多禅修中心，离威廉·詹姆斯的故居只有步行 15 分钟的距离。如果这些中心在威廉活着的时候就存在，而不是几十年后才建好的，并让威廉·詹姆斯接受其中一项训练，那么，毫无疑问他会发现他错过了最好的教育。

小 结

冥想从根本上重新培养注意力，不同类型的冥想提升了注意力的不同方面。正念减压疗法提高了选择性注意力，而长期的内观禅修训练则会进一步强化选择性注意力。在沙玛莎项目为期三个月的内观禅修结束后，冥想者的警惕性在接下来的 5 个月里也会得到提高，他们具备了保持注意力的能力。经过三个月的内观禅修，注意瞬脱的现象明显减少，但是初学者接受仅 17 分钟长的正念训练后，注意瞬脱的现象便开始减少。毫无疑问，对初学者而言，这种训练会让他们渐入佳境；对静修者而言，这会成为他们一种持久的特质。这种熟能生巧的原则可能同样适用于其他急于求成的冥想者：只要 10 分钟的正念训练，至少就可在短期内克服因处理多重任务而引发的注意力消退的现象；仅 8 分钟长的正念训练即可减少一时的走神。两周内，大约 10 个小时的正念训练增强了注意力和工作记忆，同时 GRE 成绩也大幅得以提升。虽然冥想改善了注意力的许多方面，但这些改善只是短期的成果。毫无疑问，只有不断地进行训练才能保持良好的效果。

第八章

轻盈的身心

再回过头来谈谈理查德在达尔豪斯静修中心参加的葛印卡指导的静修。在进行静坐之前，所有人都要许诺，在该过程中，即使感到极度不适，也不能做任何调整的动作。到了第七天，理查德有了意外发现。

静坐的一小时似乎永无止境。理查德的右膝平时也会痛，由于静坐的时候身体不能动弹，几乎从静坐开始，右膝疼痛就有所加剧，并从阵痛演变成无尽的折磨，但当疼痛达到无法忍受的程度时，理查德的意识发生了改变。

突然间，疼痛感消失了，取而代之的是一阵刺痛、灼热和压迫感，但膝盖不再疼痛。在没有一丝情绪反应的情况下，“疼痛”转变成一波又一波的振动。

仅仅关注这些感觉意味着重新评估疼痛：如果不去专注于疼痛本身，疼痛这个概念就会解构成几种原始的感觉。消失了的东西也同样重要：对这些感觉的心理抗拒和消极情绪。

疼痛并没有消失，但理查德改变了他与疼痛之间的关系。与常规痛感同时出现的只是一种原始的感觉，而自身不感到疼痛。

尽管我们坐着的时候通常不会注意到自己对坐姿做出的细微改变，但这些小动作可以缓解我们身上逐渐聚集的压力。当你一动不动时，这种压力就会形成难以忍受的疼痛，但是如果像理查德一样审视那些感觉，你与自身感受的关系就会发生显著的变化：痛感逐渐消失，变成身体各种感觉的混合。

理查德具备科学背景知识，所以在静坐的一小时里，通过他的切身体验，他意识到，我们所说的“疼痛”是由无数肉体感觉构成的集合体。有了这个新的认知，“疼痛”就变成了由感觉、认知和抗拒心理混为一体的概念。

这令理查德清晰地感受到，在内心深处我们的心理活动有多么活跃，并且我们并没有意识到这一点。他了解到我们的感受并非基于对周围事物的直接感知，而是在很大程度上取决于我们的期待、预测、惯性思维和我们习得的应对方式，也取决于宛如深不可测的海洋一般的神经进程。我们生活在头脑创造出来的世界里，而没有真正察觉到周围事物的无数细节。

通过这一发现，理查德得出了一个科学的见解：意识是集大成者，它将大量初级心理过程黏合在一起，而这其中大部分的心理活动是我们没有察觉到的。我们都知道这些过程黏合在一起之后的产物，即“我感到疼痛”，但通常情况下我们并没有意识到构成这一认知的无数个元素。

虽然现在这种认识已成为认知科学中的一个既定事实，但理查德在达尔豪斯静修中心进行静修的时候这种认识还没有出现。所以，除了自己意识的转变外，理查德并没有得到丝毫暗示。

静修的头几天，理查德会时不时地调整坐姿来缓解膝盖或背部的不适，但是自上次实现了永久性突破，理查德可以在长达三小时或更长时间的冥想活动中如磐石般一动不动。自己的内在世界发生了这个重大的转变后，理查德认为，不论参加什么活动，他都可以从头坐到尾。

理查德认为，如果我们能正确认识到自身感受的本质，这个本质就会发生重大的改变。静坐一小时的活动表明，在生活中每一个清醒的时刻，我们如何主动构建我们的感受，以及如何运用正确的意识来解构以自我为中心的事情。

大脑如何塑造自我

马库斯·赖希勒（Marcus Raichle）感到很吃惊，也很困惑。赖希勒是一位神经科学家，在圣路易斯市的华盛顿大学任教。他一直在做前沿性的大脑研究，以确定在不同的脑力活动中哪些神经区域处于活跃状态。赖希勒采用的是早年（当时是 2001 年）进行这类研究比较常见的策略：将现行任务与研究对象“无脑力活动”时的基线进行对比。令他感到困惑的是，在进行高难度的认知性任务（如以 13 为间隔从 1 475 开始倒数）时，大脑的部分区域处于失活状态。

标准的假设是，这样一项费力的脑力工作一定会提高脑部区域的活性。“无脑力活动”时基线是静止的，而进行任何脑力活动基线都会发生一定的变化，赖希勒发现的失活状态与基线的变化同时发生，具有系统模式。

也就是说，即便没有脑力活动，仍有一部分脑部区域处于高度活跃状态，其活性甚至高于参与进行复杂的认知任务的区域。当我们面对脑力挑战，如进行复杂减法运算时，这些区域又会平静下来。

他的观察结果证实了一件困惑了脑神经学家很久的事情：虽然

脑部重量仅占人体体重的2%，但就其氧气使用量来看，它占到约20%，并且，无论我们在做什么，甚至什么都不做时，它的氧气消耗率大体上都保持一致。如此看来，无论是精神放松还是精神紧张，我们的大脑都一样忙碌。

那么，当我们什么都不做时，那些神经元又在干什么呢？赖希勒识别出了一片区域，主要是前额皮质中线和后扣带回皮质（一个连接大脑边缘系统的节点）。他将该神经回路命名为“默认模式神经网络”。[1]

当大脑在进行活动时，无论是做数学题还是冥想，默认区域都会平静下来，对完成任务起重要作用的区域则活跃起来，而在脑力任务完成后，默认区域会再次启动。这就解释了大脑如何在“无脑力活动”时依然保持一定的活性。

当科学家问起研究对象在无任务期间的心理活动时，不出所料，他们并不是无念无想。他们都说自己的思绪在不停游离。通常，这种游离的思绪都聚焦于自我：这次实验我表现得怎么样？他们在研究我的什么？我得回复乔恩的信息。这些都是关注“我”和“自己”的心理活动。[2]

简单来说，我们的思绪在游离时想到的大多是关于自我的东西：我的想法、我的情感、我和别人的关系、谁点赞了我脸谱网主页上新发表的帖子——都是我们生活中的琐事。每个事件都会对我们产生一定的影响，并且，通过从这个角度勾勒出这些事件，大脑的默认模式将我们自身变成宇宙的中心。零碎的记忆、希望、梦想和计划等都以自我为中心，种种遐思将这些结合起来，并从中产生“自我”意识。大脑的默认模式以我们自身为主角，不断编出我们从中扮演的“电影剧情”，并反复播放最中意或最难过的场景。

默认模式在我们放松（即不做任何需要专注和努力的行为）时启动。大脑停工时，它便活跃起来。相反，当我们集中注意力去迎接一些挑战（如费力想搞清楚为什么手机无线网络会出故障）时，默认模式就会平静下来。

没什么特别的东西来吸引注意力，我们的思绪就会开始游离，经常去想一些困扰着我们的事，这便是日常焦虑的根源。也正是出于这个原因，在问过数千人一天中任意时刻的关注点和情绪后，哈佛大学的研究人员得出这样的结论：“处于游离中的思绪是不快乐的思绪。”

这种以自我为中心的体系充斥于我们的生活当中，特别是我们要面对的问题、与人相处时的困难、我们的担忧和焦虑。因为自我总是对困扰我们的事情念念不忘，所以可以暂时忘记这些东西的时候，我们会感到如释重负。攀岩之类的高风险运动的一大吸引力正在于此——这种运动危险系数高，所以需要全神贯注来确定下一步手或脚的位置，平时的忧虑便被抛到脑后。

“全神贯注的状态”，即表现最好的状态，也是同样的道理。心流研究告诉我们，专注于手上的工作最能让我们进入并保持一种愉悦的状态。此时，注意力分散的现象便可暂时得到缓解。

第七章提到的管理注意力，是各种形式的冥想的重要组成部分。

当我们在冥想时沉迷于思绪中，我们就陷入了默认模式和游离的状态。

不管是哪种形式的冥想，导师基本上都鼓励我们去注意思绪何时开始游离，然后将注意力重新转移到特定目标上，这个目标可以是一段祷语，也可以是我们的呼吸。这种转移注意力的时刻在所有形式的冥想中都很常见。

这个简单的心理动作与神经网络息息相关：它可以激活背外侧前额皮质和默认模式之间的连通性。研究发现，与初学者相比，这种连通性在长期冥想者身上更强。[3] 这种连通性越强，前额皮质中的调节回路抑制默认区域的可能性就越大，这样就可以平息我们的“心猿”（monkey mind）——这种躁动的思绪聚焦自我，趁着我们放松时在头脑中喋喋不休。

一首苏菲派（神秘主义教派）的诗提及这种转变，将其形容为“万千思绪”向一句话的转变：“万物非主，唯有天主。”[4]

解构自我

5 世纪的印度圣人世亲（Vasubhandu）说过：“执迷于自我，就无法脱离苦海。”

大多数让我们摆脱自我这个包袱的方法产生的效果都是暂时的，冥想则致力于将这种解脱变成一种生活的常态，即一种不变的特质。传统冥想将我们的日常心理状态（大范围被焦虑占据的思绪，或永无止境的待办事项）与摆脱了这些重负的状态进行对比。尽管方式不尽相同，但不同的冥想方法都将弱化自我意识视为拥有内在自由的关键。

理查德膝盖上的疼痛从剧痛难当突然转变到可以忍受，与此同时，他看待疼痛的方式也发生了转变。这种疼痛不再是“他的”疼痛，“自我”这个概念消失了。

理查德从一小时静坐中得出的结论让我们得以一窥平常的“自我”是如何分解成头脑中的视觉幻象的。随着这种敏锐观察力的增强，我们坚定的自我意识在某一时刻终将瓦解。这种自身感受（包括疼痛和我们寄托于疼痛的其他感受）的转变体现出所有灵修的主要目标之一：弱化自我感觉的体系。

佛陀在讲述这种观点时，将自我比作一辆战车，只有在车轮、车架、车刹和其他零件组装在一起时，战车这个概念才会成立。这个比喻的现代化说法是，轮胎不是汽车，仪表盘或车身的钢壳也不是汽车，但把它们与其他部件结合在一起，我们认识中的汽车的概念就从中诞生了。

同样地，认知科学告诉我们，许多神经子系统将记忆、认知、情感和想法交织在一起，我们的自我意识便是这些子系统的特性之一。任何单独的心智活动都无法形成自我意识，但如果它们以正确的方式组合在一起，我们就能亲密地感受到我们独特的身心。

不同的冥想传统有着相同的目标：放下紧抓不放的执念，即我们的想法、情感和冲动的“黏滞性”（stickiness），我们在日常生活中受到这些执念的牵制。严格来说，该过程称为“反物化”

（dereification），这一点非常关键，它让冥想者意识到，思想、感觉和冲动只是稍纵即逝且虚幻的心理活动。认识到这一点，我们就可以不必相信自己的想法，也不必听从它们的引领，而是将它们放下。

佛教曹洞宗的创始人道元指导禅修时曾说："思绪出现时，记下来，然后忘掉它。当你将所有的牵绊抛之脑后时，你自然就可以进入坐禅的状态了。"

许多其他冥想传统将弱化自我意识视为通往内在自由的途径。佛教徒口中的"空"是一种感知，这种感知认为，我们的"自我"和世界上所有的身外之物都是其部件结合之后的产物。

一些基督教神学家用"神性放弃"（kenosis）一词来代表清空自我，即自身的渴望和需求减少，同时更能理解他人的需求，这种理解逐渐转变成对他人的同情心。苏菲派的导师曾这样描述这个观点："当你专注于自我时，你就与上帝分离。靠近上帝的路径只有一条：走出自我。"[5]

从神经学的角度来说，这种走出自我意味着弱化默认神经回路的活性，该回路将记忆、想法、冲动和其他半独立的心理过程凝聚起来，最终形成了自我意识。

当我们朝着走出自我的方向努力，减少对生活中各种事物的依赖时，那些事物的"黏滞性"就会降低。进入冥想的更高层次后，心智训练可以减少"自我"的活性，"自我"就会失去它们催眠的能力，我们也不会因顾虑一些事情而产生负担感。尽管账单还是要付，但我们的自我意识越弱，对账单的焦虑感就越弱，我们就感到越自由。我们还是要想办法支付账单，但它不再对情绪造成重压。

虽然几乎所有冥想方式都将轻盈的身心视为主要目标，但矛盾的是，很少有科学研究关注这一目标。目前为止，关于这方面的研究少之又少。我们对仅有的研究进行了解读，结果表明，冥想带来无我状态的过程可以分为三个阶段，并且这三个阶段使用不同的神经策略来平息大脑的默认模式，让我们从自我的禁锢中获得少许解脱。

数　据

戴维·克雷斯韦尔（David Creswell）现就职于美国卡内基–梅隆大学，他也曾以年轻科学家的身份加入心智和生命暑期研修班，并对冥想产生了浓厚的兴趣。在冥想初学者身上发现的是无我状态的早期阶段。为了对早期阶段进行评估，克雷斯韦尔的团队邀请志愿者来参加为期三天的正念强化课程，并观察他们的大脑活动。[6]这些志愿者此前从未接触过冥想，但在正念课程中他们了解到，如果你的思绪迷失在一些以自我为中心的故事情节中（这是默认模式最喜欢的主题），你可以选择不去想它；相反，你可以选择为它命名，或者将注意力转移到你的呼吸上，或者仅仅关注当下。这些选择都是积极的干预，可以平息心猿。

努力让思绪平静下来可以提高背外侧前额皮质区域的活性，这个区域是对控制默认模式起关键作用的神经回路。如前文所述，我们只要有意识地试图平息躁动的思绪，这片区域就会启动。例如，当我们试图不去想那些反复在头脑中出现的令人不安的遭遇而去想一些愉快的事情的时候，这片区域就会启动。

三天的正念练习增强了控制神经回路和默认后扣带回皮质区域之间的连通性。聚焦自我的思绪主要存在于后扣带回皮质区域。这表明冥想初学者通过激活能够平息默认神经回路的神经系统抑制思绪游离。

但是，对更有经验的冥想者来说，放下自我就进入了下一个阶段。在这个阶段里，默认模式的几处关键部位活性降低，即自我机制开始松动，同时，起控制作用的区域间的连通性依然在增强。一个切题的案例：任教于耶鲁大学的贾德森·布鲁尔（Judson Brewer）同时也是心智和生命暑期研修班的讲师，他带领研究人员探究大脑和正念练习之间的关联。他们将经验丰富的冥想者（总冥想时长约有 10 500 个小时）和冥想初学者进行对比。[7]

研究人员鼓励参与者在冥想期间去区分仅仅察觉到一种感受（比如发痒）和体验这种感受（我感到痒）之间的区别，然后不再去想。二者之间的区别是放下自我的关键一步。通过激活元意识，即“最小限度的自我”，可以察觉到痒而不是将它带入我们的故事线，变成“我感到痒”。

如前所述，看电影的时候我们会沉浸在剧情里，但马上就会意识到我们只是在电影院看一场电影，这时我们就走出电影的世界，进入一个包含但超越电影的更大的空间。这样的超然意识让我们可以观测我们的思想、感觉和行为，可以按照我们的喜好来管理它们，并探究它们的动态。

我们的自我意识被融入一个剧情不断发展的个人故事中，这个故事将生活中不同的部分拼凑在一起，形成一条连贯的故事线。这个故事主要属于默认模式区域，但其信息来源范围很广，来自大脑的各个不同区域，虽然这些区域本身与自我意识毫无关联。

冥想初学者的控制回路和默认模式之间的连通性很强，参与布鲁尔研究的经验丰富的冥想者也是如此。除此之外，经验丰富的冥想者默认模式区域的活性更低，特别是当他们进行慈爱冥想时。这也正能证实一句谚语：越发关注别人的福祉就能越少地关注自己。[8]

耐人寻味的是，长期冥想者在进行测试之前的休息过程中，其默认模式神经回路间的连通性和他们在正念练习中所呈现的几乎一样弱。这很有可能是一种特质效应，也是一个好兆头：这些冥想者欲使自己的日常生活也如同冥想课程那样充满正念。以色列的大脑研究人员在研究长期练习正念的冥想者时发现，与非冥想者相比，这些人默认模式神经回路间的连通性同样更弱。参与研究的冥想者与耶鲁大学的相同，总冥想时长达 9 000 个小时。[9]

埃默里大学的一项研究显示，经验丰富的禅宗冥想者（禅宗冥想时长超过三年，总冥想时长未知）与对照组相比，当他们关注自己的呼吸时，脑部扫描显示其大脑默认模式区域的活性更低，这就进一步证明了上文提到的长期冥想者身上出现的变化。大脑默认模式区域的活性越低，他们在保持专注的测试上就能表现得越好，这表明他们可以持续抑制思绪游离。[10] 最后，蒙特利尔大学对禅宗冥想者进行了一项小型研究，研究的结果也颇具启发性。他们发现，与接受过仅一星期禅宗冥想训练的志愿者相比，有经验的冥想者（平均冥想时长达 1 700 个小时）大脑默认模式区域之间的连通性更弱。[11]

有一种理论认为，吸引我们注意力的东西代表了一种寄托，这种感觉越强，我们就越容易沉溺其中。一项实验便证明了这一理论，研究人员告诉参与实验的志愿者和经验丰富的冥想者（总冥想时长达 4 200 个小时），如果他们能识别出矩阵中特定的几何图形，就可以获得现金奖励。[12] 从某种意义上来说，这就能使他们产生一种略微的寄托感。进入下一阶段后，研究人员请他们忽略那些图形，仅仅关注自己的呼吸。这时，与对照组的志愿者相比，经验丰富的冥想者就能更加专注。

基于上述研究结果，理查德的研究团队发现，与同龄人相比，平均冥想时长为 7 500 个小时的冥想者的脑部一块关键区域——伏隔核区的灰质体积更小。[13] 这片区域的关键之处在于，与同龄的对照组进行比较时，它是唯一一处能够显示出两者脑部结构差异的区域。伏隔核区越小，各个协调起来创建自我意识的神经模块之间的连通性就越弱。

这就有些出人意料了：伏隔核区是大脑“奖励”神经回路的重要组成部分，是生活中愉悦感受的来源，但这片区域对“黏滞性”同样重要，即我们情感的寄托和沉溺，简而言之，就是生活中的各种诱惑。伏隔核区的灰质体积减小也许就意味着冥想者对身外之物的寄托减少，尤其是对自我故事的寄托。

那么，这样的改变是不是就意味着冥想者对各种事物漠不关心呢？想想经验极其丰富的冥想者，和来到理查德实验室的人一样，他们大多都倾向于快乐和温暖。在冥想经卷的描述中，长期进行冥想的人获得了持久的同情心和幸福，同时，从不再寄托于身外之物这个角度来说，他们又具有一种“空”。

例如，冥想进行到更高级别时，可以放下寄托，印度教的冥想将这种状态称为“超脱”。从这种意义上来说，这种自行放弃寄托是自发形成的，而不需要通过意志力。发生了这种转变之后，另一种喜悦也随之出现了，而这种喜悦仅仅源自纯粹的感受。[14]

这是不是表明，即便盘踞于伏隔核区的寄托感减弱，依然有一部分神经回路能给我们带来愉悦的感受？我们将在第十二章看到，高级瑜伽修行者的大脑研究表明，这种可能性是存在的。

心智和生命暑期研修班的第二任主席阿瑟·扎伊翁茨（Arthur Zajonc），同时也是一位量子科学家兼哲学家。他曾说过，如果我们能放下紧抓不放的执念，“我们就更能理解自己的感受，也更能设身处地地为他人着想。这种敞开心扉也是一种爱的形式，它让我们更能对他人的不幸感同身受”。

他补充道：“伟大的人似乎具有勇敢面对苦难又不被其击倒的能力。放下就是一种解脱，为个人的行为和慈悲的心肠创造一个道德的轴心。”[15]

空房子里的小偷

古老的冥想指南告诉人们，放下这些想法，就像盘成团的蛇展开身体一样，最初是要费些气力的，但是到后来，出现在脑海的思绪就像一个进入一座空房子的小偷：没什么可偷的，他只好自行离开。

从最初的费力到后来的轻松，这个过程似乎是各种形式的冥想的共同主题，尽管知之者甚少。常识告诉我们，学习任何一项新技能初期都需费力，随着不断练习才能达到熟练的程度。认知神经科学告诉我们，这种由生疏到熟练的过程标志着涉及掌握技能的神经网络的转变：前额叶区域无须启动，而基底神经节将接手工作。这种神经模式标志着大脑已熟练掌握某项技能。

在冥想的早期阶段，刻苦的练习激活了前额叶区域的调节回路。然后，冥想更加熟练，另一种变化也有可能随之而来：默认回路的各个节点间的连通性减弱，并且，由于大脑无须再费力来练习，后扣带回皮质区域的活性也随之降低。处于这一阶段的大脑开始真正安定下来，同时，也更容易摆脱以自我为中心的故事。

耶鲁大学的贾德森·布鲁尔在一项巧妙的研究中发现了这一点。在那项研究中，经验丰富的冥想者实时报告他们的感受，这样研究人员就可以查看与之相关的大脑活动。当这些冥想者后扣带回皮质区域的活性降低时，他们将那时的感受描述为“一种全神贯注的觉知”和“毫不费力的练习”。[16]

在研究人们技能掌握情况（不管是牙科技能还是象棋技巧）的实

验里，区分专业人士和门外汉的黄金标准就是总训练时长。在做一项需专业技能的任务时，开始时总会费力生疏，到后来则轻松娴熟，这一固定模式出现在各类专业人士身上，如游泳运动员和小提琴家。正如我们之前看到的，冥想时间最长的人不必刻意抑制走神就可以毫不费力地保持专注，而那些冥想时间较短的人则需投入更多精力。在初始阶段，初学者身上表明大脑在努力工作的生理标志也在增长。[17]

经验法则：初学者的大脑要费力运转，而专家的大脑精力消耗不多。掌握一项技能后，大脑就切换到“全自动”模式来节省精力，将这项工作从顶尖的脑神经回路移交给新大脑皮质下方的基底神经节。学习走路的时候，我们都经历过由生疏到熟练的转变过程，掌握每项习惯性技能都要经历同样的过程。一开始需要专注和努力的东西我们最终都可以自动、轻松地完成。

我们猜测，在放弃自我参考的第三个也就是最后一个阶段，由于默认模式神经网络（自我意识的归宿）之间的连通性减弱，控制回路起到的作用也逐渐减弱。布鲁尔的团队在研究中发现了此类迹象。

大脑自然而然地不再费力，随之而来的是其与自我意识的关系的改变：自我意识不再那么难以摆脱了。同样的思绪还是会出现在脑海中，但它们变得更加无足轻重，不再那么吸引人，自然也没有什么诱惑力，所以可以轻易将其挥之而去。这个现象一定程度上反映了戴维森实验室中参与研究的高级瑜伽修行者和经典冥想指南的观点。

然而，我们缺乏相关的数据资料，这方面的问题有待进一步研究发现。未来的研究发现也许会出人意料。举例来说，虽然与自我意识的关系发生了改变，但也许我们无法在已知的神经“自我体系”中发现相应的变化，这种变化也许发生在尚未被发现的神经回路中。

放下自我一直是冥想者的主要目标，奇怪的是，研究冥想的科研人员却忽视了这一点。他们也许只关注了更直接的好处，比如放松和健康，这当然也可以理解。因此，无我作为冥想的关键目标却缺乏相关数据，而冥想带来的其他益处（如改善健康）却有大量相关研究，我们将在下一章中讨论。

情感不再黏滞

冥想大师的情感世界似乎不仅包含了许多强烈而丰富的情感，而且这些情感不断变化，从心如刀割到欢天喜地。他可以从一种情感中迅速脱离，然后了无痕迹地转移到另一种情感，这种特质尤其独特，它表明情感丧失了黏滞性。

这种情感的黏滞性似乎反映了情感回路的动态，情感回路包括杏仁核和伏隔核。这两片区域很可能就是传统的冥想经卷中认定的滋生痛苦的温床。这些痛苦源于寄托和反感，即当大脑渴望得到一些看似有益的事物或想要摆脱不开心的想法时。

情感黏滞性的强度范围从完全沉溺其中，无法从痛苦的情绪和上瘾的欲望中摆脱，到可以瞬间摆脱任何特定的影响。生活中不会被任何情感牵绊，这种特质似乎可以产生长远的积极影响，甚至可以产生快乐。

有人问一位冥想大师，他一生中最幸福的时刻是什么，他答道：“我认为就是当下。”

小　结

当不进行任何脑力劳动时，大脑中的默认模式神经网络便开始工作，我们的思绪开始游离，在脑海中回顾那些专注于自己的、不愉快的想法和感觉，同时以“自我”为中心视角来构建个人的经历。当进行正念练习和慈爱冥想时，默认模式神经网络就趋于平静。在冥想的早期阶段，“自我体系”的这种平静需要大脑神经回路来抑制默认模式所在区域，而随着练习的深入，构成默认模式的区域间的连通性和活性逐渐减弱。

自我回路平静下来，这是冥想过程中或冥想之后立马产生的阶段性效果。然而，经过长时间的冥想练习，默认模式自身的活性减弱，阶段性的效果也就成为一种特质。由此促使情感的黏滞性减弱，这意味着就算聚焦于自我的思绪和感觉在脑海中浮现，它们“滞留”的可能也变得小之又小，也无法再牵制过多的注意力。

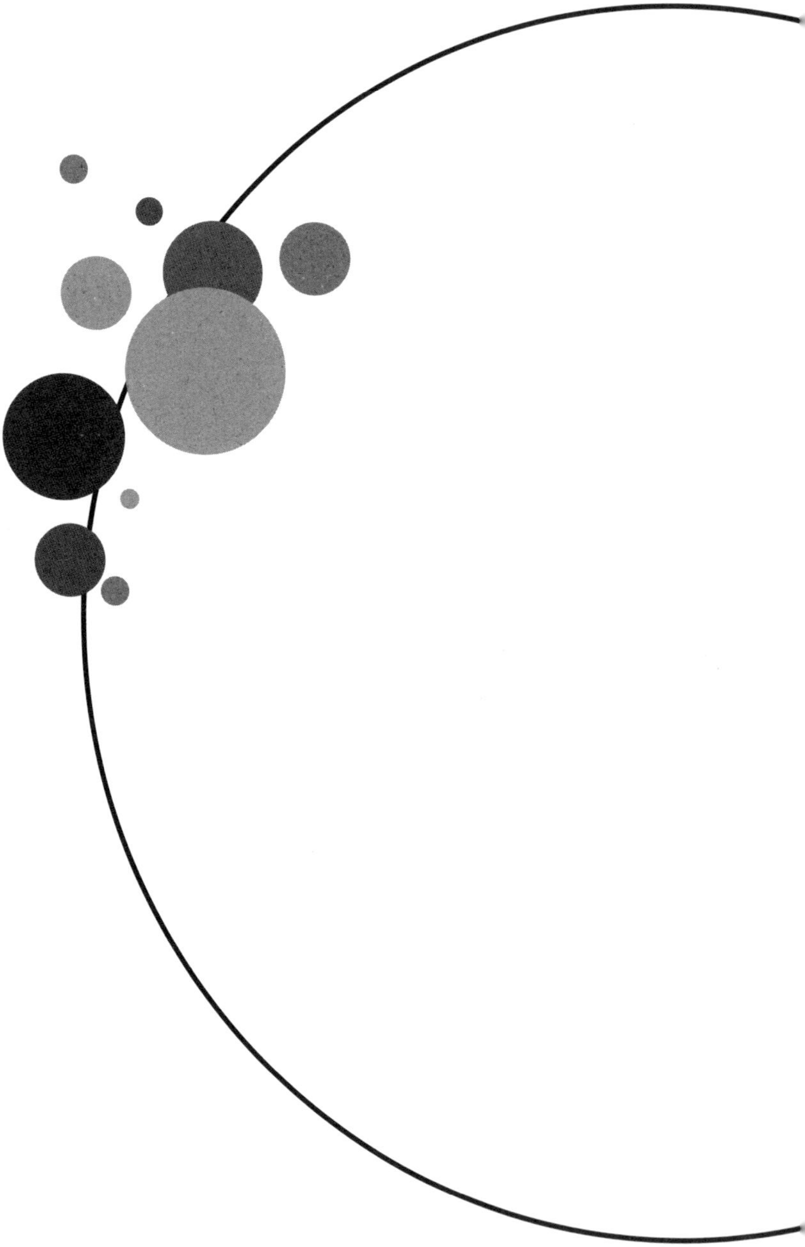

第九章

大脑、身体和基因组

当乔恩·卡巴金第一次在美国伍斯特的马萨诸塞大学医学中心研究正念减压疗法时，他与那里的医生一一进行了交流，进展并不顺利。他请这些医生谈谈他们病人的情况，这些病人有的在长期忍受慢性疾病的折磨，比如无法治愈的疼痛——因为即使是麻醉药也无法起作用，所以这类病症被认为是“医疗失败”，有的患有糖尿病或心脏病等伴随一生的病症。乔恩从未说过他能够治愈这类病。他的目标是提高患者的生活质量。

一开始，许多医生都不太愿意把患者交给乔恩，但也有一些医生愿意将病人送到乔恩从理疗科借来的地下室。乔恩在地下室开设了所谓的“减压与放松门诊”。

乔恩每周都会进行会诊。随着越来越多的病人称赞这种方法让他们更能忍受身患不治之症的生活，这一门诊红火了起来。正念减压疗法是如今发展最快的一种冥想方法，同时也是最具经验证据证明其疗效的方法。世界上的医院和诊所都在提倡正念减压疗法。不仅仅在医疗领域，如今正念减压疗法已无处不在，引领流行于心理治疗、教育甚至商业领域的正念运动。

如今，北美和欧洲许多国家的多数学术医学中心都在教授正念减压疗法，这一疗法提供了一个标准课程，吸引人们进行科学研究。至今已有超过600份有关这一治疗方法的研究报告发布，这些研究揭示了这一治疗方法的许多优点，也提出了一些有益的建议。

比如，药物有时对于治疗慢性疼痛见效较慢。长期服用阿司匹林和其他非处方止痛药都会有许多副作用；类固醇虽能暂时缓解疼痛，但有时也会产生有害副作用；大量使用阿片类药物会使人上瘾。相比上述药物，正念减压疗法能在无副作用的情况下治疗慢性疼痛。在通常情况下，这类正念冥想都是没有副作用的。对身患慢性疾病或有应激相关障碍的患者来说，通过自身努力或医疗手段未必能起到良好的治疗效果，但在跟随为期 8 周的正念减压课程进行冥想训练后，这类患者的生活质量得到了显著的提高。想要保障长期的疗效，关键是要坚持训练。尽管正念减压疗法已有悠久的历史，我们仍欠缺相关信息，因而无从知晓在参加了最初正念减压课程的人们当中，有多少人在课程结束后仍在坚持正规训练。

上了年纪就会不时地感到身体疼痛。衰老过程中最令人担心的一个影响就是因髋关节、膝盖或脊椎疼痛引起的行动不便，进而导致人们失去生活自理能力。在一项精心设计的研究中，老年疼痛患者接受了正念减压疗法的治疗，结果证明此疗法在缓解疼痛和病情方面很有效果。[1] 疗效甚至持续了半年之久。

所有的正念减压疗法研究项目都要求参与者在家进行日常锻炼。患者有一套能自己缓解疼痛的方法，这让他们获得一种自我效能感——一种在一定程度上能掌控自己命运的感觉。这样，虽然不能根除疼痛，但是能帮助患者生活得更好一些。

荷兰研究人员对大量有关正念作为疼痛治疗方法的研究进行了分析。他们认为相对于纯医学治疗来说，交替使用正念疗法确实是个不错的选择。[2] 即使如此，至今未有研究证明冥想能通过消除慢性疼痛的根本病因改善其临床症状，患者疼痛的减轻在于他们的态度转变。

纤维肌痛综合征就是一个很有启发性的例子。它是一个医学谜题：现今的生物学仍无法解释这种慢性疾病所呈现的长期性疼痛、疲劳、肌肉僵硬和失眠等典型症状。采用正念减压疗法唯一的缺点就是对心脏调节功能有所损害（尽管这一点也颇具争议）。一项黄金标准研究采用正念减压疗法治疗患有纤维肌痛综合征的女性，结果发现其心脏功能并未受任何影响。[3]

即便如此，另一项精心设计的研究发现，正念减压疗法能够大大改善患者的心理症状，如缓解压力和许多主观症状。[4] 自身正念减压疗法用得越多，效果就会越好，但患者的身体机能或处于高水平的应激激素——皮质醇仍毫无变化。正念减压疗法使患者对待病情的态度有所改善，但没有消除造成疼痛的根本病因。

因此，患有慢性疼痛或纤维肌痛综合征等病症的人就应该尝试正念减压疗法吗？这取决于你问的是谁。

医学研究人员在无数次寻求确切答案的过程中得出了一种标准，而患者却有另一种标准。因为医生可能想看到展现医学进步的硬性数据，而患者只想让自己感觉好点儿，尤其是在无法缓解疼痛的时候。在患者看来，正念为他们提供了一条解脱之道——即使医学研究表明正念在消除疼痛根本病因方面仍缺乏证据。

在经过为期 8 周的正念减压疗法课程后，即使患者感觉疼痛有所缓解，但之后很多患者都终止了这一课程。这也许就是为什么有几项研究发现，患者接受治疗的当下效果明显，而在之后的 6 个月里成效甚微。所以，正如乔恩所说，远离疼痛的关键在于每天坚持练习正念减压疗法。

皮肤发出的信号

皮肤为我们提供了一个神奇的窗口，告诉我们压力如何影响我们的健康。皮肤作为与身体外界物质有着直接接触的屏障组织（胃肠道和肺也一样），是身体抵抗细菌入侵的第一道防线。炎症是一种生物预防手段，它能够防止健康组织被感染和细菌扩散。红肿、发炎的斑块就说明皮肤已经感染病原体。

大脑和身体的炎症程度严重影响阿尔茨海默病、哮喘或糖尿病等疾病。虽然压力通常是精神上的，但会使炎症恶化。炎症显然是一种古老的危险警告生理反应的一部分，这种反应能够整合身体康复的资源。（这种生理反应的另一个信号就是当你得了流感时，你就很想休息。）在史前时代，引起这种古老反应的威胁因素是物质上的，比如能够吞噬我们的猛兽；在现代，引起这种反应的因素则是精神上的——一位脾气暴躁的生活伴侣、一条语气刻薄的推文。但是，身体反应是一样的，其中包括情绪低落。

人类皮肤有着数不清的神经末梢（大约每平方英寸[①]有 500 个），大脑可以通过每一个神经末梢发出炎症的信号，炎症要么是所谓

① 1 平方英寸 = 6.451 6 平方厘米。——编者注

“神经性的”，要么是由大脑引起的。长期以来，皮肤科专家观察到生活压力能够导致炎症性疾病的神经性发作，如牛皮癣和湿疹。这使得皮肤成为一个具有吸引力的研究方向，促使人们研究情绪如何影响我们的健康。

结果发现，神经通路对辣椒素（一种使辣椒“产生灼热感”的化合物）表现敏感，并使大脑发出皮肤发炎的信号。理查德的实验室利用这一新奇的事实精心控制炎症斑块来观察压力如何加重或冥想如何抑制这种反应。同时，理查德实验室的另一位科学家梅利莎·罗森克兰茨（Melissa Rosenkranz）设计了一种巧妙的方法来分析引发炎症的化学物——在炎症区域（无痛）创造出充有液体的人工水疱。

水疱产生于由梅利莎建立的一个奇特装置，这一装置使用真空系统在 45 分钟内培育出一小块区域的头皮层。这一方法在缓慢进行的情况下是无痛的，参与者几乎没有感觉。然后，梅利莎抽取液体来测量促炎性细胞因子的水平，促炎性细胞因子是直接导致斑块产生的一类蛋白质。

理查德的实验室比较了两组患者：一组接受正念减压疗法；另一组进行健康促进计划（主动控制治疗），因为另一组经历了特里尔社会应激测试——不如人意的工作面试之后是一场高难度的数学计算，所以肯定会引起应激反应的混乱。[5] 更具体地来说，大脑的威胁雷达（即扁桃体）接收到了下丘脑–垂体–肾上腺轴的信号，释放出了肾上腺素这一产生战逃反应的大脑化学物质，以及反过来增加身体能量支出以应对压力源的应激激素皮质醇。

此外，为了使身体抵御伤口中的细菌，促炎性细胞因子使血液加快流向受伤区域，以提供吞噬异物的免疫产物。随即引发的炎症转而通过激活神经回路向大脑释放信号，神经回路包括脑岛及其在脑中的广泛联系。脑岛发出的信息触发的区域之一就是前扣带皮质（ACC），它调节炎症，连接我们的思想和感觉，控制心率等自主活动。理查德的研究小组发现，当前扣带皮质对过敏原起反应时，哮喘患者 24 小时后会出现更严重的症状。[6]

让我们回到炎症研究这一问题上。两组有关疼痛的主观报告没有什么不同，引起炎症反应的细胞因子水平和皮质醇（导致糖尿病、动脉硬化和哮喘会因慢性应激而恶化的激素前体）水平也无差别。

正念减压疗法研究小组在一次完美的测试中获得更加理想的结果：压力测试后参与者的炎症斑块缩小了，皮肤也更有弹性，愈合也更快了。这种差异持续了 4 个多月。

虽然正念减压疗法的主观益处和在生理上的一些益处看起来并不特别，但在治疗炎症上的效果确实很独特。与参加健康促进计划相比，每天在家练习 35 分钟左右的正念减压疗法可以更为有效地减少促炎性细胞因子，促炎性细胞因子是诱发红斑的一类蛋白质。有趣的是，这一结果使得乔恩·卡巴金和一些皮肤专家的一项早期发现更具说服力，这项发现称正念减压疗法可以帮助加快银屑病的痊愈，银屑病是炎症细胞因子恶化的结果（但约 30 年来，皮肤病研究人员尚未重新进行有关银屑病的研究）。[7]

为了更清楚地了解冥想练习如何治愈此类炎症，理查德的实验室在冥想者（冥想时长约达 9 000 个小时）身上重复进行压力研究，这些冥想者在内观禅修法领域经验丰富。[8] 结果表明：比起对照组的初学者（见第五章），这些冥想者面对令人害怕的特里尔社会应激测试显得更加轻松，而且之后炎症斑块也更小了。更重要的是，他们的应激激素皮质醇水平比对照组低了 13%，这一实质性的区别具有临床意义。据了解，这些冥想者的身心健康都有所改善。

重要的是，这些经验丰富的禅修者在进行研究时并没有冥想——这就是人格效应。正念练习似乎在一天天地缓解炎症。不仅仅在冥想期间，在正念练习和慈爱冥想的 4 周（总共大概 30 个小时）内，冥想的好处仍然可见。[9] 那些刚刚接受正念减压疗法的患者皮质醇水平下降的速度比较缓慢。随着练习的深入，应激激素皮质醇似乎从某一刻开始急剧下降。看起来冥想者所言在生物学上也有所证实：生活中的烦恼更易解决了。

持续的高压和忧郁会加速我们细胞的老化。不断的分心走神也会如此，这是由于多虑的负面影响，我们的心思一直围着人际关系问题转，但从未真正解决问题。

戴维·克雷斯韦尔（他所做的研究已经在第七章中提及）招募失业后的求职者（一个高压群体），让他们进行为期三天的正念强化训练或者进行一个类似的放松计划。[10] 训练前后的血液样品表明冥想者关键性的促炎性细胞因子有所减少，这里的冥想者不是那些进行放松计划的人。

功能性磁共振成像扫描显示前额区域和产生内部沟通流的默认区域之间的连通性越强，细胞因子减少得越多。在消极的自我谈话中充斥着绝望和沮丧——这在失业群体中是可以理解的，而阻止这种情况可能也会减少细胞因子。我们如何看待消极的自我谈话直接影响我们的健康。

高血压？放轻松

今天你醒来时，是在吸气还是在呼气呢？

这个难题是已故缅甸僧人、冥想大师班迪达禅师（Saydaw U Pandita）向一位禅修者提出来的。班迪达禅师曾因教授最为正统的正念而闻名于世。

这位禅师是缅甸禅修大师马哈希禅师的直系传人，同时也是昂山素季的精神导师，昂山素季在成为缅甸政府领导人之前曾遭到多年软禁。班迪达禅师不定期西行弘法，对不少著名内观禅师授予真传。

受到班迪达禅师的指点，丹尼尔曾在闲暇时参加了一个位于亚利桑那州高地沙漠区的少儿研修班。在这个临时租赁之地，丹尼尔度过了几周的时光。正如后来他在《纽约时报》上刊登的文章中写到的："每天的任务就是高度关注自己的呼吸，注意每次吸气和呼气的细微差别：速度、轻重程度和温度。"[11] 丹尼尔领悟到的要旨是：清除杂念，放松身体。

丹尼尔在亚洲度过了他的研究生生涯，从亚洲回来后的几十年里，他一直试图将这个静修之地加入年度行程里：他期望的不只是冥想上的进步。距上次在印度长待已有 15 年左右的时间，丹尼尔的血压升高了不少，他希望在这个静修之地能降低血压，至少能在短时间内起作用。看到丹尼尔的血压值超过了 140/90 这一高血压的临界值，他的医生感到很棘手。在丹尼尔静修回来后，医生很高兴地发现他的血压降低了很多。

“冥想能够降低血压”这一概念主要源于赫伯特·本森博士（Dr. Herbert Benson），他是哈佛医学院的心脏病学家。我们在哈佛大学上学的时候，本森博士刚刚发表了他的第一项研究成果，主题是冥想可能帮助降低血压。

正如我们所知，赫伯特是丹尼尔的论文答辩会委员之一，也是哈佛大学为数不多的对冥想研究表示支持的教员之一。之后在冥想和血压方面的研究也证明他是对的。

比如，进行一项精心设计的研究，对象是一批非洲裔美国人，他们极易患上高血压、心脏病和肾脏病。一组饱受肾脏病折磨的患者仅仅进行了 14 分钟的冥想练习，他们的新陈代谢模式就变慢了。若新陈代谢模式保持多年不变，则会引发此类疾病。[12]

当然，下一步就是让另一组非洲裔美国人尝试正念（或一些其他的冥想方法），但不同的是，这组患者的病情还未完全恶化。将这组患者与对照组进行比较，对照组的患者进行健康促进计划这样的练习。然后，对他们进行几年的追踪观察，看看冥想是否减轻了病情（我们希望其可以减轻病情——但是进行这一研究就是为了证明所想是否正确）。

另外，当我们看到一组更大型的研究时，得到的信息很混乱。对 11 项临床研究进行元分析，在这 11 项研究中，将患有心脏衰竭和缺铁性心脏病的患者随机安排到冥想训练组或对照组中，结果用研究人员的话来说是“令人激动的”，但这并不准确。[13] 一般来说，元分析需要进行更大型、更严谨的研究。

研究虽然越来越多，但是我们所需要的设计完善的研究很匮乏。大多数研究随机控制候选名单，这固然不错，但是通常缺乏阳性对照组，如果有阳性对照组那就最好了。只有在主动控制下，我们才知道益处产生于冥想本身，而不是因为有一个厉害的指导者和支持团队。

基因组

一位评论家直言不讳地告诉理查德，认为仅仅一天时间的冥想练习就能看到基因表达上的改变“太天真了”。在此之前，理查德刚刚收到来自美国国家卫生研究院同样的负面意见，他提出进行详细研究的建议遭到了研究院的拒绝。

先了解一些背景知识。基因科学家在绘制了完整的人类基因组后，意识到仅仅知道我们有没有特定基因是不够的。真正的问题是：这类基因表达实现了吗？生产的蛋白质是所需要的吗？生产多少呢？基因集上的“控制体积”在哪儿？

这意味着还有另外的重要一步：找出是什么控制着我们的基因。假设我们遗传了一种基因，这种基因使得我们容易患像糖尿病这样的疾病，那么打个比方，如果我们终生都在锻炼身体，而且不吃糖类食物的话，我们可能不会得糖尿病之类的疾病。

糖类引发糖尿病肆虐的基因，锻炼使之终结。在众多控制基因是否表达自身的影响因素中，糖类和锻炼是“表观遗传”的影响因素。表观遗传学已成为基因组学研究的前沿领域。理查德认为冥想可能有表观遗传的影响，“下调”引发炎症的基因。正如我们所看到的，冥想似乎做到了这一点——但这种效果的基因机制仍是一个未知领域。

理查德并未受到怀疑派的影响，他的实验室继续探索研究，让一群内观禅修法的长期练习者（人均累计约 6 000 个小时）进行一天的冥想训练，然后对关键基因表达在一天前后的变化进行分析研究。[14] 在这一整天中，他们按照固定安排练习 8 个小时，并收听约瑟夫·戈尔茨坦一些鼓舞人心的讲话和指导练习的录音。

经过一天的练习，冥想者身上引发炎症的基因有了明显的“下调”——这在以前进行纯粹精神练习后是从未发生过的。如果这种下调能够持续终生的话，也许能够帮助对抗慢性轻度炎症引发的疾病。我们早就说过，这些疾病包括从心血管疾病、关节炎、糖尿病到癌症等世界上许多重大的健康问题。

记住，这种表观遗传的影响是一个“天真的”想法，与当时流行的基因科学知识背道而驰。不管与之相反的设想，理查德的团队表示精神训练（冥想）能够推动提高基因水平。有关大脑如何能够帮助控制身体的机理，基因科学必须改变自己的看法。

其他一些研究也发现冥想似乎有着有益的表观遗传影响。比如，孤独刺激了促炎性基因水平的升高；正念减压疗法不仅能降低这些基因的水平，而且能减轻孤独感。[15] 虽然只是初步研究，但利用其他两种冥想方法也发现了一种表观遗传刺激。一种方法就是赫伯特·本森的放松反应，一个人默默重复自己选的词，比如“和平”，就像它是一个祷词一样。[16] 另一种方法就是瑜伽打坐，冥想者背诵一个梵语祷词，开始时大声念出来，然后小声念，最后用一种简单的深呼吸放松法默默结束。[17]

其他令人欣喜的暗示也表明冥想能促进表观遗传的研究。端粒是DNA末端的“帽子”，它决定细胞的寿命。端粒越长，细胞的寿命就越长。

端粒酶是一种酶，它能够减缓与年龄有关的端粒的缩短。对4个随机控制的研究进行元分析，研究中包括190名冥想者，结果发现正念训练与端粒酶活性增强有关。[18]

克利福德·萨龙的一项研究也发现一些类似的结果：经过三个月的正念和冥想强化练习，端粒酶活性增强了。[19] 获得的直接经验越多，注意力集中环节中思想分散得越少，端粒酶受益越多。一项令人振奋的试点研究发现，端粒较长的女性进行规律性慈爱冥想练习的时长是人均4年。[20]

帕奇卡玛排毒疗法（panchakarma，梵文“五疗法”）融合了草药、按摩、改变饮食，以及瑜伽和冥想。这一方法源于阿育吠陀医学——一种古老的印度康复体系，并且已经在美国的高档疗养胜地得到推广（如果你感兴趣的话，也可以在印度许多低价位的疗养中心看到）。

将两个不同的组进行比较，一组进行为期 6 天的帕奇卡玛排毒疗法治疗，另一组刚从同一度假胜地归来，结果显示一系列复杂的新陈代谢模式有了明显的改善，这些模式反映了表观遗传变化和实际蛋白质表达。[21] 这意味着基因正由有益的方式得以引导。

我们的问题是：虽然帕奇卡玛排毒疗法确实颇有疗效，但众多疗法的混杂让我们无法弄清楚它们中有多少是“活性剂”。这次研究共使用了 5 种不同的干预措施，这样的混杂物（从技术上来说应该是混淆物）让我们无法搞明白是否冥想就是活性剂，或者是药物里的一些药草、素食或其他在混杂物中起效果的东西。确有效果——但未知原因。

基因水平改善和证明冥想有医学疗效之间还有所偏差。这些研究也都未能有所突破。

此外，还有一个问题就是什么样的冥想有这种心理效果。塔尼亚·辛格所在的团队对将注意力集中在呼吸上与慈爱冥想和正念训练进行了比较，看看它们是如何影响心率的，以及冥想者采取这些方法各需要付出多少努力。[22] 呼吸静心是最轻松的训练；慈爱冥想和正念训练都会加速心跳，也就意味着需要付出更多努力。理查德的实验室让资深冥想者（冥想时长已经达到大约 3 万个小时）进行慈悲静坐，发现他们的心率也加快了。[23]

然而，心跳加速似乎是这些起积极效果的冥想方法的一个缺点（状态效果）。当谈到我们的呼吸时，人格效应会走向另一个方向。科学界早已知道患有焦虑和慢性病等疾病的人呼吸会更急促，比起常人也更不规律。而且如果呼吸急促的话，当面对压力时，更有可能引发战逃反应。

但是，想想理查德的实验室在长期训练的冥想者（冥想时长人均 9 000 个小时）身上看到了什么。[24] 与一个同龄、性别相同但没有进行冥想训练的人相比，冥想者的呼吸更慢，平均慢了每分钟 1.6 次。这仅仅是他们坐着不动等待认知测试开始时的数据。

一天的时间里，非冥想者的呼吸次数多了 2 000 次，一年下来就是多了 80 万次。这些额外的呼吸会造成心理上的负担，长此以往会影响健康。

随着练习的进行，呼吸渐渐变得缓慢了，身体也相应地调整了呼吸频率的生理设定值。这是好事。长期的呼吸急促意味着焦虑的存在，慢呼吸代表自主活动减少、好心情和良好的健康状况。

冥想者的大脑

你可能听过一个好消息，冥想强化大脑关键部位。第一篇有关这一神经好处的科学报道是萨拉·拉萨尔（Sara Lazar）在 2005 年发表的，她是心智和生命暑期研修班的第一届结业生，也是哈佛医学院的一名研究人员。[25]

她的团队报道称，与非冥想者相比，冥想者大脑重要区域的皮质更厚，这些区域负责感知自身体内和注意力，尤其是前脑岛和前额皮质区域。

许多人跟随萨拉的脚步进行了研究，许多（但不是全部）报道称冥想者大脑的关键部位有所增大。几年后（因为要完成这项研究的改进、执行、分析和报道需要很长时间，几年时间已经算是很短了），已有足够的冥想者的脑成像研究来证明元分析结果的对错，结合 21 项研究来看看哪些成果成立，哪些成果不成立。[26]

结果显示，冥想者大脑的某些区域似乎有所扩大，主要包括以下几个区域。

- 脑岛，它通过提高我们对内部信号的关注促使我们和身体内部的状态相协调，强化情感自我意识。
- 躯体运动区，它是主要皮质枢纽，负责感知触摸和疼痛，可能对增强身体意识有益。
- 前额皮质中负责集中注意力和元意识的部分，大部分冥想练习中都会培养这些能力。
- 在自我调节中起作用的扣带回皮质区，自我调节是另一项在冥想中训练的技巧。
- 眶额皮质，它也是自我调节神经回路的一部分。

加州大学洛杉矶分校的一项研究公布了一个关于老年冥想者的重大消息，这项研究发现，随着年龄的增长，冥想减缓了大脑的正常萎缩：50岁的长期冥想者的大脑比同龄非冥想者的要年轻7.5岁。[27]意外的收获是：50岁以上的冥想者的大脑每一年都比同龄人要年轻52天。

研究人员总结，冥想通过减缓萎缩帮助大脑保持年轻态。虽然我们怀疑脑萎缩会不会彻底停止，但我们有理由相信冥想能够减缓脑萎缩。

但截至目前仍缺乏证据。有关冥想和大脑衰老的发现是加州大学洛杉矶分校对早期进行的一项研究的重新分析，这所学校招募了50名冥想者和50名同龄且性别相同的非冥想者进行研究。研究小组对他们的大脑进行了仔细的扫描，发现冥想者大脑皮质的皱褶（大脑新皮质前端的沟槽）更多，因此大脑发育更多。[28]冥想者训练时间越长，皱褶就越多。

但正如研究人员自己提到的那样，这些发现引发了许多问题。50名志愿者进行的各种冥想训练方法都是特定的，从内观禅修法、禅宗到克里亚瑜伽、昆达里尼静心。某一特定心理技能在冥想者心中的地位大相径庭，就像打开心扉让任何事物都能进入大脑与专注于做一件事不同，控制呼吸法与自由呼吸法也不同。每位冥想者都进行了上千个小时的练习，这可能会有特别的效果，包括在神经可塑性方面。所以，我们不知道在这项研究中哪种方法带来了哪种改变——难道每种冥想方法都造成了皱褶的增多，或者只是起了一点微弱的作用？

将不同的冥想方法融合，就像它们本身完全一样似的（因此对大脑有着相似的影响），也适用于元分析。因为所包含的研究也是多种冥想类型的混合，所以就陷入一种窘境，即只有很少的脑成像（大脑的一次性图像）是“横断面的”。

研究发现的不同可能要归因于教育或锻炼等因素。这些因素对大脑都有一定的缓冲作用。然后就是自我选择：这些研究所报道的大脑发生变化的人可能选择继续进行冥想训练，其他人则选择放弃——也许在一开始就有一个更大的脑岛使你更喜欢冥想。这些潜在因素都与冥想无关。

公平地说，研究人员自己也指出了他们研究中的这些缺陷，但我们在此强调他们是为了突出一些方法，试验性的科学发现是复杂的、难以理解的，这些方法得出一个简化版的“冥想塑造大脑”信息传达给普通大众。俗话说，魔鬼总是藏在细节中。

因此，基于尝试训练前后所发现的不同，我们就三项研究中令人惊喜的成果观察少量的冥想练习是如何看似增大了部分大脑的体积的。[29] 增加适当脑区的厚度和其他方面的类似结果也能在其他精神练习法（如记忆法和神经可塑性）中看到，这意味着冥想完全是有可能实现这一结果的。

但所有这些研究都存在一个大问题：研究对象数量非常少，并不足以得出确切的结论。另外，基于约 30 万体素（体素是体积单位，本质上就是一个三维像素，即每一立方毫米神经分布的体积）

的数据分析，以前的大脑测试方法都相对温和，因此我们需要更多的参与者。

在 30 万次的分析中，偶然出现偏差的占很小一部分，但这些随机出现的偏差从数据上来说是“重要的”。随着脑成像数量的增加，这一问题就减少了。现在来看，从这些研究中无法得知有关大脑发育的发现是真实的还是所用方法产生的一种假象。另一个问题就是：研究者倾向于发表好的发现，而忽略他们未有任何发现的研究。[30]

最后，因为很多研究都对大脑进行了测量，所以脑部测量已变得日益精确和复杂。如果脑部测量采用更新、更严格的标准的话，我们不知道能否得出相同的结果。我们预感到更好的研究将揭示冥想者大脑结构的积极变化，但现在这么说还为时过早。我们拭目以待。

对冥想和大脑研究的再次纠正：理查德的实验室试图通过观察长期冥想者重现萨拉·拉萨尔有关皮质增厚的发现。对象是有正式职业和至少有 5 年冥想练习经历的西方人（他们的人均冥想练习时长为累计 9 000 个小时）。[31] 萨拉所称的皮质增厚并没有出现，也没有出现进行正念减压疗法时所报道的几项发现。

在这一点上，疑问多于答案。有些答案可能来自我们写这篇文章时正在分析的数据，来自马克斯–普朗克研究所的塔尼亚·辛格团队。在那里，他们就三种不同类型的冥想练习（见第六章）在皮质厚度方面产生的变化进行了认真系统的研究——一项设计严谨的大型研究，大部分参与者都进行了超过 9 个月的冥想练习。

这项研究的一个早期发现是：不同类型的训练对大脑不同部位

的影响不同。比如，我们发现一种强调认知共情和理解生活态度的方法能增加脑后皮质特定区域（颞顶交界）的皮质厚度。颞顶交界位于大脑颞叶和顶叶之间的接合处，从另一角度来看，塔尼亚团队之前所做的研究也发现冥想者的这块区域特别活跃。[32]

大脑变化仅在这种方法下有所发现。这类发现强调冥想研究人员区分不同类型练习方法的重要性，尤其是指出大脑中相关变化的时候。

神经神话学

当我们关注神经神话学和有关冥想的东西时，让我们回头看看理查德自己做的研究。[33] 在写这篇文章之前，理查德实验室最有名的研究成果已被引用 2 729 次，对一篇学术论文来说实为惊人。丹尼尔是第一批报道这一研究的人之一，在他的书中提到有关 2000 年以“破坏性情绪”为主题的会议，理查德在会上介绍了这项工作。[34]

这项研究在学术界外流传甚广，在大型社交媒体之间也产生了巨大的反响。那些将正念疗法引入公司的人总会提及其好处，证明这种方法将帮助公司员工。

然而，在科学家看来，尤其在理查德本人看来这项研究造成了很大的问题。我们谈论的是当初理查德请乔恩·卡巴金向志愿者教授正念减压疗法的那段时间，这些志愿者都来自一家新兴生物科技企业，压力很大，事实上他们每周 7 天全勤，每天 24 小时都在连轴转。

首先，说说研究背景。过去几年来，理查德一直在搜集有关人们休息时前额皮质区左右两边活性比的数据。右边区域的活动与消极情绪（比如抑郁和焦虑）关系更近，左边区域的活动与高昂的情绪（比如活力和激情）关系更近。

这个比率似乎预示着一个人日常的情绪变化范围。对一般人来说，这个比率似乎符合钟形曲线，我们很多人都处在曲线的中间部分——我们有喜有忧。一小部分人处在曲线的两个极端：如果偏向曲线的左边，他们会从消极情绪转向积极情绪；如果偏向曲线的右边，他们可能就面临临床焦虑或抑郁困扰。

这项在新兴生物科技企业进行的研究表明，经过冥想练习，员工的脑部功能发生了显著的改变——曲线从向右倾斜转变为向左倾斜，而且是向更轻松的状态转换。然而，在对照组的员工身上并没有发现什么变化，这些员工是被列入等候者名单的，他们将在之后接受冥想练习。

但有一个重要问题。这项研究从未重复进行过，只是作为试点实验而已。比如，我们不知道像健康促进计划这样的积极控制方法会不会带来同样的效果。

虽然这项研究未经重复进行，但其他研究似乎支持其在大脑功能曲线和状态转变方面的发现。德国一项针对反复发作的重度抑郁症患者进行的研究发现，这些患者的大脑功能曲线严重偏向右边——这可能意味着神经紊乱。[35] 同样一批德国研究人员还发现偏向右边的趋势会转回左边，但这只发生在他们练习正念时，而不是在正常休息的时候。[36]

问题是：理查德的实验室还未能证明向左活跃的趋势会随着冥想练习的进行越来越强烈。当开始在冥想大师——瑜伽修行者（更多见第十二章）身上进行实验时，理查德遇到了意外的困难。这些经验丰富的人进行了无数次冥想练习，却未能如预期般出现向左高度倾斜的迹象——尽管有些是理查德所知道的最乐观向上的人。

这打击了理查德继续下去的信心，他因此终止了研究。理查德不清楚为什么在瑜伽修行者身上没有出现预期的向左/右倾斜的情况。有一种可能：这种向左倾斜可能发生在冥想练习的开始阶段，但除了小范围的变化外，左/右比率变化并不明显。它可能反映出暂时的压力和基本的人格特征，但与幸福的持久品质并无关联，和在经验丰富的冥想者身上发现的大脑中更复杂的变化也没关系。

我们现在想的是在冥想的后期阶段，随着其他方法机制的加入，改变的将是你看待情绪的态度，而不是积极情绪与消极情绪的比率。伴随着高水平的冥想练习，情绪似乎丧失了将我们带入它们的情景剧中的力量。

另一种可能是：冥想的不同分支效果不同，所以，从练习正念的初学者到长期内观修行者，再到理查德实验室里进行实验的瑜伽修行者，可能不存在一条清晰的发展线路。

由谁来教授正念至关重要。正如乔恩自己所说，正念减压疗法的教授者在专业技能方面差别很大，他们付出时间各异，个人水平不同。这家生物科技企业很幸运，乔恩亲自担任他们的老师——在教授正念减压疗法技能上，他具有独特的天赋，潜在地改变了学生的体验。他的方法也许可以解释大脑功能曲线的不对称性。如果其他人随机选择教员，我们不知道效果如何。

最重要的事

让我们回到丹尼尔和他参加的希望有助于降低血压的冥想静修。虽然他的血压在之后迅速下降了不少，但我们无法得知这一效果是因为冥想本身还是更多地因为“假期效应”——当我们放下日常压力，离开一段时间，我们都会感到很放松。[37]

几周之内，他的血压再次升高，直到一位高明的医生猜测他可能患有一种罕见的导致高血压的遗传性肾上腺疾病。一种调理代谢失调的药物降低了他的血压，而冥想并没有。

说到冥想能否促进健康，我们的疑问很简单：什么是真的？什么是假的？什么还未知？在对数百项有关冥想促进健康的研究进行调查时，我们采用了严格的筛选标准。冥想研究已经泛滥，许多研究冥想对健康影响的方法都没有完全清除最明显的障碍。这让我们感到惊讶，纵然热情空前高涨，我们几乎无法确切地声称冥想是促进健康的一种方式。

我们发现，较合理的研究侧重于减轻我们心理上的痛苦而不是治愈医学上的症状或者寻找潜在的生理学机制。所以，说到提高慢性疾病患者的生活质量，冥想完全可以做到。医学上常常忽视这种保守疗法，但这对病人来说意义重大。

冥想可能缓解生理上的疼痛吗？想象一位冥想大师，他现在80岁，每天晚上7点睡觉，一夜好眠，凌晨3点半左右起床进行4个小时的精神练习，其中包括冥想。在他睡觉前加1个小时的练习的话，这样他一天就有5个小时的冥想时间了。

但上下楼梯对患有关节炎的他来说是一项考验——这对90岁左右的人来说很正常。当我们问他冥想是否有助于缓解疼痛时，他否认了："如果冥想对一切健康问题都有效的话，那我就不必饱受关节疼痛之苦了。"

除了缓解疼痛，我们并不确定冥想是否还有其他作用——如果有，那么又是在哪些医疗状况下呢？

理查德曾计划研究经过一天冥想后基因所发生的变化，但遭到断然拒绝。几年后，他却戏剧性地应邀在美国国立卫生研究院发表著名的斯特劳斯演讲，这一年一度的演讲是为了纪念美国国家补充和综合健康中心的创立者。[38]

理查德的演讲主题是"训练思想，改变大脑"，这一主题至少在美国国立卫生研究院的许多持怀疑态度的人中是备受争议的，但到了他演讲的那天，健康中心庄严的礼堂里座无虚席，许多科学家在他们的办公室里看直播——这也许预示着冥想作为一个正经的研究课题，其地位正发生转变。

理查德的演讲集中于这一领域的研究发现，主要是他实验室的研究成果，大部分在本书中已经介绍过了。理查德阐述了冥想带来的神经、生理和行为上的变化，以及这些变化如何帮助保持健康——比如，更好地调节情绪和提升注意力。正如我们在这里所尝试做的，理查德在谨慎的批判和坚信冥想确实有效之间小心斟酌："冥想大有益处，值得深入研究调查。"

最后，尽管他演讲的腔调古板，学究气十足，但现场观众纷纷起立，对其报以热烈的掌声。

小　结

这里研究的众多冥想形式中，没有一种冥想的初衷是治疗任何疾病。然而，当今的科研论文中都充斥着一些评定这些古老练习法是否对治疗疾病有所帮助的研究。正念减压疗法和类似的方法都能减轻患者的主观感受，但不能治愈疾病。正念训练（即使只有短短三天时间）依然能够在短时间内减少炎症分子——促炎性细胞因子。练习越多，促炎性细胞因子水平就越低。这似乎成为一种具有广泛实践的人格效应，成像研究发现，随着大脑自身系统中的自我调节回路和各部分的联系增强，冥想者体内促炎性细胞因子的水平也较低。

经验丰富的冥想者进行了一天的正念强化训练，结果他们的炎症相关基因降低了。经过三个月的正念和慈爱冥想强化训练后，减缓细胞衰老的端粒酶有所增加。最后，对于产生如此效果是因为进行了像正念减压疗法这样的短期练习还是只有在长期练习下效果才明显，当前我们仍缺乏证据，但长期冥想可能有助于大脑结构的变化。令人惊讶的是，经验丰富的冥想者大脑某些区域的体积有所缩小，这些区域和欲望、依恋有关。总之，从科学角度来说，暗示支持重塑人格的神经回路改造似乎是可行的，尽管具体细节还有待我们进一步研究。

第十章

冥想心理疗法

认知疗法的创始人阿龙·贝克博士提出一个问题："什么是正念疗法？"

20世纪80年代中期，贝克博士向丹尼尔的妻子塔拉·本内特–戈尔曼（Tara Bennett-Goleman）提出这一问题。当时贝克博士居住在宾夕法尼亚州的阿德摩尔小镇，因为贝克博士的妻子贾奇·朱迪丝·贝克（Judge Judith Beck）即将接受手术，塔拉应贝克博士的邀请至其家中。贝克博士有种预感，冥想可能会更好地帮助他的妻子做好心理甚至生理准备。

塔拉现场指导贝克夫妇进行冥想。贝克夫妇依照塔拉的指导静坐，并将注意力集中于自己呼吸时的感觉，然后在客厅尝试行走冥想。

这次指导预示着行走冥想自此成为正念认知疗法（MBCT）中的一种强有力的运动。塔拉的《情感魔力：大脑如何治愈心灵》（*Emotional Alchemy: How the Mind Can Heal the Heart*）是第一本将正念和认知疗法结合的著作。[1]

多年来塔拉一直潜心学习内观禅修，和已故的缅甸冥想大师班迪达禅师一起进行过长达数月的集中静修，于不久前刚结束。塔拉对心灵的深入探究使她领悟颇多，包括从正念的视角领悟思想的敏捷度。这一领悟恰恰与"不以自我为中心"认知疗法的原则吻合，即关注思想和情绪，但不必过于认同它们，据此我们可以重新审视自身遭受的苦难。

贝克博士从自己的一个学生杰弗里·杨博士（Dr. Jeffrey Young）那里得知塔拉，当时杰弗里正在纽约建立第一个认知治疗中心，而塔拉刚刚获得心理咨询硕士学位，和杰弗里一起在中心接受培训。两人共同治疗一位患有恐慌症的年轻女性。

杨博士采用认知疗法帮她尽量摆脱灾难性想法（比如“我不能呼吸了”“我快要死了”等）并克服这些恐惧。塔拉将正念运用到治疗过程中，这种独特的心理疗法与杨博士的疗法互补。学会关注呼吸时的感觉，即做到平心静气、头脑清晰、不慌不忙，这一做法帮助病人克服了恐慌症。

牛津大学的心理学家约翰·蒂斯代尔（John Teasdale）与津德尔·西格尔（Zindel Siegel）、马克·威廉姆斯（Mark Williams）组成一个研究合作组，他们各自独立工作，但正在合作完成一部关于正念疗法的著作——《抑郁症的正念认知疗法》（*Mindful-Based Cognitive Therapy for Depression*），这是又一部集大成之作。[2] 蒂斯代尔组的研究已经表明，对重度抑郁症患者而言，药物或者电击治疗是毫无帮助的，正念认知疗法可将复发率降低一半，就这方面而言，它的疗效好过任何其他冥想疗法。

如此巨大的发现引发了学术界对于正念认知疗法的研究热潮。然而，就像大多数冥想和心理疗法的研究一样，其中很多研究（包括蒂斯代尔最初的研究）未达到临床疗效研究的黄金标准。在临床疗效研究中，实验人员设置随机对照组和同等条件下的对比治疗组，后者相信这一研究会有所发现。

几年后，来自约翰斯·霍普金斯大学的一个研究小组对当时的47项冥想疗法研究（不包括认知疗法）进行回顾审查，涉及遭受抑郁症、疼痛症、睡眠问题和整体生活质量下降等痛苦的患者，以及身患糖尿病、动脉疾病、耳鸣、肠道易激综合征等疾病的病人。

值得一提的是，此次回顾对于正在研究中的冥想练习时间计算具有借鉴意义：正念减压疗法要求 8 周内练习时长达到 20~27 个小时，其他正念项目的练习时长大约是其一半。超觉静坐实验要求在 3~12 个月内练习时长达到 16~39 个小时，其他咒语冥想的练习时长大约是其一半。

在一篇载于《美国医学会杂志》(*JAMA*，美国医学会的官方杂志）的优秀论文中，研究人员得出一个结论：正念可缓解焦虑症、抑郁症并减轻疼痛（鉴于极少有精心设计的相关研究得出类似结论，此处的正念不包括超觉静坐等咒语冥想)。正念的疗效和药物疗效相当，但没有令人不安的副作用，这一特性使正念疗法成为治疗上述疾病的一种可行的替代疗法。

然而，尚未发现这一疗法对饮食习惯、睡眠、药物使用或体重等其他健康指标有益。对于其他的心理问题，如情绪低落、上瘾、注意力不集中等，元分析发现鲜少甚至没有证据表明冥想疗法起作用，至少在研究期间介入短期的冥想治疗未见成效。尽管有关这方面的资料很少，导致研究人员无法从中得出结论，但他们特别提到长期实行正念疗法或许可以带来更多益处。

主要问题在于：与诸如运动等主动控制方式所带来的益处相比，早期的冥想研究在缓解症状方面所带来的一丝曙光早已不复存在。研究多种多样基于压力的问题所得出的结论是“尚无充分证据证明冥想疗法对其有效”，至少目前是这样。[3]

从医学的角度来看，这些研究和试用“低剂量、短期”的药物差不多。推荐做法是：开展更多的研究，选取更多的实验对象，进行更长期的研究。药物治疗研究一直是医学界的主要研究模式，上述研究模式非常适合药物治疗研究，但是此类研究花费巨大，往往需要上百万美元，由药物公司或美国国立卫生研究院出资赞助。相比之下，冥想疗法的研究就没有如此好运获得资助了。

另一个令人头疼的症结是：从搜集 18 753 篇关于冥想的各类论文的参考文献开始进行元分析，文献数量庞大，而且那些论文的作者使用的搜索词比我们广泛得多，但我们只在 20 世纪 70 年代的文献中找到极少的相关材料，而现代的参考文献也仅有 6 000 余篇。另外，作者的参考文献中有一半并非依据真实的数据报告，其中大约有 4 800 篇实验报告未设立对照组或实验设计并非随机化。认真筛选之后，仅有 3%的研究确实经过充分的精心设计，即后用于分析的 47 篇报告，可成为回顾研究的一部分。正如约翰斯 · 霍普金斯大学的研究小组指出的那样，这一回顾研究仅仅强调了改进冥想研究的必要性。

在一个医学力求实证的时代，这种回顾研究受到医生们的高度重视。约翰斯 · 霍普金斯大学的研究小组为美国卫生保健研究与质量管理处做出这项元分析，医生们试着遵循该机构的指导方针进行研究。

回顾研究的结论是冥想疗法尤其是正念疗法有助于治疗抑郁症、焦虑症、疼痛症，疗效和药物治疗相当，且没有副作用。虽然程度较低，但冥想也可以减小心理压力带来的伤害。总而言之，在治疗心理疾病方面，尚未证实冥想疗法比医学治疗的效果更好，尽管也有一些疗效较好，但证据依然不够充分。

这就是截至 2013 年的真实情况（该研究论文发表于 2014 年 1 月）。随着研究冥想的步伐日益加快，更多设计更加精细的研究可能会推翻这样的论断，至少在一定程度上会推翻。

抑郁症就是一个典型的例子。

用正念疗法摆脱忧郁情绪

牛津大学的约翰·蒂斯代尔小组公布了一项重大发现，即正念认知疗法可将重度抑郁症的复发率降低 50%左右，这一发现激励着后人进行更加深入的研究。毕竟，目前还没有哪种药物疗法能将重度抑郁症的复发率降低 50%。如果某种药物也可以达到如此良好的疗效，那么其制药公司将从中获利颇丰。

显然，我们需要更加严谨的研究。蒂斯代尔的初步研究未设置对照组，所以不能被视作对比研究。蒂斯代尔在牛津大学最初的科研合作伙伴之一马克·威廉姆斯率先展开了相关研究。他的研究团队招募了近 300 名重度抑郁症患者作为研究对象，对这些患者而言，药物治疗已经无法确保抑郁症不再复发，由此看来，他们和原始研究中那些难以治愈的患者情况相同。

但这次，研究人员将病人随机分配到接受正念认知疗法的小组或两个阳性对照组之一，并对其进行为期 6 个月的追踪记录，以观察他们有没有复发的迹象。在研究人员设置的两个阳性对照组中，一组病人学习认知疗法的基本知识，另一组只是得到普通的心理治疗。[4]研究结果表明，在治疗有童年创伤史（可导致抑郁症进一步恶化）的患者方面，正念认知疗法更加有效，其疗效与治疗普通抑郁症患者采用的标准疗法相当。

不久之后，一个欧洲研究小组发现，对一个类似的重度抑郁症小组而言，药物疗法无法帮助他们，但正念认知疗法可以改善他们的症状。[5]这也是一项设有阳性对照组的随机研究。截至 2016 年，研究人员共进行了 9 项相关研究，研究对象共涉及 1 258 名患者。根据这 9 项研究的元分析结果可推断出，在之后的一年时间里，正念认知疗法有效降低了重度抑郁症的复发率。抑郁症患者的病情越严重，正念认知疗法对患者的帮助越大。[6]

约翰·蒂斯代尔的合作者之一津德尔·西格尔对正念认知疗法的有效性进行了更加深入的归因研究。[7]他使用功能性磁共振成像技术对重度抑郁症的康复患者进行了比较研究，其中一些患者接受过正念认知疗法的治疗，其余患者则接受标准认知疗法的治疗（未接受过正念疗法）。经治疗后，显示出脑岛活动大幅增加的患者的复发率降低了 35%。

原因何在？在后来的分析中，津德尔·西格尔发现最好的结果发生在那些最有可能“不以自我为中心”的患者身上，即这些患者能够跳出自己的思想和情绪，将其视为过眼云烟，而不是被“我的思想和情绪”左右以致失去自制力。换言之，这些病人变得更加理智。他们在正念练习方面倾注的时间越多，其抑郁症复发的可能性就越小。

大量的研究证明正念疗法可有效治疗抑郁症，持怀疑态度的医学界最终认可了这一结论。

运用正念认知疗法治疗抑郁症的前景广阔，而且用途多种多样。例如，有抑郁症既往病史的孕妇自然想要确保自己在怀孕期间或生完孩子后不会再度抑郁，因此她们在怀孕期间服用抗抑郁药物也是可以理解的。与此相关的一个好消息是心智和生命暑期研修班的毕业生索娜·狄米珍（Sona Dimidjian）带领的团队发现正念认知疗法可降低这些孕妇再度抑郁的风险，这表明正念认知疗法可作为一种可行的药物替代疗法。[8]

来自玛赫西管理大学的研究人员教授囚犯练习超觉静坐，并将其与监狱的标准化项目进行对比，他们发现，4 个月以后，练习超觉静坐的囚犯在创伤、焦虑和抑郁方面的症状有所减轻，而且这些囚犯的睡眠质量也有所提高，并感觉到生活压力也有所缓解。[9]

此处举出另一实例。青少年时期充满焦虑的人可能会早早出现抑郁症状。2015 年，在美国 12~17 岁的人群中，有 12.5%的人（约 300 万名青少年）上一年至少出现了一次重度抑郁症状。抑郁症有一些比较明显的症状，如消极的思维方式、严厉的自我批评等，有时也会出现一些轻度的症状，如无法入睡、难以思考、呼吸短促等。专为青少年制定的正念疗法项目减轻了抑郁症的显著症状及轻度症状，其疗效可持续至治疗结束的 6 个月后。[10]

尽管每一项研究似乎都很有前途，但想要达到严格的医学评审标准，还需要在重复实验的基础上升级研究设计。尽管如此，对患有抑郁症、焦虑症或疼痛症的人来说，正念认知疗法（或超觉静坐疗法）有可能减轻其症状。

问题来了，正念认知疗法或其他形式的冥想疗法可不可以减轻其他精神疾病的症状呢？如果可以的话，其机理是什么呢？

让我们回顾一下斯坦福大学的菲利普·戈尔丁和詹姆斯·格罗斯所做的研究（我们在第五章中对此进行过讨论），他们对患有社交恐惧症的人实施正念减压治疗。集会时，患有社交恐惧症的人可能会表现出怯场甚至害羞。令人惊讶的是，社交恐惧症是一种很常见的情绪问题，影响着 6% 以上的美国人（约 1 500 万人）。[11]

为期 8 周的正念减压疗法课程结束后，患者感到焦虑症状有所减轻，这是一个好的迹象。也许你会回忆起让研究变得饶有兴趣的下一部分：病人会听到令人烦恼的措辞如“人们总是评判我”，在患有社交恐惧症的人群中，这是引起他们恐惧的常见心理暗示之一，此时病人会进行呼吸意识冥想以管理情绪，同时接受脑部扫描。病人称在听到此类触发情绪的话语时，焦虑感较平时有所减少，同时杏仁核部分的大脑活动减少，注意力神经回路的大脑活动增多。

这种针对大脑潜在活动的窥视可能暗示着未来研究冥想如何缓解精神问题的方向。近年来，至少到撰写本书的此刻为止，相关研究依赖该领域的“诊断和统计手册”（DSM）中所列出的旧范畴下的精神病学科目。美国国家心理卫生研究所，作为这一研究领域的主要资金来源机构，认为不值得开展此类研究。

尽管“诊断和统计手册”中列举出不同种类的“抑郁症”等心理疾病，但是研究所更倾向于将特定症状集群及其潜在的大脑回路作为研究重点，而不是仅仅研究“诊断和统计手册”中所列举的类别。例如，按照这些原则，我们想知道如果牛津大学的研究结果（正念认知疗法可有效治疗有创伤史的抑郁症患者）是否同时也表明，相比间歇性抑郁症患者，活性过高的杏仁核可能更多地存在于顽固性抑郁症患者的子群中。

当我们思考今后该如何进行研究时，应考虑另一些问题：与认知疗法相比，正念疗法的附加价值究竟是什么？相比现代标准的精神治疗，冥想（包括其在正念减压疗法和正念认知疗法中的应用）在治疗哪些心理疾病时能够更好地缓解症状呢？这些方法应不应该与那些标准的干预疗法一同使用呢？还有，针对特定的心理疾病，哪种冥想法效果最好呢——而我们在冥想时，潜在的神经回路是什么？

迄今为止，这些都是未解之谜。我们正在尝试找到答案。

针对创伤的慈爱冥想法

回到2001年9月11日，一架喷气式飞机撞向史蒂夫·Z附近的五角大楼，开放式办公大楼瞬间被炸成了一片废墟，到处都弥漫着浓雾，散发出燃油烧尽的气味。办公大楼重建后，史蒂夫搬回“9·11”事件发生时他所在的办公桌，但从某种意义上来说，他是孤单的，因为他的很多同事都葬身火海。

史蒂夫回想自己当时的感受："我们怒火中烧，那些混蛋——我们一定会抓住他们的！那是一个黑暗的地方、一个悲惨的时刻。"

他患有严重的创伤后应激障碍，他的病早有预兆，此前他曾参加过沙漠风暴行动和伊拉克战争。"9·11"事件的灾难加剧了曾经给他留下的创伤。

多年后，愤怒、沮丧和高度警惕导致的猜忌心理在他的体内爆发，但是当有人问他"还好吗"时，他的回答是"没问题"。他尝试通过喝酒、慢跑、探亲、读书等方式让自己放松下来。总之，为了让自己振作起来，能尝试的办法他都试过了。

史蒂夫进入沃尔特·里德医院寻求帮助后，戒了酒，并渐渐康复起来，在此之前他已有自杀倾向。在了解自己的病情后，他同意和他现在的心理治疗师见面，该治疗师向他介绍了正念冥想法。

两三个月的戒酒期过后，他试着加入当地的一个正念小组，这个小组的成员在每周三的晚上聚会。参加小组聚会的前几次，史蒂夫只是犹豫地走进去，环顾四周，发现"那里没有我认识的人"后便走了出来。此外，他在封闭的空间里会产生一种幽闭恐惧感。

在他终于可以尝试短期正念静修后，他发现这一疗法确实对他有帮助。特别值得一提的是，慈爱冥想练习确实取得了显著的效果，这种方式有助于他对自己和他人产生同情心。在进行慈爱冥想练习时，他感觉像是"再次回到了家乡"，使他深深地回想起自己还是小男孩时和朋友玩耍的情景，并有一种强烈的感受：生活会变好的。

"慈爱冥想练习帮助我维持这种感觉，并且使我相信'都会过去的'。如果我愤怒了，我可以向自己和别人施与一些同情与慈爱。"

后来，我们听说史蒂夫回到了心理健康咨询学校，获得了心理治疗师证书，正在攻读临床心理学博士学位，他的博士学位论文题目是"心理创伤与精神健康"。

史蒂夫与美国退伍军人管理局及专为像他这样患有创伤后应激障碍的军人设立的后援会建立了联系。他的小型私人诊所也因此持续不断地从后援会接收转诊病人。史蒂夫感觉自己具有独特的能力去帮助这些军人。

初步的研究结果显示，史蒂夫的直觉是正确的。在西雅图的退伍军人管理局医院里有 42 名退伍军人患有创伤后应激障碍，他们接受了 12 周的慈爱冥想治疗，也就是史蒂夫发现对自己有帮助的一种疗法。[12] 三个月后，他们的创伤后应激障碍有所改善，该病常见的伴随症状——抑郁症也有所减轻。

这些早期的研究结果是很有价值的，但是我们不知道类似健康促进计划的主动控制治疗是否同样有效。迄今为止，对创伤后应激障碍研究的种种方式几乎囊括了用以证明冥想可作为大多数心理疾病疗法的最先进的科学验证手段。

尽管如此，仍有很多论证表明同情心练习可作为治疗创伤后应激障碍的良方，这始于诸如史蒂夫先生的逸事报道。[13] 其中的许多论证是真实有效的。有相当一部分退伍军人患有创伤后应激障碍。在任意一年中，有 11% ~20% 的退伍军人罹患创伤后应激障碍。就一名退伍军人的一生而言，其罹患创伤后应激障碍的概率将上升至 30%。如果慈爱冥想练习能起作用，那么这一疗法可作为一种经济的团体疗法。

另一个原因是：创伤后应激障碍的症状包括情感麻木、精神错乱、人际关系“僵化”等，而通过培养一种积极看待他人的态度，慈爱冥想疗法有助于改善这些症状。还有一个原因：许多退伍军人无法接受治疗创伤后应激障碍药物的副作用，因此他们根本不吃药，转而寻求非传统的疗法。慈爱疗法既无副作用，又可改善他们的症状。

黑夜现象

“我经历过一段自我仇恨的时期，这种心理如此可怕、如此强烈，以至改变了我和我的达摩之道以及生活本身的意义之间的联系。”杰伊·迈克尔森（Jay Michaelson）如此回忆他所经历的那段沉默漫长的内观禅修时期，那时的他陷入了所谓的“黑夜”，即内心极度煎熬的时期。[14]

《清净道论》认为煎熬期最有可能发生在冥想者体验到短暂的思想放松期间。就在那一刻，迈克尔森路过那一令人神往的幽静地标（即“出现–消逝”驿站）后，便进入了自己的黑夜。在这处地标，各种想法似乎在瞬间起念后就一个接一个地快速消失了。

他陷入黑夜不久之后，病态的疑虑、自我厌恶、愤怒、内疚和焦虑混杂于他的内心。在某一时刻，这种混合的情绪如毒药一般强烈，以致他行为失控，开始痛哭流涕。

但是，后来他慢慢开始关注自己的心智，而不是陷入思想和情绪的旋涡。他开始将这些情绪视作即将消逝的心理状态，如其他任何情绪一样，这一幕至此结束。

其他诸如此类关于冥想的黑夜故事并不总是可以如此清晰地展开叙述，冥想者在离开冥想中心后，痛苦还会持续很长一段时间。因为冥想的许多积极影响广为人知，所以一些经历过黑夜痛苦的人发现其他人不能理解甚至不相信他们仍处于痛苦之中。很多情况下，心理治疗师可以给予的帮助很少甚至没有帮助。

威洛比·布里顿（Willoughby Britton）是布朗大学的心理学家，也是斯坦福研究院的毕业生，她意识到这一需求后，率先开展了“黑夜项目”，旨在帮助那些出现与冥想相关的心理问题的人群。该项目的正式名称为“冥想体验种类”项目，即使冥想的益处广为人知，这一项目仍然附加了“冥想在什么情况下可能会带来伤害”的警告说明。

目前，这一问题还没有确切的答案。布里顿一直在搜集案例研究，致力于帮助那些遭受黑夜困扰的人了解自己正在经历什么，让他们意识到自己并不孤单，而且有康复的希望。她的研究对象大多是内观禅修中心指导老师所介绍的转诊病人。多年来，尽管那些内观禅修中心尝试通过报名表调查报名人的精神病史以淘汰心理脆弱的人，但在进行集中静修的过程中偶尔还是会出现病人因无法忍受黑夜而受到伤害的情况。此处我们要确认的是黑夜现象可能与精神病史无关。

黑夜现象并不仅限于内观，几乎每一种冥想疗法都会提醒人们注意黑夜现象，比如在犹太教中，卡巴拉教义告诫人们最好在中年时期采取冥想的方式，过早进行冥想可能会导致未成熟的自我彻底崩溃。

在这一点上，没有人知道，对某些人而言，集中冥想练习本身会不会带来危险，或者无论他们处境如何，那些受黑夜困扰的人是否都可能会出现不同程度的崩溃。虽然布里顿的案例研究尚未证实这些猜想，但它们的存在着实引人注目。

据大家所知，在那些长期静修的人中，受到黑夜困扰的人数所占比例极小，尽管没有人可以确切地说出这一比例是多少。从研究的角度来看，需要研究出冥想者和大多数民众身陷此类困扰的基本比率。

美国国家心理健康研究所发现，每一年，美国成年人中都有近1/5的人（相当于4 400万人口）患有心理疾病。众所周知，在大一新生和新兵训练营甚至心理治疗中心，都会有一小部分人陷入心理危机。研究的问题于是变成了这样：深度冥想的某些东西会不会将高于这个基本比率的人置于风险之中？

对于那些确实深受黑夜困扰的人，威洛比·布里顿的项目提供了一些实用的建议，可给予患者一些安慰。尽管黑夜会带来风险（非常低），尤其是在较长期的静修过程中，但冥想疗法开始在心理治疗师中流行起来。

基于冥想的元疗法

丹尼尔在其第一篇关于冥想的文章——《基于冥想的元疗法》（Meditation as Meta-Therapy）中提出可将这一疗法应用于心理治疗。[15]

这篇文章是丹尼尔在1971年旅居印度期间所写，当时没有一个心理治疗师对其感兴趣。然而，奇怪的是，他回国后却受邀在马萨诸塞州心理协会的会议上就这一主张发表演讲。

演讲结束后，一个穿着不甚合体运动外套的瘦弱青年向他走来，声称自己是一名心理学专业的毕业生，和他兴趣相似。他曾以和尚的身份在泰国学习了几年冥想。他能够在泰国生存完全得益于泰国人民的慷慨，在那里，每家每户都以供养和尚为荣，而他在新英格兰就没有如此好运了。

这名毕业生认为，作为一名心理学家，他可以将冥想伪装成心理疗法来减轻人们的痛苦。因此，他很高兴听到有人在冥想和治疗之间建立联系。

这个毕业生正是杰克·康菲尔德（Jack Kornfield），理查德曾担任过他的论文评审。杰克成为马萨诸塞州巴里的内观禅修社的创始人之一，接着又在旧金山海湾地区创立了灵石冥想中心。杰克一直是翻译佛教思想理论的先驱，他致力于将佛教思想翻译成易于现代人理解的语言。[16]

杰克和他的团队设计并实施了教师培训项目，约瑟夫·戈尔茨坦也参与其中。该项目培训出的老师正是后来帮助史蒂夫·Z从创伤后应激障碍康复的老师。杰克对佛教的心理学理论有着自己的见解，他的著作《智者之心》（*The Wise Heart*）展示了这种心智和冥想的方法结合后如何应用于心理治疗（或者自用）。目前已有很多书籍将传统的东方佛法和现代的治疗方式相结合，该书是其中之一。

这一运动中的另一个关键人物是精神病学专家马克·爱泼斯坦（Mark Epstein）。马克曾在哈佛大学修过丹尼尔的意识心理学课程，大四期间他开始进行佛教心理学的毕业项目研究，并请求丹尼尔当他的指导教授。当时丹尼尔是哈佛大学心理学系唯一一个对该领域感兴趣并有所了解的人，所以他接受了马克的请求。马克和丹尼尔后来共同在一本办刊时间很短的杂志上发表了一篇文章。[17]

在一系列融合心理学分析和佛教观点的书籍中，马克的书一直引领着这一领域的研究。他的第一本书有一个非常有趣的书名——《没有思想者的思想》（*Thoughts Without a Thinker*），这一书名得自客体关系理论家唐纳德·温尼科特（Donald Winnicot），他也曾提到冥想的观点。[18] 塔拉、马克和杰克的作品象征着更加广泛的运动，现在有无数的治疗专家将各种冥想实践或观点同他们自己的心理疗法相结合。

虽然研究机构对于冥想作为诊断和统计手册级别的心理疾病疗法的疗效仍然持怀疑态度，但热衷于将冥想和心理疗法相结合的心理治疗师越来越多。即使研究人员仍在等待附加阳性对照的随机实验结果，心理治疗师已经向其顾客提供了冥想强化疗法。

例如，在这篇文章之前，科学文献中已经有 1 125 篇关于正念认知疗法的文章，而其中 80% 以上的文章是在过去 5 年内发表的。

当然，冥想有其自身的局限性。丹尼尔最初对冥想感兴趣是因为他在大学期间曾感到焦虑。冥想似乎平息了那些焦虑感，但是焦虑感仍会反复出现。

许多人寻求心理治疗师的帮助都是出于类似的原因，丹尼尔没有求助于心理治疗师。多年后，他被诊断出患有肾上腺疾病，这也是他长期患有高血压的病因。这种肾上腺疾病的症状之一是皮质醇水平升高，皮质醇是一种会引发焦虑感的应激激素。鉴于多年来他一直坚持冥想，治疗肾上腺疾病的药物开始降低皮质醇水平，也缓解了他的焦虑。

小　结

尽管冥想最初的用途并不是治疗心理疾病，但现在看来，冥想对于治疗某些心理疾病已经卓有成效，尤其是在治疗抑郁症和焦虑症方面。一项对应用冥想治疗心理疾病的 47 项研究的元分析结果显示，冥想疗法可减轻抑郁症（尤其是重度抑郁症）、焦虑症、疼痛症的症状，疗效几乎和药物治疗相当，而且没有副作用。冥想也可以稍微减小心理压力带来的伤害。慈爱冥想法可能对受过心理创伤的病人有特别的疗效，尤其是那些创伤后应激障碍患者。

实验证明，正念与认知疗法的融合，或者说正念认知疗法，已经成为以冥想为基础的疗效最好的心理疗法。这一融合疗法不断在临床界产生广泛的影响，针对该疗法进行的更广泛的心理疾病实证试验正在进行中。虽然偶尔也会出现关于冥想的负面报道，但迄今为止，相关的研究结果强调了基于冥想的疗法前景广阔，此外这一领域的科学研究正在激增，预示着该领域的研究潜能无限。

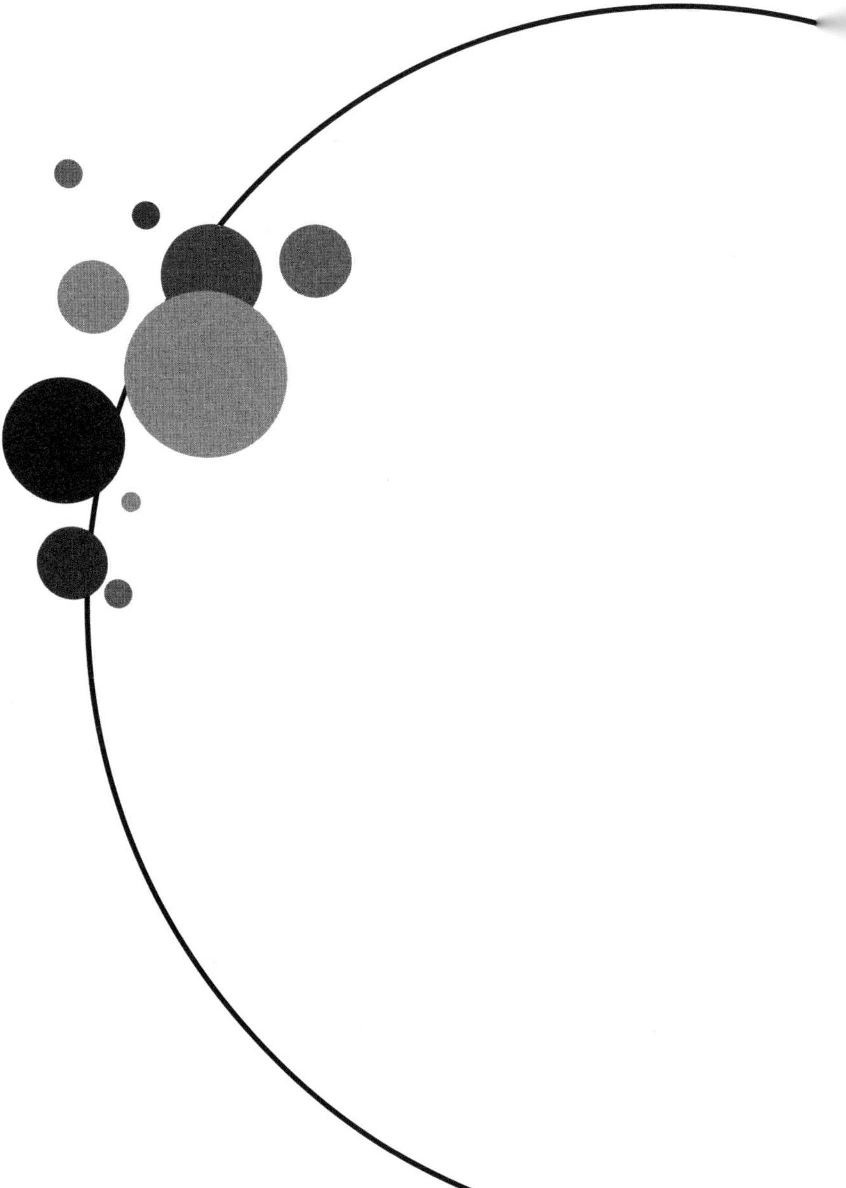

第十一章

瑜伽修行者的大脑

在群山环抱的喜马拉雅村庄的陡峭山坡上，你可能会在无意中发现一个小木屋或一处幽僻的洞穴，瑜伽修行者正在此进行长期闭关修行。1992 年春，理查德和克利福德·萨龙加入了一个勇敢的科学家团队，到这些木屋和洞穴中去测评瑜伽修行者的大脑活动。

三天之后，他们到达喜马拉雅山山脚下的一个小中转站。科学家在旅馆里建起了“工厂”，几个房间都被用来拆卸和组装设备，以便这些设备被装进背包，运进山中瑜伽修行者的隐居处。

在当时的条件下，大脑检测需要脑电图电极、放大器、计算机显示器、录像设备、电池和发电机等设备组合起来。那时的设备要比现在的笨重得多，重达几百磅。这些设备装在可起保护作用的坚硬箱子中，而背着这些设备的研究人员如同一个由书呆子组成的摇滚乐队。

瑜伽修行者选择极偏远的地方闭关，因此踪迹难寻。在艰苦的努力和几个脚夫的帮助下，科学家终于拖着沉重的检测设备找到了瑜伽修行者。

每到达一个瑜伽修行者的隐居处，科学家都会经翻译人员与瑜伽修行者进行沟通，希望能够监测他们冥想时的大脑状态。

但每个瑜伽修行者的回答均是：不行。

当然，他们都非常热情友好。有些人表示愿意教科学家冥想练习，还有几个人说他们可以考虑，但没有人当场表示愿意配合科学家进行监测。

有些瑜伽修行者可能是因听闻一位修行者的事情而拒绝了科学

家的请求。据说这位修行者曾在他人的劝说下离开隐居地，远到美国的一所大学里展示他的一项“超能力”——随心所欲地提高核心体温。这位瑜伽修行者回来后不久便死了，于是山中的人传言他的死和这个实验有关。

大多数的瑜伽修行者并不了解科学，他们对科学在现代西方文化中所起的作用也知之甚少。此外，科学家所遇到的 8 名瑜伽修行者中，除一人外其他人在理查德和研究队来此之前从未见过真正的计算机。

一些修行者谨慎地回答，他们不知道那些奇怪的机器究竟要测什么。如果所测量的与冥想无关，或者他们的大脑不能达到某种科学期望，那么他们的方法可能会被视为毫无用处。他们认为这样的结果可能会令其他练习冥想的人失望。

不管出于什么原因，这次科学考察最终一无所获。

尽管未能与瑜伽修行者达成合作，更未获得任何研究数据，短期内徒劳无功，但实践证明这次科学考察还是有价值的，它成了一条陡峭的学习曲线的开端。这些科学家意识到，与其背着检测设备去找修行者，不如请他们来到设备齐全的大脑实验室中。当然，前提是他们愿意。

另外，对这些瑜伽修行者的研究面临着独特的挑战，除去他们本身为数不多、故意疏远我们、对科学探索不熟悉或不感兴趣的因素外，他们对这种内在技能的精通水平如同已达到体育界的世界级排名，但在这项“运动”中，越是精通越不在乎“排名”，更不用说社会地位、财富或名声了。

无论科学手段测试出他们拥有什么样的内在能力，他们并不在乎一己之骄傲，他们看重的是测试结果对他人或好或坏的影响。

总之，此项科学研究前景黯淡。

关键转折

马修·李卡德师从诺贝尔生理学或医学奖得主弗朗索瓦·雅各布（François Jacob），拥有法国巴斯德研究所分子遗传学学位。[1] 作为博士后的李卡德放弃了他在生物学领域的大好前程，成了一名僧人。几十年来他要么是在闭关，要么是在寺院或隐居处。

马修是我们的老朋友，他同我们一样，经常参加各种科学家团队间的对话（均由心智和生命研究院主办）。无论大家讨论什么样的话题，马修都以佛教徒的身份发表观点。[2] 在一次关于“破坏性情绪”的对话中，一位冥想大师勉励理查德对冥想进行严格的测试，挖掘其中的价值以造福更多人。

冥想大师的话深深触动了理查德和马修。马修是第一个来到理查德实验室参与研究的僧人，他作为实验对象和合作者，花费数日同科学家一起修改为其他瑜伽修行者制订的实验方案。关于瑜伽修行者的初步研究结果的文章发表在重点期刊上，马修·李卡德是该文章的合著者。[3]

马修成为僧人后，大多数时间都待在尼泊尔和不丹。他是顶果钦哲仁波切（Dilgo Khyentse Rinpoche）的贴身侍从，顶果钦哲仁波切是20世纪最德高望重的藏族冥想大师。众多著名僧人都曾向顶果钦哲仁波切寻求开示或心灵指导。

这使马修有机会接触到冥想界的核心。他知道谁适合做潜在的实验对象，最重要的是，他深得这些资深冥想者的信任。总之，马修的加入让这项研究有了重大的转机。

瑜伽修行者若要到位于威斯康星州麦迪逊的一所大学里参与实验，需要跨越半个地球。许多僧人和瑜伽士在此之前从未听说过这个地方，更别说去过了。此外，他们还得忍受异国文化里怪异的食物和习惯。马修消除了他们的疑虑，让他们相信这样做有充分的理由。

诚然，一些瑜伽修行者曾在西方教学，熟悉西方文化规范，但在他们看来，不远万里来到一片陌生的土地上，还要接受科学家奇怪的仪式，这令他们更加无所适从。比起现代世界，他们更熟悉喜马拉雅的隐居处，现代世界中的一切在他们的认知中极少是有意义的。

马修向他们保证他们的付出是有价值的，这是瑜伽修行者同意参与研究的关键。这些修行者所看重的“价值”并不是参与其中所获得的个人利益（提高声望或者满足骄傲），而是能够帮助他人的价值。正如马修所说，他们是出于恻隐之心而不是利己之欲。

马修又强调说明了科学家的初衷，他们致力于此项研究是因为如果科学证据足以支持冥想练习的有效性，这将有助于促进冥想融入西方文化。

在马修的有力说服下，目前已有21位冥想专家来到理查德的大脑实验室参与研究，其中有7人是西方人，他们曾在法国多尔多涅静修中心进行过至少一次的三年闭关修行，马修也曾在此处修行。其余14人是藏族冥想专家，他们从印度或尼泊尔来到威斯康星州。

认知差距

马修曾接受过分子生物学方面的训练，因此也更容易接受科学方法的严谨性和规则。他积极参加规划会议，帮助设计用来测试“第一只实验鼠”（即他自己）的方法。作为设计合作者和第一志愿者，马修尝试了由他参与完成的科学方案。

尽管这在科学史上极其罕见，但的确有研究人员在自己的实验中充当“第一只实验鼠”的先例，特别是出于确保某种新疗法安全性的考虑。[4]然而，我们决定这么做的原因并非害怕让实验对象暴露在未知的风险中，而是就研究我们如何训练心智和塑造大脑这一问题考虑到“第一只实验鼠”是一个非常独特的因素。

实验对象极为私密，是一个人的内心经历，而用来衡量它的工具是客观度量的机器，它产生的是生物学事实而非内在精神。从技术层面来说，内心评估需要的是一份“第一人称”报告，而测量结果是一份“第三人称”报告。

弥合第一人称和第三人称之间差距的想法由弗朗西斯科·瓦雷拉提出。瓦雷拉是一位出色的生物学家，同时也是心智和生命研究院的创始人之一。瓦雷拉在其学术著作中提出了一种方法，将第一、第三人称视角与第二人称（研究主题相关方面的专家）相结合。[5]他认为，实验对象应具有训练有素的心智，因为相比没有受过良好训练的人而言，选择这类实验对象可以获取更好的数据。

马修既是该学科的专家，又具有训练有素的心智。当理查德开始研究各类冥想时，他并没有意识到“形象化”不仅仅需要产生一个表象。马修向理查德和他的团队解释道，冥想者在产生表象的同时，还培养了一种特殊的情感状态。例如，多罗菩萨的表象伴随着怜悯和慈爱的情感状态。诸如此类的建议促使理查德团队对其实验方法进行调整，不再遵循组织管理严密的脑科学准则，转而与马修合作重新设计实验方案的细节。[6]

早在马修加入之前，我们就已在朝着这个方向前进了，通过沉浸在我们的研究对象（冥想）中，提出实证检验的假设。如今，这种普通的方法成为科学界“扎根理论”产生的一个实例，其基础是对正在发生的事情的直接个人感知。

瓦雷拉的方法比我们的先进了一步，当研究对象隐藏在一个人心灵和头脑深处时，这种方法必不可少，但研究人员对此还十分陌生。幸好我们有像马修这样的专家，他帮助我们选择了正确的方法论。

接下来讲一段我们在研究过程中所走的弯路。20 世纪 80 年代，那时理查德是纽约州立大学一名年轻的教授，而丹尼尔还在纽约做新闻记者。我们聚到一起，对一位颇具天赋的冥想者做了些调查研究。这位冥想者是乌巴庆（葛印卡的导师）的学生，后来也成了一名导师，他称自己可以随心所欲地进入涅槃境界，即缅甸冥想中的圆满境界。我们想探究涅槃境界究竟与什么相关联。

问题在于我们所使用的主要方法是测定血液中的皮质醇水平，皮质醇是当时精神病学界的热门话题。我们之所以采用这种方法，是因为我们的实验室是从一个皮质醇主要研究者手中借来的，并非因为涅槃与皮质醇有关联。测量皮质醇水平需要冥想者安坐在医院的一个房间内，面对一面单向镜，接受静脉注射并允许实验人员每隔一小时采血一次。我们与另两位科学家轮班，保证一天 24 小时内均有人负责采血，这成了我们数天内的例行工作。

在这几天里，这位冥想者进入涅槃状态后，他身边的蜂鸣器响了几次，但其皮质醇水平未发生丝毫改变，这证明涅槃与皮质醇无关。我们还安装了一个大脑测量仪，但使用大脑测量仪也不是个好法子，而且按照当今的标准来看，这很落后。总之，我们已经做了很多尝试。

生活的乐趣

2002 年 9 月一个凉爽的早晨，一位僧人抵达威斯康星州的麦迪逊机场。他从千里之外的一座寺院而来，这座寺院位于尼泊尔加德满都边缘地区的一座山上，距威斯康星州 7 000 英里[①]。这次旅程历时三天，航行 18 小时，共穿越了 10 个时区。

1995 年，关于破坏性情绪的心智和生命会议举行。理查德曾在此次会议上与这位僧人有过短暂的会面，但已经忘记了他的长相。尽管如此，从人群中认出这位僧人也并非什么难事。在威斯康星州的麦迪逊机场中，他是唯一一个身穿金色和深红色长袍的光头男子。他不远千里来此的目的就是让研究人员在他冥想期间检测他的大脑。

第二天，理查德将僧人带到了实验室中的脑电图室，检测脑电波的设备看起来像一件超现实主义的艺术品：一个插满通心粉状电线的浴帽。这种特殊设计的帽子上连接着 256 根细导线，每一根导线上连接着一个传感器，传感器要贴在头皮上精确的位置。传感器和头皮之间的紧密连接至关重要，记录脑电活动的有用数据，而不是让电极仅仅作为噪声天线。

研究人员告诉僧人，实验室技术员将在他的头皮上贴上传感器，并确保每一个传感器与头皮连接紧密，位置精确。这一过程将不超过 15 分钟，但僧人是光头，他的头皮要比普通人的更厚、更粗糙。为了使关键电极与头皮的连接足够紧密，以生成可行的读数，所花费的时间要比通常情况下长得多。

大多数进入实验室的人都会因这种耽搁而烦躁不安，但僧人一点儿也不烦躁，这缓解了实验室技术员和所有观测人员的紧

① 1 英里≈1.609 3 公里。——编者注

张情绪。他坦然闲适，无论生活将发生什么样的变化，都能坦然处之。僧人最令人印象深刻的是他无限的耐心和温和善良的品质。

技术员花了很长的时间，终于确保传感器和头皮连接完好，实验终于开始了。僧人是继马修之后第一个接受研究的瑜伽修行者。队员们挤在控制室里，急切地想看看僧人大脑中是否真有异于常人之处。

要对慈悲之心这种软性的东西进行精确的分析，需要一个标准严格的实验方案。该方案需保证排除其他干扰，从狂风暴雨般的杂音中检测出特定心理状态的脑部活动模式。根据此方案，僧人需在进行一分钟慈爱冥想后休息 30 秒，如此交替反复。为了确保全部检测结果真实可信，而非偶然发现，僧人必须连续不断地进行 4 次冥想。

理查德从一开始就怀疑这一方案的可行性。实验室团队中练习冥想的人员（包括理查德在内）都知道安定心绪需要一定的时间，往往超过几分钟。他们认为即使是像僧人这样的高级瑜伽修行者，也不可能不通过长时间的平心静气就瞬间进入这些状态。

他们尽管对此有所怀疑，但考虑到马修对科学和冥想都更为了解，仍听从了马修的建议设计方案。马修向他们保证，像僧人这种专业水平的冥想者，完成这些心理活动是没有问题的，但是，要在这种正式测试环境中娴熟地完成这些心理活动，僧人还是第一人。理查德和他的技术人员对此没有十足的把握，甚至感到紧张不安。

幸运的是，一名威斯康星州的佛教学者自愿为理查德他们做翻译。这位学者名叫约翰·邓恩（John Dunne），他不仅对科学感兴趣、具备人文知识，而且会说流利的藏语。[7] 实验期间，约翰及时而又准确地向僧人传达了相关信息后，示意僧人开始进行慈爱冥想。60 秒后在约翰的提示下僧人又进入下一轮 30 秒的精神静息状态，如此循环了三次。

僧人一进入冥想状态，电脑显示器上便出现剧烈波动的脑电活动。所有人都以为是他移动了，这样的运动伪影是脑电图研究中常见的问题。脑电图记录大脑顶端的脑电活动，并以波形图的形式呈现出来。任何拖拉传感器的运动（腿的抖动、头部倾斜）都会使读数剧增，呈现的波峰看起来像脑电波，但必须被过滤掉，以便进行清晰的分析。

奇怪的是，任何人都能看出僧人的身体一点儿都没有移动，但波峰似乎一直持续到慈爱冥想的最后一刻。而且，波峰随着他进入精神休息期而消失不见，但他的身体依旧无肉眼可观察到的任何移动。

4 名实验人员还在控制室里看得呆若木鸡时，下一轮冥想又开始了。当约翰·邓恩将冥想指令翻译成藏语时，实验人员沉默地观测着监测器上的数据，来来回回地看着脑电波监测器和录像器。

僧人一进入冥想状态，波峰就再次出现。这次，僧人的身体从休息期间到冥想状态依旧是丝毫未动。然而，检测器仍然显示出同样的脑电波波动。这种模式在他每次进行慈爱冥想时都会出现，研究人员惊愕地看着对方，兴奋地几乎从座位上跳了起来。

实验室团队成员预感到他们即将见证某种新发现的诞生，它具有深刻的意义，并且此前从未在实验室里观察到过。没有人能预测这将会引起什么样的变革，但每个人都感觉到这是神经科学史上的一个关键转折点。

这一研究结果引起了科学界的轰动。截至本书撰写之时，在世界科学文献中，期刊文章对这些发现的报道已被引用超过 1 100 次。[8] 科学界对此已有关注。

错失良机

僧人所呈现的数据引起了科学界的关注，哈佛大学一位著名的认知学家邀请他参加另一项实验。在该项实验中，僧人需完成两个方案：第一，在大脑中形成一个视觉映象；第二，接受评定以检测有没有超感官知觉。这位认知学家十分期待自己能将这一非凡课题的研究成果记录在案。

因为该实验方案不但耗时过长、条件苛刻，而且与僧人的实际冥想经验毫无关联，所以在实验期间，僧人的翻译人员大发雷霆。这位翻译认为，如此对待像僧人这样的导师，就是不尊重藏族规范。（尽管僧人本人还如往常一样，始终保持着愉悦的心情。）

僧人的最终实验结果是：两项测试均不及格，并不比实验室通常的实验对象——大二学生做得好。

结果表明，僧人在多年来的冥想中并没有进行可视化练习。他的冥想随着时间的推移不断发展。他目前练习的是正念冥想（在日常生活中表现为仁慈），倡导放下一切、心无杂念而非形成任何特定的视觉映象。僧人的练习方法实际上与有目的性地生成映象和相应的情感相违背，这或许与他曾经使用过的任何技巧都相反。尽管他在其他种种心理训练上花了数千个小时，但他的视觉记忆回路并没有得到特别的锻炼。

至于“超感官知觉”，僧人从未说过自己有这种超能力。事实上，他对自己过去的经历并没有达到超能力这一结论清楚地表明，对这种能力的迷恋宛如在兜圈子，或是进入了死胡同。

这不是什么秘密，但从未有人问起过他。僧人遇到了一个悖论，在当今关于意识、心智和冥想训练的研究中，那些研究冥想的人往往不甚清楚他们正在研究什么。

通常，在认知神经科学中，“实验对象”（以客观、科学语言表示自愿参与科学实验的人的术语）完成一个由研究人员设计的实验方案。研究人员设计实验方案时并不同任何实验对象进行商议，一是因为实验对象理应对实验目的不知情（以避免潜在的偏差因素），二是因为科学家有他们自己的参考——他们提出的假说及他们希望在该领域做的其他研究等。科学家认为他们的实验对象对以上任一点都不甚了解。

传统的科学立场根本不可能成功评估僧人真正的冥想能力，正如我们早期想测量涅槃境界结果以失败而告终一样。第一和第三人称之间的隔阂导致误判，无法找出这些冥想者的显著优势和测量它们的方法，这就类似于通过测试投篮罚球评定像杰克·尼克劳斯（Jack Nicklaus）这样的优秀高尔夫球球员。

神经的力量

话说回僧人在理查德实验室期间，这次实验室有了一个得力的"助手"——功能性磁共振成像。研究人员通过功能性磁共振成像对僧人进行了多项测试。功能性磁共振成像相当于绘制了脑部活动的三维视频，可为科学研究提供观测的镜头，与追踪脑电活动的脑电图相互补充。脑电图读数在时间上更为精确，而功能性磁共振成像在定位神经位置上更为精确。

脑电图不能显示大脑深处的活动，更无法显示发生变化的区域——空间精度需依靠功能性磁共振成像，它将大脑活动的区域映射成微小的细节。虽然功能性磁共振成像空间精度高，但在追踪发生在 1~2 秒内的变化时，其要远远慢于脑电图。

在僧人进行慈爱冥想时，研究人员使用功能性磁共振成像对其大脑进行监测。理查德和其他人一同在控制室里观测，当僧人脑回路的波动上升至休息期间的 700~800 倍时，他们惊讶至极。因为通常情况下，脑回路的波动在这种大脑活动期间仅有些许变化。

研究人员一时无法用科学来解释这种现象，这些状态的活跃强度超过任何我们所研究过的"正常"人的强度。与之最为接近的是癫痫发作时的活跃强度，但癫痫发作也仅持续短暂的几秒钟，而不是长达一分钟之久。此外，癫痫发作时大脑受病情控制，而僧人则是有意识地控制大脑活动。

研究人员得知僧人练习冥想的时长迄今为止共达 62 000 个小时，认为他是个冥想天才。僧人出身冥想世家；他的哥哥和两个弟弟都是独当一面的冥想大师。

他们的父亲是一位德高望重的佛教大师。僧人在 42 岁（在本书撰写时）时闭关时间已达 10 年，据说他父亲一生中闭关时间超过 20 年，他的祖父闭关时间超过 30 年。

僧人还是个孩童的时候，最喜欢的娱乐活动就是假扮在山洞里冥想的瑜伽修行者。他在 13 岁时进行了为期三年的闭关修行，比大多数闭关的人早了 10 年或更多。在那次静修结束之际，他已十分精通冥想，不久之后他又进行了为期三年的闭关静修，并成为一名冥想大师。

闭关归来

2016 年 6 月的一天，僧人又来到理查德的实验室，距上次实验已过 8 年。这次他的脑部核磁共振成像会显示出什么呢？对此我们充满好奇。

几年前，僧人对外宣布将闭关修行三年，这是他第三次闭关。令所有人惊讶的是，他并没有按惯例选择幽闭的隐居处，并带一名侍从照顾他的饮食起居。这次他居然在一夜之间从印度菩提伽耶的一座寺院里消失不见了，随身仅带了法衣、一点现金和一张身份证。

苦行期间，僧人过着托钵僧的生活，冬天流浪在印度平原之上，等到暖和的月份就像传说中的佛教大师那样隐居在喜马拉雅的洞穴之中。这种修行方式在传统佛教中并不稀奇，但对生活在现代世界中的僧人来说，这变得尤为罕见。

僧人修行期间，外界没有任何关于他的消息，除了一次一名台湾的修女在他闭关的山洞里认出了他。僧人给了她一封信（告诉她在他离开后再寄出），信中他说自己安好，请他人不必担忧并勉励他的学生继续努力修行。后来，僧人的老朋友设法找到了他，我们终于有了一张僧人的近照。照片上的僧人留着胡子和长发，容光焕发的脸上热情洋溢，精力充沛。

2015 年 11 月的一天，僧人在销声匿迹近 4 年半后突然回到了菩提伽耶的寺院里。理查德听到这个消息后，决定在 12 月到印度时前去拜访他。

几个月后，僧人在赴美做教学指导期间，曾停留在麦迪逊，并来到理查德的实验室。僧人在实验室待了不到几分钟便同意再次参与实验。几个月前他还过着苦行僧的生活，但在这最新式的实验室里，他似乎依旧怡然自得。

僧人进入核磁共振成像系统的时候，实验室技术员友好地欢迎他说："我是上次给您做扫描的技术员。"僧人听后回以微笑。等待机器启动期间，僧人同理查德团队里的另一个研究人员——一位来自海得拉巴的印度科学家开起了玩笑。

一切准备就绪后，僧人脱下草鞋，迈上两级台阶，躺在核磁共振成像台上。技术员固定好他的头部，使其头部移动范围不超过两毫米——这样可以获得更为清晰的大脑图像。由于多年徒步攀登喜马拉雅山的陡坡，僧人的小腿粗壮，露在他的法衣之下。随着核磁共振成像台滑进磁共振成像系统，僧人的身形渐渐消失。

与上次实验相比，技术有了提高，显示其大脑皱褶的监控器成像更为清晰。监控器将这些数据与几年前收集的数据进行比较，追踪其大脑的变化，并与僧人同年龄段的普通男性大脑中发生的变化相比较。

僧人闭关归来后，接二连三地收到来自世界各地实验室的邀请，希望他能参加他们的研究，但是僧人拒绝了大部分的邀请，因为他不愿终生都做实验对象。他同意让理查德和他的团队再次扫描自己的大脑，是因为理查德团队有之前扫描得来的纵向数据，可以对他的大脑可能出现的非典型变化进行分析。

理查德实验室第一次扫描僧人的大脑是在 2002 年，第二次是在 2010 年，最近的一次是在 2016 年。通过这三次扫描，实验室团队有机会检验灰质（神经元细胞体密集的部位）密度随年龄下降的关系。每个人的灰质密度都会随着年龄的增长而下降，正如我们在第九章中所述，接受扫描的大脑可以与其他同龄人的大脑数据库相比较。

随着高分辨率核磁共振成像技术的发展，科学家发现可以利用解剖标志来估算人的年龄。对一个特定年龄段的人来说，其大脑年龄呈现正态分布（一条钟形曲线）。大多数人的大脑年龄与实际年龄相近，但是有些人的大脑年龄比实际年龄大，这类人可能会过早地患上与年龄有关的大脑疾病，如痴呆等，而其他人的大脑年龄比实际年龄小。

在撰写本书时，对僧人脑部最新的扫描数据仍在处理中，但理查德和他的团队采用严格的定量解剖标志，已经得到一些清晰的模式。将僧人的大脑年龄与其同年龄段的标准大脑年龄相比较，僧人大脑年龄的百分位数是99，也就是说，在100个与僧人同龄（41岁）的男人中，他的大脑是最年轻的。僧人自闭关归来之后，研究人员将他的大脑变化与对照组的进行比较，发现他的大脑衰老速度要明显慢于后者。

虽然他的实际年龄是41岁，但他的大脑接近实际年龄为33岁的人。

这个相当显著的事实突出了神经可塑性的进一步延伸，重塑人格特性的基础：一个持久的模式，它反映着大脑结构中的基本变化。

我们很难统计僧人在闭关期间的冥想练习时长。就他的水平而言，“冥想”已成为一种持续的意识特征——一种特性，而非一种独立的行为。实际上，他在夜以继日地练习冥想。事实上，这种意义上的冥想并不等同于传统的冥想——在正常的生活之外盘坐在垫子上打坐，而是无论在做什么事，都能随时进入冥想状态。

自僧人第一次参与实验以来，他为我们提供了令人信服的数据，表明有意识的、持续的心智锻炼可以改变神经回路，但是，这些发现仅是逸事证据，僧人的个例可能存在多种解释。比如，也许他那显赫的家族有某种神秘的遗传倾向，能够激发他们的冥想能力，并促使他们达到较高的熟练程度。

更多的瑜伽修行者参与了实验，他们同僧人一样有着丰富的冥想经验，为研究结果提供了更为令人信服的证据。僧人杰出的神经性能引起了科学界的关注，这一独特的脑研究项目收集了这些世界级冥想专家的脑部数据。理查德实验室继续研究和分析这些修行者提供的大量数据，由此产生了一系列的研究成果，这在冥想史上已是无与伦比的了，在脑科学界更是如此。

小　结

起初，理查德实验室未能说服经验丰富的瑜伽修行者参与实验，但当马修·李卡德（一位经验丰富的瑜伽修行者兼生物学博士）向其他修行者保证，他们的参与或许将造福更多人的时候，终于有21位瑜伽修行者同意参与实验。马修在与理查德实验室的创新合作中，帮助设计了实验方案。后来僧人来到了实验室，他同样也是位经验丰富的修行者——当时统计其冥想时长为62 000个小时。当他在进行慈爱冥想时，脑电图记录他的脑电活动激增；功能磁共振图像显示，慈爱冥想期间脑电活动是休息期间水平的700~800倍。后来，僧人进行了为期4年半的闭关修行，他的大脑老化的速度减慢，当他的实际年龄为41岁时，其大脑年龄为33岁。

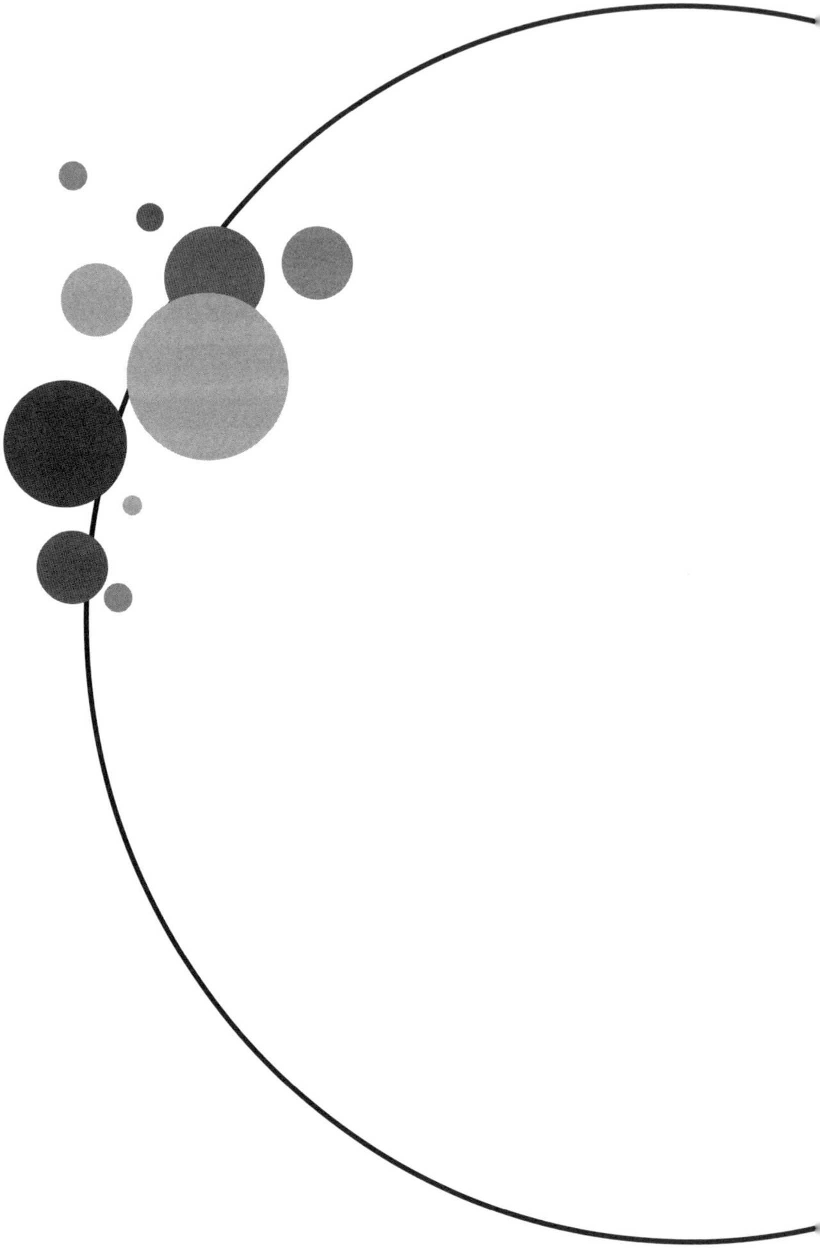

第十二章

科学奇观

多年来，理查德的实验室正式测试了 21 位瑜伽修行者。这些瑜伽修行者站在了这种内在艺术的巅峰，他们一生进行冥想的时间最少的有 12 000 个小时。

每位瑜伽修行者都完成了至少一次连续三年的闭关修行，其间他们每天至少进行 8 个小时的正式冥想练习——其实是按照连续三年、每年三个月、每轮三天这样的安排进行的。保守估计，每次静修时长大约为 9 500 个小时。

他们都按照同样的科学方案进行了冥想，即每次进行为时一分钟的三种冥想练习，总共进行 4 次，研究人员因此获得了大量测量数据。实验室团队成员花了数月的时间分析这些经验丰富的瑜伽修行者在短短数分钟内发生的巨大变化。

他们随意进入指定的冥想状态，每个人都有独特的神经标记。这些娴熟的冥想者也表现出非凡的心智，能够非常轻松地立即调动这些状态：产生同情心，以平常心对待发生的任何事，或者全神贯注。

他们瞬间就可成功进出这些常人难以达到的意识层面。这些意识的变化伴随着大脑重要活动的同样显著的变化。这种集中的精神练习在以前的科学研究中从未见过。

科学惊喜

回想弗朗西斯科 · 瓦雷拉逝世的前一个月，卧床休养的他最后不得不取消出席在麦迪逊举行的会议。他让他的学生安托万 · 卢茨

（Antoine Lutz）代他出席，安托万在弗朗西斯科的指导下刚刚获得了博士学位。

理查德和安托万初次见面是在会议前一天，自此他们的科学思想紧紧融合在了一起。工程专业背景的安托万和出身心理和神经科学专业的理查德恰好能够取长补短。

此后 10 年间，安托万都待在理查德的实验室里一丝不苟地分析瑜伽修行者的脑电图和功能性磁共振成像。和弗朗西斯科一样，安托万本人也是一个有奉献精神的冥想者，敏于内省的洞察力和科学思维的结合使他成为理查德实验室里一位出色的同事。

安托万现在已经是法国利翁神经科学研究中心的一名教授，他依然继续从事冥想神经科学方面的研究。他从一开始就参与了对瑜伽修行者的研究，已参与撰写一系列的文章来报道迄今为止的研究发现。

利用复杂的统计程序准备好有关瑜伽修行者的原始数据，然后进行筛选，这是一项艰苦的工作。仅仅对瑜伽修行者在冥想期间静息状态和大脑活动的差异进行梳理就是一项庞大的计算任务。因此，安托万和理查德花了相当长的时间才偶然发现了隐藏在茫茫数据中的一种模式。瑜伽修行者在冥想状态下有能力改变大脑活动，然而经验数据对发现这一令人兴奋的消息并不起作用。事实上，未发现的模式只在瑜伽修行者稍微轻松的状态下才显露出来。几个月后，分析小组再次对数据进行了筛选。

一直以来，统计小组都把注意力放在一时的状态效应上，他们就一分钟冥想练习期间产生的大脑基线活动与瑜伽修行者的大脑基线活动之间的差异进行了比较。理查德和安托万再次检查这些数据，对一组对照组志愿者进行了一次例行检查，首先确保这些受试者在实验开始之前得到休息，其次让他们尝试做与瑜伽修行者正在做的相同的冥想。理查德希望这次检查的结果是这些志愿者尝试冥想前后的脑电图基线读数是相同的。理查德要求只看基线数据。

理查德和安托万坐下来回顾刚刚电脑所进行的统计，他们先看了看数字，对视了一眼，异口同声地说："太神奇了！"

所有瑜伽修行者的伽马振荡都有所提高，这不仅仅出现在自然安住明和慈爱冥想练习期间，还出现在任何冥想开始前进行初步测量的时候。这一惊人的数据在脑波频率中被称为"高振幅"伽马值，是脑波频率中最强烈的形式。对他们在开始冥想前所做的基线测量发现这些脑电波持续了整整一分钟。

理查德的团队在所有瑜伽修行者身上都看到了同样独特的大脑模式，这是他们日常神经活动的一个标准特征。也就是说，理查德和安托万意外发现：神经信号可反映持久的转变。

有 4 种常见的脑电波，按频率（从技术上来说就是用赫兹测量）分类如下：德尔塔是最慢的脑电波，频率为每秒 1~4 次，主要出现在深度睡眠阶段；西塔是较慢的脑电波，出现这种脑电波意味着你感到困倦；阿尔法出现在短时间思考和放松状态时；贝塔是较快的脑电波，在这种状态下大脑会进行思考，头脑警觉或注意力集中。

伽马是最快的脑电波，出现在大脑不同区域共同协作时，比如某个顿悟时刻，心理困境的不同因素同时"豁然开朗"。不妨试试这个来体验一下“豁然开朗”的感觉：哪个单词与sauce（汁）、pine（菠萝）、crab（沙果）三个单词中的任一个搭配都可合成一个复合词？[①]

在你想出答案的那一刻，你的大脑信号就会瞬间发出这种独特的伽马脑电波。

比如，当你想象自己咬到一个成熟多汁的桃子时，你的大脑会聚集来自枕骨、颞骨、体感、岛叶和嗅觉皮质不同区域的记忆，然后将视觉、嗅觉、味觉、触觉和听觉迅速融合成单一的体验，这时你就释放出了短时伽马脑电波。在那一瞬间，来自这些皮质区域的伽马脑电波都完全同步地振荡着。通常来说，伽马脑电波来自创造性洞察力，持续时间不会超过0.2秒——并非在瑜伽修行者身上看到的那样持续整整一分钟。

任何人的脑电波都会不时出现这一特殊的伽马脑电波，但持续时间很短。通常在清醒状态下，我们表现出的是不同脑电波在不同频率下的起伏。这些脑电波反映了复杂的心理活动，如信息处理，它们的不同频率对应着不同的大脑功能。这些脑电波位于大脑不同区域，阿尔法脑电波在这个皮质区域，而伽马脑电波则在另一区域。

相比其他人，伽马振荡是这些瑜伽修行者大脑活动中更为突出的一个特征。理查德团队在瑜伽修行者身上看到的伽马脑电波非常强烈，但一般人并非如此。瑜伽修行者和对照组的伽马脑电波强度对比鲜明：与对照组相比，瑜伽修行者在基线测量期间的伽马振荡

---

① 答案是apple（苹果）。

频率是对照组的 25 倍。

我们只能猜测这反映了什么样的意识状态：瑜伽修行者似乎在日常生活中就一直保持开放、丰富的意识状态，而不仅仅在他们冥想期间。瑜伽修行者自己将其描述为冥想经历中的一种空灵和广阔的状态，就好像他们的意识对这幅丰富多彩的经历全景画大敞心扉。

或者如同 14 世纪时西藏的一本典籍中所描述的那样：

……赤裸、透明的意识状态；
毫不费力，精彩生动，放松状态，无根智慧；
飘忽不定，晶莹剔透，毫无着力点的状态；
空旷、敞开的状态，无拘无束……[1]

理查德和安托万发现的伽马脑电波不同寻常，准确地说是史无前例。在此之前，没有一个大脑实验室见过如此强烈的伽马振荡，持续了几分钟而非短短几秒，并且在大脑的广泛区域内同步出现。

惊人的是，在经验丰富的冥想者睡着时，这种持续且由大脑产生的伽马模式仍然存在——这是由戴维森团队进行其他研究时发现的，研究对象是长期进行内观禅修的冥想者，他们一生平均练习 1 万个小时。这些在深度睡眠期间继续存在的伽马振荡也是前所未见的，这似乎反映了日夜长存的意识的残留品质。[2]

瑜伽修行者的伽马振荡模式与发生在单个神经区域的短时脑电波形成了鲜明对比，这些脑电波太常见了。这些在娴熟的瑜伽修行者大脑中产生的同步伽马脑电波水平急剧升高，且独立于任何特殊的心智活动。这可谓闻所未闻。

理查德和安托万第一次看到了持久改变带来的神经回声，这一持久改变源自铭刻于脑海多年的冥想练习。这是深藏在数据中的宝藏：真正的人格重塑。

人格状态

在安托万领导的一次研究中，在未做过冥想的志愿者进行和瑜伽修行者同样的为期一周的练习后，他们的大脑在休息和进行冥想时并无任何差异。[3] 这与瑜伽修行者的大脑在休息和冥想时的显著差别形成了对比。因为任何可学习的心智技能只有经过长时间的练习才能掌握，鉴于瑜伽修行者花费了大量的时间进行冥想，我们对初学者和娴熟者之间的巨大差异并不感到惊讶。

还有一个意外发现：瑜伽修行者展现的天赋本身也标志着重塑人格，他们能瞬间准时地进入特定的冥想状态。与瑜伽修行者相比，大多数冥想者更像初学者，其精神冥想技艺的对比十分鲜明：当我们冥想时，我们需要一些时间平静下来，放下分散注意力的杂念，并在冥想中获得动力。

我们或许在不经意间就有了一次所谓“好的”冥想体验。偶尔我们可能会盯着手表看看这一过程还能持续多久。

瑜伽修行者不用这样。

他们非凡的冥想技巧表明技术上说的“特质交互状态”的存在，这暗示了构成人格基础的大脑变化也会产生冥想状态下活跃的特殊能力——这里说的是冥想开始得更快，强度更大，也更持久。

在冥想科学中，“状态改变”指的是仅在冥想过程中发生的变化。人格改变表明冥想练习改变了大脑和生理，所以冥想引起的变化在冥想开始前就能显现。

所以，“人格状态”效应指的是暂时的状态改变，只能在那些表现出持久人格改变的人（长期冥想者和瑜伽修行者）身上看到。理查德实验室进行研究期间就有几人出现了持久的人格改变。

举个例子。回想一下，瑜伽修行者在自然安住明和慈爱冥想期间伽马脑电波活跃度的升高远比对照组明显。伽马脑电波活跃度的升高是以基线开始变化为标志的，其每天的水平都标志着另一种人格状态效应。

更重要的是，当他们处于“自然安住明”的状态时，状态和人格之间的界限变得很模糊：瑜伽修行者得到明确指示，将他们的日常生活融入自然安住明的状态，使状态转变为人格。

做好准备

参与者戴着耳机依次躺在扫描仪下，笨重的耳机使他们的脑袋无法自由活动。一组是冥想初学者，另一组是来自东方和西方的瑜伽修行者（一生平均进行 34 000 个小时的冥想）。他们（当然也有女性瑜伽修行者）在进行慈爱冥想时都会进行脑部扫描。[4]

同样参与了这项研究的马修·李卡德描述了他们所采取的方法，具体如下：首先，想想某个你非常在乎的人，重新感受对他的慈爱之情；其次，对所有人都持有这份慈爱，无须特意想到谁。[5]

慈爱冥想期间，每个人都会随机听到一些声音，有婴儿的快乐笑声，有咖啡馆里的背景音乐，也有人们痛苦的声音（像第六章中所研究的尖叫声）。正如之前研究同情心和大脑一样，与人们在休息时听到的痛苦之声相比，每个人在慈爱冥想期间感受痛苦的神经回路都更强烈。

值得关注的是，瑜伽修行者对感同身受这一大脑反应比初学者更强烈。此外，他们在慈爱冥想方面的专业技能也加快了神经回路的速度，主要包括在感知他人精神状态或在接受其观点时。最后，大脑区域有所增强，尤其是关键的杏仁核部位。我们感觉到他人的痛苦是非常重要的，需要更加注意。

有趣的是，非初学瑜伽修行者表明只有大脑弧形的最后部分才会活动，它引导身体运动中枢活动。即使是静静躺在扫描仪下，当我们刚准备活动时，大脑运动区也要采取一些果断的行动提供帮助。瑜伽修行者的神经回路有明显的强化迹象。运动神经区（特别是运动前区皮质）的参与似乎很明显：它对一个人的痛苦产生了情感共鸣，准备寻求帮助。

慈爱冥想期间瑜伽修行者的神经剖面似乎反映了改变之路的终结。对之前从未进行过冥想的人（即初学者）来说，这种模式不会在他们进行慈爱冥想期间出现——因为这需要练习。这里有一个剂量反应：这种模式在初学者身上迹象不明显，随着冥想时间的增加会越来越明显，在瑜伽修行者身上最为显著。

有趣的是，相比其他人，正在进行慈爱冥想的瑜伽修行者在听到别人痛苦的声音时，他们的后扣带回皮质活性较低，后扣带回皮质是集中思想的关键区域。[6] 瑜伽修行者在听到痛苦的声音时似乎会首先转移注意力。

研究还显示后扣带回皮质和前额皮质区之间有更强烈的联系，这是一种整体模式，暗示“什么事会发生在我身上”的概率会下降。自我关注会阻碍怜悯行为。[7]

一些瑜伽修行者后来解释称他们所受的训练给他们灌输了一种时刻准备行动的想法，所以当别人遭遇困难时，他们毫不犹豫地采取行动帮助那个人。这种时刻准备行动的想法同他们想与别人共患难的意愿一起“打败”了远离痛苦之人的正常反应——退却。

这似乎正好体现了冥想大师给瑜伽修行者的建议，比如：“敞开心扉，完全接受一切状况、感情和所有人，内心毫无保留地去体验一切。”[8]

痛苦的存在

18 世纪时，藏文典籍敦促冥想者“在任何阻碍你的情况下”都坚持练习，还说，“生病了，就在生病的情况下练习……感到寒冷时，就在寒冷中练习。在任何状况下都能坚持练习就可实现冥想。”[9]

同样地，冥想大师也鼓励将一切感受甚至痛苦都视为我们的“朋友”并作为冥想的基础。因为冥想的本质是意识，任何引起注意的感受都可以用作支撑，而且在集中注意力上，痛苦尤为有效。将它视为一位朋友并“缓和拉近”我们的关系，我们会逐渐学着接受痛苦而不是试图摆脱它。

记住这一建议，再去想想理查德团队利用热刺激让瑜伽修行者产生剧痛后发生了什么。每一位瑜伽修行者都与冥想初学者（同龄且性别相同的志愿者）进行了比较。在对他们进行研究前的一星期里，这些志愿者学着进入“自然安住明”状态，这是一种专注的状态，接受生活的一切，不施加想法，也没有情绪反应。我们的意识完全开放，我们只需意识到发生了什么，而不受任何波澜起伏的影响。

首先，对研究对象进行测试，找出他们各自能忍受的最高温度。其次，告诉他们将会受到来自热仪器长达10秒的刺激，而在此之前，会用微烫的板子触碰他们10秒作为警告，同时扫描他们的脑部。

板子变热那一刻（疼痛感也恰好将至）激活了对照组成员整个大脑的疼痛基质区域，似乎他们已经感受到了强烈的灼烧感。“好像”感受到疼痛（从学术上来说，就是“预期性焦虑”），而他们对此反应是如此强烈，以至当真正疼痛的感觉开始时，他们疼痛基质区域的活跃程度只是稍有增强。在热量退却后的10秒恢复期，基质区域仍很活跃，并没有立即恢复。

预期–反应–恢复这一顺序让我们有了了解情绪调节的突破口。

比如，深深担忧即将到来的痛苦医疗过程，这本身也会造成预期性焦虑，因为我们只会想象接下来会有多难受。事情发生后我们仍对刚刚经历的一切感到痛苦。从这个意义上来说，从真正的痛苦开始前到结束后，我们的痛苦反应会一直持续——对照组的志愿者身上表现出的正是这种模式。

瑜伽修行者的反应顺序则完全不同。他们也像对照组一样处于自然安住明的状态，而且毫无疑问，某种痛苦程度比初学者更强烈。对瑜伽修行者来说，当板子有点热时，他们疼痛基质区域的活跃程度几乎无变化，即使这暗示着 10 秒后剧痛才会开始。他们的大脑似乎只是简单地记下了这一暗示，并无特殊反应。

在板子真正剧热的时候，让人惊讶的是瑜伽修行者却反应剧烈。反应主要是在负责接收刺激物粒状感觉（刺痛感、压力、高温）的区域和热板接触过的皮肤区域产生的其他原始感觉。疼痛基质的情绪区有所激活，但没有感觉通路那么强烈。

这表明心理构成部分有所减少，比如对预期疼痛的忧虑和加剧的疼痛感本身。热量消失后，疼痛基质的所有区域迅速回到感觉疼痛前的水平，这比对照组的速度更快。这些经验丰富的冥想者恢复至正常状态，像是什么也没有发生过。

这种倒V形的模式（即对疼痛的预期反应不大，真正感到疼痛时反应强烈，然后迅速恢复）可以说是具有高度适应性的。在事情发生前后不受情绪反应的影响，这让我们能够充分应对挑战。这似乎是一种最佳的情绪调节模式。

还记得6岁时我们去牙医那儿补牙时的恐惧吗？这对一个6岁的小孩来说简直就是噩梦，但随着我们的成长，我们不再感到害怕。当我们26岁时，童年时期的痛苦经历可能会变得更像忙碌生活里的一项日常任务。长大了的我们与小时候相比完全不同——我们的思维模式和行为都更成熟。

就像在疼痛研究中的瑜伽修行者一样。多年来的冥想练习表明，他们在疼痛过程中所处的状态反映了他们通过训练获得了持久变化。因为他们参与了自然安住明的练习，这也可以作为人格效应的一种状态。

轻　松

如同任何需要我们练习的技巧一样，在进行冥想的第一周里，初学者渐渐觉得不那么难了。比如，初学者在10周的时间里每天练习冥想，他们说不论他们关注的是自己的呼吸，还是进入慈爱冥想状态，哪怕是仅仅观察自己思想的流动，所有练习对他们而言都变得轻松了，他们也更愿享受其中了。[10]

正如我们在第八章中看到的，贾德森·布鲁尔发现，所报道的一群长期冥想者（一生平均进行了约1万个小时的练习）在冥想期间意识轻松，后扣带回皮质（活跃在“自我”心理操作期间的部分默认网络）活性降低。[11]当我们忘却自我时，事情进展似乎变得毫不费力。

报道称，当长期冥想者“意识集中”“轻松”“毫不费力”“心满意足”时，后扣带回皮质活性就降低了。相反，当他们“意识分散”“费力”“不满足”时，后扣带回皮质活性就升高了。[12]

理查德团队对一生都在进行冥想练习的人进行了评估，发现经验丰富的瑜伽修行者是唯一有可能出现大脑功能自由转变的人群。离开了这一简单的度量标准，初学者和熟练者之间的一般比较会埋没这一有价值的发现。

据报道，初学者的一组也变得日渐轻松，虽然只在他们积极冥想时——除此之外就是短暂的一种状况效应。对初学者来说，“日渐轻松”似乎是有所关联的：从付出巨大的努力开始（特别是对抗头脑中思想分散的倾向），随着时间的推移，情况会变得越来越好。虽然我们早已看到他们在完成实验室方案时的突出表现，但他们的“不用那么努力”与在瑜伽修行者身上发现的“毫不费力”还相差甚远。

这里涉及的“毫不费力”这一标准能够使你的思想保持在一个你选择的关注点上，能够抵抗思想分散的本能或不易被一个声音带离状态，而且丝毫没有需要刻意努力的感觉。这种轻松感似乎会随着练习的增多而增加。

理查德的实验室最初将娴熟的冥想者和对照组就前额皮质功能激活的重要性进行了比较，在此期间他们的注意力都放在一个光点上。与对照组相比，长期冥想者在前额皮质功能激活上增长较为缓慢，虽然差别并没有那么明显，但令人感到奇怪。

一天下午，当理查德和他的团队成员坐在长形会议桌旁思考这些令人有点失望的数据时，他们开始反思专业技能练习时长的巨大跨度，即使在所谓的“专家级别的冥想者”的小组中时长跨度也是非常之大的。这一专家级别的小组实际上练习时长范围是 1 万~5 万个小时——非常大的跨度。理查德想如果与练习时间最短的冥想者比较的话会有什么发现呢？事实上，理查德早就发现高水平的冥想专家的轻松实际上表现在前额皮质功能活性降低，而非升高。

当理查德的团队将其与练习时间最短的冥想者进行比较时，他们的发现确实惊人：前额皮质活性的升高都出现在练习时间最短的冥想者身上，而那些练习时间最长的冥想者身上几乎没有出现活性升高的情况。

奇怪的是，当大脑集中在专注的对象——光点上时，它只发生在练习阶段的一开始。一旦光线聚焦，前额皮质激活就会消失。这一顺序可能代表了自然注意力的神经回声。

另一个测试注意力的措施就是利用各种富有情感的声音（如大笑、尖叫、哭泣）来看看冥想者如何分心。当他们把注意力放在光点上时就会听到这些背景音乐。接收这些声音的杏仁核激活越多，注意力就越不集中。在一生练习时间最长的冥想者（一生平均冥想时长为 44 000 个小时，相当于 10 年，每天 12 个小时）中，他们的杏仁核对饱含情绪的声音毫无反应。对那些练习时间相对较短的冥想者（虽然冥想时间仍然很久，有 19 000 个小时）来说，他们的杏仁核对声音反应强烈。两组成员做出反应的大脑杏仁核大小比例居然相差 400%！

这表明一种特殊的注意选择性：大脑能够毫不费力地阻断外界的声音和这些声音通常会引起的情绪反应。

更重要的是，这意味着即使处于高水平的练习状态，人格依旧会改变。即使冥想时长达到 5 万个小时，这种剂量反应关系也不会结束。

将大脑切换至轻松自由的运行状态是经验最丰富的瑜伽修行者才拥有的能力，因为理查德的小组已经评估了总冥想时长的重要性。离开了这个简单的指标，这项价值连城的发现将被埋没于冥想初学者和专家的常规比较之中。

心脏与大脑

1992 年，理查德和那群勇敢的研究人员带着大量的装备来到印度，希望找到最有经验的冥想大师。你应该还记得，理查德和他的研究人员朋友无法从山居修行者那里搜集到任何真正的科学数据。

但是，当理查德和他的同事与修道院的僧人谈论他们的工作时，理查德想他们带去印度的设备终于派上用场了。他们并没有进行枯燥的学术谈话，而是就如何记录下大脑电信号进行了生动的阐述。

因此，当理查德和他的朋友带着装满脑电图设备的手提箱到达修道院时，200 位僧人认真地坐在地垫上。他们花了相当长的时间放置多插座的电极。理查德和其他科学家尽可能快地把所有的电极固定到位。

那晚的演示是在神经科学家弗朗西斯科·瓦雷拉身上进行的。理查德需要将电极贴在弗朗西斯科的头上，因此挡住了他的视线。在理查德完成一切准备工作离开后，平时看起来古板的僧人们都哈哈大笑起来。

理查德本以为这些僧人之所以大笑是因为弗朗西斯科看起来有点儿滑稽：他戴着电极，一根根垂下来的电线像一根根意大利面条。可是，僧人们并不是因为这个大笑的。

他们之所以大笑是因为理查德和他的团队说他们对研究同情心感兴趣，但他们将电极贴在头上而不是心脏处。

理查德的团队花了 15 年左右的时间才在僧人身上有所发现。理查德的团队在刚来的瑜伽修行者身上曾经看到一些数据，他们意识到同情心是一种非常具体的状态，大脑和身体紧密相连，尤其是大脑和心脏之间的联系尤为紧密。

这一联系的证据来自对瑜伽修行者大脑活动与心率关系的分析——当瑜伽修行者听到别人伤心时，他们的心率比初学者更快，基于这一意外的发现他们进行了后续研究。[13] 他们的心率与脑岛关键区域的活动有关，脑岛是身体向大脑传递信息的一扇门，反之亦然。

理查德的团队有数据表明，通过瑜伽训练，大脑与心脏之间变得更协调——尤其在慈爱冥想期间。

这也是人格状态的一种发现，它只发生在瑜伽修行者进行慈爱冥想时（而不是在其他冥想期间、休息时，或者对照组的那些人身上）。

总之，慈爱冥想使得瑜伽修行者对别人的情绪更敏感，尤其是当他们心烦意乱时，同时也增强了对自身身体——特别是心脏（对他人的痛苦产生共鸣的关键源泉）的敏感度。

同情的多样性可能也很重要。这里练习者进行的是“非参考性的”慈爱冥想。用马修的话来说就是他们“产生了一种爱和同情弥漫于整个心灵的状态，除此之外没有其他多余的思想”。他们并没有把注意力集中在某个特定的人身上，而是产生了同情心的基本品质，这对于协调大脑和心脏的神经回路尤其重要。

长期对一个人的重视可以被视为同情的一种基本形式。对他人的重视也可以增强共鸣，让我们捕捉到更多转瞬即逝的面部表情和其他类似的东西，使我们了解到当事人当下的真实感受。如果我们的注意力“眨了下眼”，我们可能会错过那些信号。正如我们在第七章中看到的，长期冥想者比普通人注意力更集中。

注意瞬脱的中止在许多因严格的思维训练而改变的心智功能中都有所标记，但科学家认为这是神经系统固定的且不可改变的基本特性。除了科学界将大部分特性作为典型案例外，外界人士对这些特性几乎一无所知，这也是对认知科学中假设体系地位的挑战。但是，鉴于新的发现，抛弃旧有假设是科学本身发展的动力。

还有一点，我们猜想瑜伽修行者自我感和依赖感的减轻与伏隔核的萎缩有关，我们在西方的长期禅修者身上也有此发现。虽然依赖感的减轻是理查德团队进行研究的一个明确目标，但是理查德在瑜伽修行者身上并未有所发现。

由于默认模式及其如何衡量和它在大脑自我系统的关键作用等

直至最近才有所发现，所以当瑜伽修行者依次进入实验室进行测试时，理查德团队并未暗示他们可能想利用基线来测量这种改变。

从某种程度来说，科学的进步是通过获取未知的新数据以创新手段实现的，这也是我们所做的工作。这意味着我们在瑜伽修行者身上的些许发现与我们偶然采取的措施有更多的联系，而对人类经历的这一领域进行细致剖析则未必有收效。

在瑜伽修行者身上的发现虽然看起来大有可观之处，但是也凸显出不足：这些数据点只不过是对长期冥想产生的明显人格转变的一瞥。我们不想将这一人格品质降低到恰好符合我们测量的程度。

科学界有关瑜伽修行者重塑人格的观点无异于盲人摸象。比如，伽马模式的发现似乎相当令人兴奋，但这就像盲人摸到大象的躯体，而对大象其他的身体部位一无所知。因此，他们的一些特质，如注意力暂时缺失，能保持轻松的冥想状态，极快速地从痛苦中恢复过来，时刻准备帮助处于困境中的人等，都只是我们尚未完全了解的更大现实中的冰山一角。

正如威廉·詹姆斯在100多年前所研究的，更重要的是认识到清醒意识的普通状态，而这也只是一种选择。另一种选择则是重塑人格。

简单说说瑜伽修行者对于世界的意义。这类人是很少见的，在某些亚洲文化中称之为“活着的宝藏”。与之相遇收获颇多，也备受启发，这并不是因为所谓的身份或名人效应，而是因为他们身上所散发出的内在优秀品质。我们希望瑜伽修行者所在的各个国家能够意识到保护他们群体的重要性及了解其专业知识和实践的必要性，同时也要珍惜重塑人格所蕴含的文化价值。否则，失去通往这种内在专长的道路将是一个世界悲剧。

小 结

瑜伽修行者大量的伽马脑电波活动和伽马振荡在大脑广泛区域内产生的共鸣表明了他们所报告的意识品质的全面与广阔。他们当前的意识（并没有深陷于对未来的期待或对过去的反思）对痛苦的反应似乎呈现出明显的倒V形，而瑜伽修行者对此几乎未表现出预期的反应，并且很快恢复如常。同时，在神经系统方面也有证据表明瑜伽修行者可以毫不费力地集中注意力：只需神经通路稍微将他们的注意力集中在一个选定的物体上，他们几乎毫不费力就能保持专注。最后，当对别人产生同情心时，瑜伽修行者的大脑和身体的联系变得更多，特别是与他们产生情感共鸣的心脏联系更紧密。

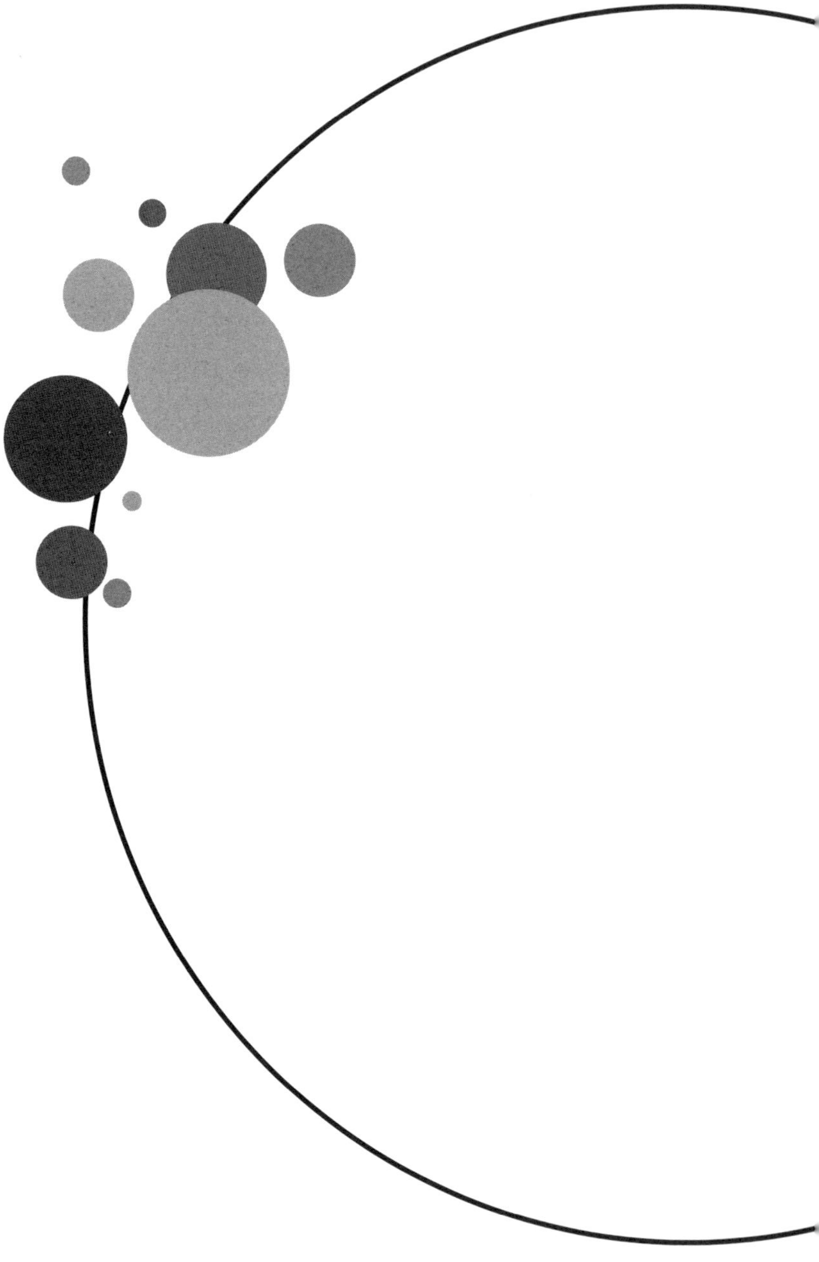

第十三章

重塑人格

“一开始什么都没有到来，中间也没有东西停留，最后也没有东西逝去。”这个神秘的谜语出自西藏12世纪的著名诗人、瑜伽修行者和圣人密勒日巴尊者（Jetsun Milarepa）。[1]

马修·李卡德用这种方式解答了密勒日巴尊者的谜语：刚开始做冥想练习时，变化往往是难以察觉的。坚持一段时间后，我们开始感受到自身性情的转变，但仍不稳定。最后，经过持续不断的练习，我们将这些积极的转变巩固下来，使其内化成了我们稳定的人格。这些改变即为人格重塑。

总的来说，冥想练习的数据能粗略反映出从初学者到长期冥想者，再到瑜伽修行者这一渐进过程。这条进步曲线既反映了练习时长的重要性，又体现了大师指导的重要作用。

对初学者的研究通常是看冥想对于总练习时长不足100个小时（有的甚至只有7个小时）的人的影响。长期组主要是内观禅修者，冥想时长平均有9 000个小时，其中少则1 000个小时，多则10 000个小时及以上。

理查德实验室所研究的瑜伽修行者都至少已经做过三年的禅修，冥想时长达到62 000个小时。瑜伽修行者的冥想时长平均为27 000个小时，为长期冥想者的三倍。

然而，有几位长期内观禅修者的冥想时长已达20 000多个小时，甚至有一两位达到30 000个小时，但是他们都没有参加过三年的禅修——而这正是区分长期冥想者和瑜伽修行者的一个重要指标。因此，尽管不同组别间的冥想者可能在冥想时长上有少数重叠，但这三组中绝大部分特征还是有很大的不同的。

对于这三个级别的终生冥想时长并没有硬性规定，对它们的研究只是集中在特定的范围内。我们把冥想的好处分成三个效应级别，大致按冥想初学者、冥想业余爱好者、冥想专业人士进行分类。类似这样的分类在各个专业领域都可见到，比如女芭蕾舞演员、国际象棋冠军。

西方绝大多数的冥想者都属于第一级别：冥想时间很短，每天大多只冥想几分钟到半小时。有一小部分人会继续冥想，进而达到长期冥想者的水平。只有少数人能够成为专业冥想者。

让我们来看看冥想对于初学者的影响。在最初的几个月里，那些能够证明日常练习能减轻压力的证据往往不可靠，且主观证据多于客观证据。另外，在经过 8 周约 30 个小时的正念减压练习后，大脑压力回路中的关键节点杏仁核的活性降低。

从一开始，同情心冥想就彰显出更多的益处，在为期两周的课程里，仅练习 7 个小时就增强了产生移情和积极情绪的脑回路的连通性。练习的效果十分显著，即便是在练习者不做冥想的时候，他仍然会表现出这两种情绪。这是冥想状态变成特质的首个迹象。尽管如果不持续进行练习，这些影响便会消失，但是在冥想状态之外，同情心也会出现的事实可能反映了我们与生俱来的善良。

初学者在一开始就会发现其注意力有所改善，在仅 8 分钟的正念练习后，其心智游移就会减少。可以肯定的是，这确实是一个短期的好处。仅仅两个星期的练习就足以让人减少心智游移，工作时注意力更集中，研究生入学考试成绩显著提高。事实上，一些发现表明，只需两个月的练习，自动产生自私和利己想法的大脑区域的活性就会降低。更令人欣慰的是，冥想练习对人体健康也有益：仅通过 30 个小时的练习，细胞老化的分子标记就会出现微小的改善。

但是，如果不坚持练习，所有这些影响都不可能持续下去。即便如此，冥想练习给初学者带来的巨大好处还是让我们很震惊。即使刚开始在家练习，也能很快看到冥想在某些方面带来的好处。

长期冥想的好处

若能坚持冥想很多年，比如，达到长期冥想者的冥想时长——100~10 000 个小时，则会带来更多的好处。这可能意味着每天都要进行一次冥想，每年进行一次持续一周左右的静修，并且得到进一步的指导，而这都需坚持很多年。早期的好处加强以后，才会慢慢出现其他的好处。

比如，在这个范围内，我们看到与压力反应有关的神经和荷尔蒙指标有所降低。另外，对于情绪调节重要的脑回路的功能连接性增强。在应对压力时，肾上腺分泌的关键激素皮质醇会减少。

长期进行慈爱冥想或同情心冥想练习，能够使我们对别人的痛苦产生更多的共鸣，从而让我们的关心能够真正帮助到他们。经过长期的练习，我们各方面的注意力也会得到加强：选择性注意力锐减，注意瞬脱减少，持续性注意力变得更加容易培养，并且快速应对能力也得到提高。长期冥想者在减少心智游移和自恋模式方面的能力增强，这些脑回路之间的连通性减弱，这意味着不那么以自我为中心。冥想状态下通常会出现这些改善，并且逐渐变为稳定的人格特质。

只有在数千个小时的练习之后，呼吸速率等非常基本的生理过程才会发生改变。静修时训练较为集中，比日常训练能更好地增强其中的一些改变。

虽然尚未有充足的证据表明长期练习带来的神经重塑似乎可以改变大脑的结构和功能，但举例来说，杏仁核和前额区调节回路之间的功能连接更强，与“渴望”或依恋相关的伏隔核的神经回路似乎随着长期练习而缩短。

虽然一般来说，终生冥想时间越长，由冥想带来的改变也越多，但我们猜想，不同的神经系统改变的速率也不同。比如，同情心的增强比压力应对能力的提升要快。我们预计未来的研究将填补各种脑回路剂量反应动态的细节。

有一个有趣的迹象，长期冥想者在一定程度上通过人格效应提高了他们的练习效果。一些冥想状态可能在睡眠中继续存在。经验丰富的冥想者经过一天的静修，在基因水平上对自己的免疫反应有帮助，这一发现令医疗机构感到很震惊。

瑜伽修行者

当达到世界级的水平时（冥想时长为12 000~62 000个小时，还包括多年的深度静修），就会产生一系列非常显著的效果。练习在某种程度上将冥想状态逐渐转变为特质。藏语中对冥想精神状态的“变得熟悉”这一说法，就是形容这一改变的。冥想状态融入日常活动中，改变的状态会逐渐变为改变的特质，最终内化为人的性格特征。

在这里，理查德的研究小组在瑜伽修行者大脑的功能甚至结构上看到了有改变的特质的迹象，以及一些非常优秀的品质。虽然程度较轻，但在基线状态下也发现了在同情心冥想中最初观察到的同步伽马振荡的跳跃。换句话说，对瑜伽修行者来说，这种状态已经成为一种特质。

人格状态相互作用指的是，当做同样的练习时，与冥想初学者相比，瑜伽修行者在冥想过程中发生的改变大为不同，并且是显而易见的。最强有力的证据可能是，在简单的正念式练习后，瑜伽修行者对身体疼痛的反应表现为一个尖锐的倒V形，在预感到有疼痛时，大脑并没有什么活动，并在很短的时间内达到疼痛的高峰，之后又快速恢复至正常状态。

对我们大多数人来说，在冥想时保持注意力集中需要耗费脑力，但对终生冥想时间很长的瑜伽修行者来说几乎毫不费力。一旦他们的注意力锁定于某个目标，就能保持完全集中，注意力的神经回路归于平静。

当瑜伽修行者进行慈爱冥想时，心与脑之间的联系就会加强，超出通常所见。最后，有一些数据显示，长期冥想者的伏隔核会收缩，令人振奋。我们可能会发现瑜伽修行者的大脑中对减少依恋、贪婪和以自我为中心有影响的结构发生进一步的变化。大脑中会发生什么样的类似的神经变化，以及它们的含义是什么，还需进一步研究才能破译。

之 后

这些显著的数据点仅仅暗示着这一层面的冥想之路的全面开花。其中一些结果是偶然发现的，例如在理查德决定要检查瑜伽修行者的基线数据，或者看经验最丰富组与其他人的对比数据时。

然而，有逸闻显示：理查德实验室取一名瑜伽修行者在其静修期间的唾液样本，以评估他的皮质醇活性，但其皮质醇活性水平过低，不达标准水平。因此，实验室不得不下调了测定范围。

一些佛教传统认为这种稳定的水平是渗透人的思想和行为的“性本善”的标志。一位僧人这样评价自己的老师——很多冥想派别都崇拜的一位大师，“像他这样的人有双重意识”，不管他做什么，他的冥想成就都充当了一个稳定的背景。

包括理查德实验室和贾德森·布鲁尔实验室在内的几个实验室已经注意到，更专业的冥想者的大脑模式处于正念冥想和慈爱冥想时的静止状态，而初学者则不是。[2] 专家级冥想者和刚进行冥想练习的人之间的基线对比可以作为研究中改变的特质标志，尽管它只是提供了一个简单的信息。

也许有一天，一个时间跨度很大的研究会如同一段视频一样，告诉我们人格的重塑是怎么发生的。现在，正如布鲁尔小组猜测的那样，冥想似乎改变了我们的休息状态——大脑的默认模式，类似于冥想状态。

或者，正如我们很早以前所说的那样，所谓“之后”，就是下一次冥想的“之前”。

找寻持久的改变

天主教圣人圣方济各·沙雷氏（Francis de Sales，1567—1622）曾说：“如果思绪游离，注意力分散，就轻轻地把它带回原点……哪怕你一个小时内没有做任何事情，单是把它带回原点（虽然它每次还是会离开），你的时间也得到了非常充分的利用。”[3]

无论练习的细节是否相同，几乎所有的冥想者都有一系列共同的步骤。刚开始，要刻意地集中注意力，但一段时间过后，你的思绪开始游离。当你注意到它已经游离时，你可以做出最后一步：把你的思绪带回到原来的关注点上。

埃默里大学的一项研究发现，经验越丰富的冥想者，参与这些步骤的大脑区域之间的联系越紧密。[4]重要的是，冥想者与对照者之间的差异不仅在冥想时有，而且在平常的“休息”状态中也有，这表明这种不同可能是一种人格特质效应。

如何将冥想时长与大脑的变化联系起来，终生冥想时长的测量为此提供了一个成熟的机会。可以肯定的是，这样的联系不是因为自我选择，或是需要进行另一个步骤：进行纵向研究。在理想情况下，随着练习的继续，影响会变大（设置一个冥想时长相等但没有显示出这些变化的阳性对照组）。

两项纵向研究——塔尼亚·辛格团队研究同情心冥想，克利福德·萨龙团队研究止观，已经取得最具说服力的一些数据来证明冥想创造了人格转变，而且还有一些惊喜的发现。

以塔尼亚的研究为例。她注意到，一些研究人员想知道为什么每天进行身体扫描（正如在葛印卡的方法中所看到的那样）的冥想者在心跳计数方面没有任何进步。心跳计数是对我们身体进行调整的标准“内感”测试。

她在她的ReSource项目中找到了答案。经过三个月“存在感”日常练习后，她发现自己感知身体信号（例如心跳）的能力并没有增强，其中包括正念的身体扫描，但这些改变在6个月后开始显现，9个月后变化更明显。一些好处的显现需要时间，心理学家称之为“睡眠者”效应。

有这样一个故事，一位瑜伽修行者在喜马拉雅山洞里静修了很多年。有一天，一个游客碰巧路过，看到了这位瑜伽修行者，问他在做什么。瑜伽修行者说：“我正通过冥想培养耐心。”

旅行者回答道：“原来如此……那你可以下地狱了！”

瑜伽师气愤地反驳道：“你下地狱去吧！”

几个世纪以来，这个笑话（就像集市里的瑜伽修行者的故事那样）不断警示着那些认真练习的冥想者，告诫他们练习的成效只有在日常生活中才能得以检验，仅仅在冥想时表现良好是没有说服力的。无论生活带给我们什么，耐心这样的特质都会让我们保持从容。

正如一位冥想大师所说："有句古语说，一切都好的时候——阳光照耀，酒足饭饱，修行者的外表如同圣人一样，但遇到真正的挑战或危机时，他们就表现得和普通人一样了。"

我们生活中的"大灾难"是特性变化持久性的最佳测试。瑜伽修行者在静修时能将皮质醇水平降到极低，向人们展示其轻松愉悦的精神状态，但这并不足以说明问题。只有在他忙得焦头烂额时的皮质醇水平才能真实反映出该特质的转变与否。

专业知识

我们都听说练习 1 万个小时就能获得某种技能，比如计算机编程或打高尔夫球，对吗？

这是错误的。

事实上，科学发现，有些领域（比如记忆领域）的技能可以在 200 个小时内掌握。更重要的是，理查德实验室发现，即使是那些已经进行 1 万个小时练习的专家冥想者的专业知识也会随着终生冥想时间的增加而稳步增长。

这对认知科学家安德斯·爱立信（Anders Ericsson）来说并不是什么新鲜事。让他烦恼的是，他对于专业知识的研究引起了他对广为人知的定律——1 万个小时可以精通一门技能的怀疑。[5] 爱立信的研究表明，要想精通一门技能，并不是投入 1 万个小时即可，关键在于怎么让这些时间发挥最大的价值。

他所谓的“刻意”练习指的是，有一位专家教练对你如何做一件事情给予反馈，以便你可以朝着自己的目标有目的性地改进练习。高尔夫球球手可以从她的教练那里得到精准的建议，以改进自己的挥杆角度。同样，实习外科医生也可以从更多经验丰富的外科医生那里获取建议。一旦高尔夫球球手和实习外科医生改进了自己的练习，达到了精通的程度，教练们就会为他们下一轮的进步提供进一步的反馈。

这就是为什么如此多的专业表演者（无论是体育专业、戏剧专业还是音乐专业）在整个职业生涯中都有教练进行指导。不管你有多么优秀，你总是可以变得更优秀一些。在竞争激烈的领域，这些小小的改进可能就会改变胜负局面。即使你无须参与竞争，微小的改变也会让你不断突破自我。

这同样适用于冥想领域。以理查德和丹尼尔为例。几十年来，我们从不间断地进行练习，并且很多年来，每年都会进行 1~2 次长达一周的静修。我们每天早上都坚持打坐（只有遇到要搭乘早上 6 点的飞机这样的情况才会打破常规）长达 40 多年。虽然我们每个人在技术上都可称为“长期冥想者”，终生冥想时长达 1 万个小时，但没有一个人感觉到有非常明显的人格转变。为什么？

首先，有数据表明，在一段时期里每天进行冥想与花费很多天集中进行静修是非常不同的。第五章研究了经验丰富的冥想者（平均冥想时长达 9 000 个小时）及其对压力的反应，结果令人很意外。[6] 冥想者的前额区和杏仁核之间的连通性越强，对压力的反应就越小。令人惊讶的是，前额区和杏仁核联系的增强与冥想者在静修中所花费的时间有关，但与其在家中冥想所花费的时间无关。

类似地，另一个惊人的发现来自对呼吸速率的研究。冥想者的呼吸速度较慢，这与其静修练习的时长相关性最强，远远强于日常练习。[7]

冥想和静修的一个重要区别在于有没有老师（比如教练）提供指导。然后是静修练习的强度，冥想者通常连续多天每天花费长达 8 个小时（有时甚至更多）做正式的练习。而且，许多甚至是大多数静修都至少需要部分时间保持沉默，而这可能有助于提高练习强度。所有这些都为提高学习曲线提供了独特的帮助。

业余爱好者和专家之间的另一个区别在于他们的练习方式。无论是高尔夫球、国际象棋还是类似于正念的练习，业余爱好者学习的都是基本动作，经过大约 50 个小时的练习和纠正，他们的水平往往就趋于稳定了。之后再进行训练，他们的技能水平也基本保持不变——进一步的训练并没有让他们有很大的进步。

专家的训练方式则不同。他们在教练的监督下进行集中训练，教练会向他们提供建议，告诉他们接下来怎么做才能变得更好。这就使学习曲线可以持续不断地稳步上升。

你需要在练习时找一名水平高过自己的老师，他可以告诉你如何进行改进。多年来，我们俩一直在寻求冥想教师的指导，但在我们的生活中很少有那样的指导。

《清净道论》建议练习者找一个比自己有经验的人。理想情况下，在这份古老的潜在教师名单中，阿罗汉是首选（阿罗汉是巴利语中对冥想得道者的称呼，相当于世界级的水平）。如果找不到合适的老师，就找一个比你有经验的人。至少，这样的人应该读过一本你没有读过的佛经或者经卷中的某一章。今天，这可能相当于从一个试用过冥想应用程序的人那里获得指示，毕竟有总比没有好。

大脑匹配

丹尼尔在给乔恩·卡巴金的信中写道："你的项目可能会在整个医疗系统传播开来。"当时乔恩还什么都不知道。那一年正是 1983 年，乔恩还在努力地工作，仅仅为了能够让医疗中心的医生给他分配些病人。

丹尼尔鼓励乔恩对这个项目的效果进行研究。这项研究也许是今天数百项关于正念减压疗法研究中的一小部分。丹尼尔、理查德以及他们在哈佛大学时的论文指导老师，就人们的焦虑感主要由大脑感知还是由躯体感知提出了一个软测量方法。丹尼尔指出，正念减压疗法项目不仅有认知练习，而且有躯体练习。他建议乔恩就"对于特定的类型，哪种练习的效果更好"进行研究。

乔恩继续了这项研究。他发现内心极度焦虑（即认知焦虑）的人可通过正念减压疗法里的瑜伽练习得到缓解。[8] 从全部的冥想类型中，可以派生出更广泛的、便于练习的版本。这也引出了一个问题：对于特定类型的人，哪种形式的练习效果最佳？

因材施教由来已久。例如，《清净道论》建议冥想老师仔细观察他们的学生，以评估他们的类别。“贪婪”或“怨恨”就是两种类型。这都是为了让学生使用最适合自己的方法。这种匹配似乎有点中世纪的感觉，包括：让“贪婪”类型（那些率先留意到美好事物）的人将糟糕的食物、不舒服的宿舍和令人憎恶的身体部位作为冥想的对象，让“怨恨”类型（率先留意到糟糕事物）的人把最好的食物和一张舒适的床等作为冥想的对象。

正如理查德和科特兰·达尔（Cortland Dahl）提出的那样，更科学、更理想的匹配应该结合人们的认知方式和情感方式来进行。[9] 例如，对那些反复思考和容易焦虑的人来说，一开始就观察自己的想法会有所帮助，他们试着把想法看作“单纯的想法”，而不是陷于思考的内容中。而且，或许通过由想法引起的情绪失控的一种度量（即汗水反应的反馈）可以进一步帮助他们。一个注意力非常集中但缺乏同情心的人可以从同情心冥想的练习开始。

有朝一日，这种匹配可能会依据脑部扫描来进行，有助于人们选择最优的方法。基于生物学的这种匹配在一些有“精准医疗”的地方已经得以实施，在这些地方，通常是依据个人独特基因构造来对病人进行治疗的。

类型学

丹尼尔在第一次访问印度时，遇到了一位优秀的瑜伽修行者尼姆·卡洛里巴巴。他经常待在印度教寺庙和修行地，供奉神猴哈努曼。他的追随者都练习奉爱瑜伽。在他所居住的印度地区，人们非常热衷于练习这种瑜伽。

虽然他从未谈过自己的冥想历程，但是偶尔也会透露一些碎片信息。据说，他曾在丛林中做过一段时期的瑜伽练习。还有人说，他曾在地下洞穴练习多年。他冥想时十分虔诚，对印度史诗《罗摩衍那》（*Romayana*）里的英雄拉姆致敬，有时可以听到他一直低声在念“拉姆，拉姆，拉姆……”，或是用手指来数咒语。

尼姆·卡洛里巴巴一直鼓励那些遵循自己内心的人。他认为，重点在于进行练习，而非一直寻找“最好的”方法。

每当被问及哪条路才最好时，尼姆·卡洛里巴巴的回答都是“每条路都一样”。每个人都有不同的偏好、需求等，只需选择一条路，然后一直走下去即可。

按照这个观点，冥想的方式几乎都相同，是一条超越普通体验的路径。从实践层面来看，所有形式的冥想心智训练的核心都相同。例如，要学会摒弃心中的各种杂念，把注意力集中在某个物体或某种意识上。

例如，无论做哪种冥想练习，几乎所有的冥想者都会遵循一些相同的冥想步骤。都需先刻意集中注意力，但随后你的思绪就会游离。当你注意到这一点时，就该进行最后一步了：把你的注意力再次集中到最初的关注点上。

但是，当我们对各种冥想路径的原理更加熟悉时，它们就会分裂并聚集在一起。比如，一个默默念诵咒语、心无旁骛的人，与另一个仔细观察流逝的想法的人的心理活动截然不同。

在微观层面，每一条道路的细节都是相当独特的。一位虔诚地唱祈祷歌的印度教巴克提可能与一位默默念佛经的金刚乘（藏传佛教）修道者有共同之处，他们均沐浴在心中圣像（如慈悲的多罗菩萨）的光辉之中。

我们应该注意到目前已经深入研究过的三种水平的冥想者（初学者、长期冥想者、瑜伽修行者）使用不同的冥想方式。初学者主要进行正念练习，长期冥想者进行内观练习（一些研究中称为禅），瑜伽修行者则练习藏族的大圆满和大手印。我们自己的练习经历也大概在沿着这个轨迹走，根据我们的经验，这三种方法有相当大的差别。

例如，正念就是让冥想者看到自己大脑中浮现和消失的各种想法与感觉。内观从正念开始，然后过渡到对思维过程的元认知，而非思维变化的内容。大圆满和大手印的早期阶段，以及其他许多冥想类型，都是以“非双重”姿态结束的，这是一种更加微妙的“元认知”。这就带来了一个关于意识转变的载体问题：我们能从正念推断到内观（传统的继承），再从内观推断到藏式练习吗?

分类有助于科学解决这些问题，因此丹尼尔试图对冥想进行分类。[10]他在印度旅行时遇到了各种各样的冥想状态和方法，令人眼花缭乱，而他对《清净道论》的热爱为他的分类提供了一个角度。他围绕单点集中和自由浮动的正念意识之间的差异进行了分类，这是内观练习中的一个主要分类。（在藏族的路径中却有非常不同的意义，分类会变得更复杂。）

理查德与他的同事科特兰·达尔、安托万·卢茨在认知科学和临床心理学对人体研究成果的基础上，对冥想群集进行了更具包容性和更现代化的分类。[11]共分为以下三类。

- 注意力类。这些冥想集中于练习注意力，无论是集中精力专注于呼吸、仔细观察自己的经历、念诵咒语，还是元认知，如在开放的存在中。
- 建设性类。培养善良的品质，慈爱冥想就是这种方法的典型代表。
- 解构主义类。与洞察力练习一样，这些方法使用自我观察来洞察经历的本质。它们包括“非双重”方法，转化为一种普通的认知不再占主导的模式。

这种广泛的、具有包容性的分类清楚地表明了对冥想的研究只集中在一小部分方法上，而忽略了更广泛的技术。大部分的研究都基于正念减压疗法和相关的正念方法，关于慈爱冥想和超验冥想的研究很多，另外还有一些关于禅的研究。

除了这些研究外，许多对其他种类的冥想的研究可以以他们自己的大脑回路范围为目标，培养他们的人格特质。我们希望随着科学的发展，研究人员将研究更多种类的冥想，而不仅仅限于一个小的分支。虽然迄今为止的发现是鼓舞人心的，但还有很多地方尚未涉足。

研究的范围越广，我们就越能了解冥想训练如何重塑我们的大脑和思维。例如，是不是苏菲派的一些学校中的冥想旋转练习或印度教的奉爱瑜伽的虔诚歌唱带来的好处？或者，是不是一些藏族佛教徒以及一些印度教瑜伽修行者学校练习的分析冥想带来的好处？

无论冥想路径的具体情况如何，它们都有一个共同的目标：重塑人格。

人格重塑清单

在标志着冥想传统进步的美德——六度（paramitas，意为“圆满或完美”，字面意思为“到彼岸”）的传统清单中，我们发现其中一项品质是随时都具备的无条件的慷慨。

8 世纪时，世界上最早的高等学府之一印度那烂陀大学的一位僧人寂天（Shantideva）撰写了一部有关六度的论典《入菩萨行论》（*The Way of the Bodhisattva*）。

在六度中，理查德实验室的瑜伽修行者的练习传统中有慷慨，无论是在物质方面（把钱捐给有需要的人）还是在精神方面（牺牲自己的时间和精力来帮助别人），并且在道德行为上，不伤害自己或他人，遵循自律原则。

另一个练习传统是耐心、宽容和从容。这也意味着一种安详的平静。一位冥想老师对麻省理工学院的一名听众说："真正的平静，就是你的内心24小时都无所畏惧，没有焦虑。"

此外，还有精进力和勤奋，专注、不分心，智慧（通过深刻的冥想练习获得的洞察力）。

这种在我们身上实现的最好的持久人格与各种精神传统有广泛的共鸣。正如我们在第三章所看到的，希腊和罗马哲学家预示一系列相同的美德。苏菲派的一句话说："善良的品格即成功。"[12]

让我们看一下18世纪一位哈西德派老师拉比·多夫·贝尔（Rabbi Dov Baer）的学生拉比·莱布（Rabbi Leib）的故事。在那个时代，学生们主要学习宗教书籍，听有关他们的"圣经"《摩西五经》里的文章的演讲，但是莱布有不同的目标。

莱布说，他没有去他的宗教导师多夫·贝尔那里学习课文或听取布道。他宁愿去"看他怎么绑自己的鞋子"。[13]

换句话说，他所追求的是学习和吸收老师所具备的品质。

关于人格重塑，科学数据和古代地图有趣地相吻合。例如，18世纪的藏文文献显示，精神进步的迹象包括对每个人都很慈爱、有强烈的同情心、有自我满足感和"寡欲"。[14]

这似乎与我们在前几章中追踪大脑变化的指标相符合：与同情心关怀和父母之爱相关的脑回路得以增强，杏仁核活性降低，与寄托相关的脑回路减弱等。

来到理查德实验室的瑜伽修行者都依据藏族传统进行练习，这种传统的观点有时会让人感到困惑：我们都有佛性，但是我们从未意识到。由此看来，练习的核心就是挖掘自己内在的已有人格，而不是培养任何新的技能。从这个角度来看，关于瑜伽修行者的神经和生物学重要发现并不是技能得到发展的标志，而是对自身人格的识别。

这些重塑的人格也属于我们的本性吗？我们未发现的部分一直都存在于我们的体内吗？在冥想科学发展的现阶段，很难支持任何一种观点。然而，越来越多的科学研究结果显示，例如，给婴儿两个木偶，让其进行选择，一个无私、热情，一个自私、好斗，大多数婴儿都会选择友善的那个木偶。[15]这种天生的选择倾向会持续到幼儿阶段。

这些发现与之前认为人性中本来就存在美德的观点是一致的，比如，认为人“性本善”，并且通过训练可以培养慈爱和同情心，从早期就能认识到这是一种核心品质，并不断进行强化。从这个意义上来说，练习者可能并不是在培养新的技能，而是在培养一个基本的能力，就像语言技能一样。

通过不同的冥想练习培养的各种品质，是被看作用同样的方式培养的技能，还是只是一种技能的发展，这将交由未来的科学工作来定夺。我们简单地认为，冥想练习在某些方面可能并不像学习新技能，从一开始就更像挖掘一种本性。

什么消失了

以往，冥想的初衷并不是改善我们的健康状况，帮助我们放松，或提高工作成功的可能性，而如今，正是这些好处使得冥想广为流行，但几个世纪以来，这些好处都是冥想偶然的附带效果，并不为人们所关注。冥想的真正目标一直都是重塑人格。

理查德实验室的瑜伽修行者身上此种品质的迹象最为明显。这引出了一个至关重要的问题：冥想练习是如何发挥作用的？那些瑜伽修行者都是遵循精神传统来做深度练习的。然而，当今世界上大多数人从实用的角度出发，更希望我们的练习容易且简短，只保留有用的部分，摒弃其余部分。

随着世界上丰富的冥想传统变成适合大众的形式，很多东西都被人遗忘了。当冥想从最初的设定转变为迎合大众的形式时，被遗弃的部分就逐渐被忽略或遗忘了。

冥想练习的一些重要组成部分并不是冥想本身。往深处说，冥想只是帮助我们提高自我觉知的能力、深入了解意识的微妙并最终实现生命的持久转变等一系列方法的一部分。这些艰巨的目标需要我们奉献终生。

来到理查德实验室的瑜伽修行者的练习都遵循藏族的传统，认为理想结果是：每个人都能脱离苦海。冥想者通过心灵训练朝着这个巨大的目标前进。这种瑜伽思维包括让我们的情感世界更加平静，以及确信冥想和相关练习可以带来持久的转变——重塑人格。

西方一些遵循“深度”练习的人可能秉持这样的信念，而其他用同样的方法训练的人则走上了重生之路（内心得到放松），而非终生执着。也就是说，动机会随着练习的进步而改变，一个人最初进行冥想的动机可能与让其继续进行冥想的动机不同。

成就人生的使命往往基于很多因素，而这些因素可能隐晦不见，但至关重要。事实上，对培养瑜伽修行者的重塑人格特质来说，以下是关键的因素。

- 站在道德立场来看，需要人格重塑的道德准则。许多冥想传统都主张有一个类似的心理指南针，以免重塑的人格特质被用于谋取私利。
- 利他主义。练习者练习的强烈动机是帮助所有人，而非谋取一己私利。
- 坚定的信念。坚定的信念是有价值的，它会指引你走向你追求的改变。一些经卷告诫我们不要盲目信仰，强烈建议学生苦心寻觅合适的导师。
- 个性化的指导。一位知识渊博的老师可以指引你前行，给你建议，告诉你下一步该做什么。认知科学认为，若想达到精通的水平，则需要这样的反馈。
- 虔诚。感恩所有人、原则以及一切可以让你成功练习的因素。对圣者的美德表示虔诚，对导师或导师重塑的人格表示虔诚。

- 冥想群体。与许多独自冥想、举步维艰的人不同，你在冥想圈可以得到群体的支持。
- 支持传统。传统的亚洲文化早就意识到让人们终生都致力于培养自己的美德的价值。那些有工作的有家人士愿意支持那些致力于练习的冥想者，向他们提供金钱和食物，让其生活更方便。在现代社会中却并非如此。
- 重塑人格的可能性。这些练习可以让我们从日常的思想状态中解脱出来，而不仅仅是自我改进。这种想法引导我们的冥想练习，培养我们对这条道路的尊崇。

科学研究已经开始在实验室里研究这些重塑的人格，但我们无法得知何种因素最终对人格的重塑起到关键作用。

觉　醒

悉达多·乔达摩（Siddhartha Gautama）[①]王子出家后不久，在菩提伽耶完成了他的内心旅程，并遇到一些流浪的瑜伽修行者。他们在意识到乔达摩已经经历某种显著的转变后，便问他："你是上帝吗？"

他回答道："不。我是醒着的。"

---

① 悉达多·乔达摩即佛教创始人释迦牟尼。——编者注

梵语中用“菩提”来表示“清醒”，乔达摩因此而得名，也就是我们今天所熟知的佛陀——觉醒者。没有人能够确切地知道这个觉醒蕴含的意义，但是我们关于顶级瑜伽修行者的数据可能会带给我们一些线索。例如，不间断的高强度的伽马脑电波，似乎给人一种广阔无垠的感觉，丰富了日常的体验，甚至是深度睡眠（睡到自然醒）。[16]

把日常意识当作一种睡眠、一种让我们变得“清醒”的内在转变的看法由来已久，并广泛流传。虽然各种观点对此争论不休，但我们并没有准备也没有资格去参与关于“觉醒”到底意味着什么的辩论，我们也不认为科学能够评判形而上学的辩论。

正如数学和诗歌是认识现实的不同方式，同样，科学和宗教代表着不同领域的权威与认知方式。宗教强调价值观、信仰和超然存在，而科学强调事实、假设和合理性。[17] 在测量冥想者的心理状态时，我们指的并不是各种宗教所谓的真实价值。

我们指的是更加实际的东西：从这些深度冥想的转变过程中可以提取出哪些普遍价值？我们可以借鉴深度冥想机制来为大众创造普遍利益吗？

小　结

刚开始做冥想的几小时、几天和几周后，都出现了一些益处。比如，初学者的大脑杏仁核对压力的反应减少。在短短两周的练习后，就有很大的改善，包括注意力更加集中、思绪游离减少、工作记忆也有所改善（实在的回报如研究生入学考试成绩大幅提高）。最早的一些好处来自同情心冥想，包括换位思考的脑回路连通性增强。在仅仅 30 个小时的练习后，炎症就能减轻一点。虽然这些益处即使在练习时间很短时就会出现，但往往比较脆弱，需要每天坚持才能持续下去。

结果表明，对那些已经练习大约 1 000 个小时或更长时间的长期冥想者来说，冥想效果更显著，并且会有一些新的益处。大脑与激素指标显示，人对压力的反应减少，炎症减轻，管理痛苦的前额回路增强，应激激素皮质醇水平降低。总体来说，对压力反应减少了。这个水平上的同情心冥想使冥想者对那些正在遭受痛苦的人产生更大的共鸣，更有可能做一些事情来帮助他们。

冥想对注意力也有一系列的好处：选择性注意力更强，注意瞬脱减少，持续性注意力变得更容易，能更好地应对可能出现的任何问题，思绪游离也减少了。随着自我迷恋想法的减少，依恋的脑回路也减弱了。其他生理和大脑的变化包括呼吸速率减缓（说明代谢率减缓）。一整天的静修后，免疫系统的功能增强，并且睡眠期间冥想状态还在继续。所有这些变化都表明人格重塑开始发生。

最后，还有世界级水平的瑜伽修行者，他们平均终生冥想时长为 27 000 个小时。他们表现出明显的人格重塑的迹象，比如，在大脑区域同步出现了大面积的伽马脑电波，而任何人都不曾见过这种大脑模式。在那些练习时长超过 25 000 个小时的瑜伽修行者休息状态下，也能看到这种现象。虽然伽马脑电波在进行自然安住明和同情心冥想时最强，但在心智平静时伽马脑电波仍然存在，只是程度较低。此外，与同龄人相比，瑜伽修行者的大脑似乎衰老得更慢。

瑜伽修行者的其他专业技能包括，在几秒钟内就可以停止或进入冥想状态，并且在冥想时毫不费力（特别是冥想大师更是如此）。他们对痛苦的反应也使其变得与众不同：预期性焦虑迹象很少，在疼痛期间反应强烈且短暂，然后迅速恢复至正常。在做同情心冥想时，瑜伽修行者的大脑和内心状态也和其他人不同。最重要的是，瑜伽修行者大脑休息时的状态与其他人进行冥想时的大脑状态类似——这种状态已经转变为一种人格特质。

第十四章

培养健全心智

理查德的妻子苏珊·戴维森（Susan Davidson）博士是一名高危妇产科专家，同时她也和丈夫一样长期练习冥想，有丰富的冥想经验。几年前，苏珊和其他几个医生成立了一个冥想小组来帮助麦迪逊医院的同事舒缓工作压力。

冥想小组将会面时间定在每周五上午。苏珊会定期给医生们发送邮件来提醒大家。尽管如此，同事们还是常常在走廊里叫住她：“苏珊，你组织的冥想活动很好，我很开心你能为大家做这么多。”

之后补上一句：“但是我实在太忙了，去不成。”

可以确定的是，缺席会面的医生绝非不愿去，而是真的腾不出时间。要知道，当时的医生比如今更忙，由于没有现成的电子病历模板，病历录入只能手动进行。而且，当时“住院医师”这一岗位尚不存在。作为医药学专家，“住院医师”专职为住院患者提供治疗和看护服务，让主治医师不必频繁查房也能获悉病患情况，这能为他们节省出大量时间。因此，对这些忙得不可开交的医生而言，冥想小组就是他们的福音，而每周五上午的会面就是他们舒缓压力、恢复精神的机会。

福音归福音，机会归机会，那些年只有六七个医生从未缺席会面。苏珊和其他组织者感觉这一活动始终没有多大吸引力，他们的热情渐渐消耗殆尽，最后无可奈何之下解散了小组。

对那些口口声声说想练习冥想却从未付诸实践的人来说，没时间是他们最常找的借口。

认识到这一点后，理查德和团队人员开发了一个名为“健全心智”的数字平台，通过在线冥想教学帮助人们培养幸福感。如果你坚称自己没有时间进行正规的冥想练习，那么你也可以在做其他事时进行冥想练习，比如上下班途中或打扫房间时，这同样能帮助你形成健全的心智。只要某件事情不需要你全神贯注，你就可以边做事边跟随大脑指令练习冥想。既然冥想的主要功能是让我们为生活做好准备，那么在日常生活中练习冥想不失为一种助力生活的方式。

近年来，冥想教学软件层出不穷，让人眼花缭乱。现在市面上又多了一款用于培养健全心智的新软件。尽管之前的冥想软件都有科学理论做支撑，将冥想的益处作为卖点，但这款用于培养健康思维的软件会比它们更受欢迎。为了证实这个推断，理查德将和团队成员在实验中心对其进行科学评估，看看这种与其他事情同时进行的冥想练习能否对人们产生积极效果。

例如，每天在通勤途中练习 20 分钟冥想，其效果与在家中安静的角落里练习 20 分钟的效果相比如何？这个问题很简单，我们却答不上来。除此之外，我们还想知道在冥想训练时，是一次性练习 20 分钟好，还是分两次，每次练习 10 分钟好，抑或是分 4 次，每次练习 5 分钟好呢？这些实际问题都有待理查德和他的团队去找出答案。

我们认为，数字平台作为一种媒介，能让人们更容易地享受到冥想练习带来的益处，相关研究也佐证了这一观点。我们现在已经有了正念减压疗法、超觉静坐和其他种种常见的正念冥想法。虽然冥想根源于亚洲佛教，但这些方法在给众生带来益处的同时不强迫人们皈依佛法。哪怕你对佛教一无所知，也能通过练习体会到正念冥想的好处。

比如，许多公司认为正念冥想法对于提高员工素质和企业利润都大有裨益，于是将冥想法写入了公司的培训和发展大纲中；有些公司甚至专门设置冥想室，员工可以在冥想室中静坐来练习集中注意力。（当然，这些安排也需要良好的公司文化做支撑——曾有人在私下里和丹尼尔说，某公司因为业务繁忙，工人们整日在码头上忙个不停，如果他们经常使用冥想室，可能会被视为偷懒而遭到开除。）

现在，迈阿密大学的阿米什·杰哈（Amishi Jha）领导的小组已开始为军人、足球运动员、消防员和教师等高压力群体提供正念冥想训练。位于纽约市外的加里森研究所制订了一个正念冥想计划，帮助那些在非洲前线和中东同埃博拉病毒做斗争或援助难民的外科医生医治心灵创伤。弗利特·莫尔（Fleet Maull）曾因走私毒品而被判处 14 年监禁，他在狱中创立了“监狱正念研究所”。现如今，该机构正对全美超过 80 个监狱的囚犯进行再教育。

我们可以在最广泛的意义上塑造健康的思想、身体和大脑，其中冥想科学是成功的关键。世界卫生组织将“健康”定义为“身体完备、心理健全，具有良好的社会适应能力”，仅仅没有疾病或行动自如已经不再是健康的标志。在这一过程中，冥想及相关教学软件能通过多种途径为实现幸福感助力，并能帮助到你的方方面面。

冥想科学的研究成果催生出一系列新奇的冥想方法，这些方法的背后虽然有着完备的理论支持，但它们本身似乎和冥想毫无关联。这些对冥想的拓展和应用是有益的，它们能帮助我们解决个人问题，也能帮助我们摆脱社会困境。畅想未来也让我们很兴奋。

只要有科学理论做基础，将这些方法与其冥想根源相分离便无伤大雅，毕竟这种方式可以惠及最广泛的人群。谁说冥想方法就只能让冥想者受益呢？

引导可塑性神经

“你们想让植物长出什么来？”劳拉·平格（Laura Pinger）问道。作为理查德研究中心的课程专家，她为学龄前儿童设计了一门“慈善课程”，旨在帮助幼儿培养善心。

那天上午，有 15 个孩子参加了这门课程，他们纷纷举手，迫不及待地想给出自己的答案。

“阳光！”一个孩子说道。

“水！”另一个孩子回答道。

第三个孩子举起手来，脱口而出：“爱！”这是个长期受注意力缺失症困扰的孩子，他在慈善课程上受益良多。

在某个时刻，你会欣喜地感知到此时此刻正是传授他们道理的大好时机，而这门课程就是想要告诉孩子们：慈善也是爱的一种方式。

慈善课程从非常基础的、适合幼儿的正念练习开始。老师让 4 岁的小孩子们仰卧在地面上，在他们的肚皮上放置一粒小石子。孩子们在听着铃声的同时将注意力集中在自己的呼吸上，感受着石子随呼吸上下起伏。

然后，让他们利用正念将注意力集中在自己身上，学习如何在与其他孩子交流的同时密切关注自身感受——特别是在其他孩子感到烦躁时。他人的心烦意乱为幼儿们提供了学习机会，让他们不仅关注自身的不适，而且去想象同学们是否也产生了类似的烦躁情绪——这有助于让他们产生同理心。

之后，老师鼓励孩子们练习相互帮助和表达感谢。当孩子们对帮助自己的人心存感激时，他们可以向老师汇报，让老师在“慈善花园”的海报上贴上一张贴纸，以此作为对帮助他人的小朋友的奖励。

为了评估这门课程的效果，戴维森小组让每个孩子与另一个孩子分享自己的贴纸（对蹒跚学步的幼儿来说，这些贴纸就像金子一般珍贵）。每个孩子都要从 4 个孩子中选择一个来送出贴纸：他最喜欢的同学、他最讨厌的同学、一位陌生的小朋友和一位看起来生着病的小朋友。

结果，上过慈善课程的孩子更多地将贴纸送给了自己最讨厌的同学和那位看起来生病的孩子，而未参加培训的学龄前儿童则更多地将贴纸送给了自己最喜欢的同学。[1] 另一项发现表明，与大多数学龄前儿童不同，参加了培训的孩子在上幼儿园后也没有变得只关注自身，而是懂得也要关心他人。

毫无疑问，帮助幼儿培养善心是个绝佳的创意，但目前，这种宝贵的心智培养在我们的教育体系中仅偶尔见之。有些父母会将这些价值观灌输给孩子，但也有很多父母不会。将善心的培养并入学校课程，可以确保所有的孩子都有机会接受慈善教育，学到这种完善人格的力量。[2]

当前的教育系统经常忽视对于孩子善心、爱心和同情心的培养，也不重视培养孩子聚精会神、自我调节、感同身受和人际交往的能力。这很奇怪，既然我们能做好语文和数学等传统学科的教学工作，那为什么不将上述能力的培养也囊括在教育系统内呢？如果孩子们掌握了这些重要技能，那么他们以后的人生必将变得充实而有意义。

发展心理学家告诉我们，聚精会神、体察他人、心怀慈悲、遇事不慌和人际交往等各项能力都有着不同的成熟度。每个阶段的成熟度都有其行为标志，代表着你潜在的神经系统的发展。例如，与不断哭闹的幼儿园小朋友相比，小学四年级的孩子会表现得更加成熟稳重。神经具有可塑性，我们可以通过慈善课程这类训练引导脑回路朝着正确的方向发展。

在目前的条件下，我们的孩子是如何发展这些重要能力的还很难确定，但我们可以通过巧妙的方式帮助他们培养这些能力。例如，任何冥想方法归根结底都是在练习如何提高专注度。我们要以适合儿童的方式调整练习方法，帮助他们提高注意力。毕竟，对学习冥想的人来说，学不会集中注意力就等于什么都没学会。然而，人们忽视了对于儿童专注度的培养，在脑回路发展成熟的过程中，人为因素尤其重要。如今，练习集中注意力的科学已日渐成熟，以科学的方式提高孩子们的专注度不再是梦想。

此外，我们的社会也面临着注意力缺失的问题。今天的孩子们在成长过程中总有电子设备的陪伴，而这些电子产品会不断分散孩子们的注意力（而且如今的信息量要大过以往任何一个时代）。因此，学会提高注意力已经成为保障公众健康的当务之急。

丹尼尔是“社交与情绪学习”（SEL）运动的联合创始人。现如今，全球已经有几千所学校开设了“社交与情绪学习”课程。丹尼尔说，他们的下一步就是开设提高注意力和同理心关怀课程。[3] 可以肯定的是，倡议者已经掀起一场声势浩大的运动，呼吁将正念冥想纳入学校课程，特别是要帮助到穷孩子和问题少年。[4] 遗憾的是，倡议者在大千世界中仍显得形单影只，人们的呼声也不够高。希望在未来的某一天，提高注意力和培养善心的课程能成为学校正规教育的一部分，让所有的孩子都受益。

我们了解到，学龄儿童每天都将大量时间花费在电子游戏上，这为我们的教学提供了另一条可行之路。不得不承认，我们有时候的确将电子游戏妖魔化了，认为这些游戏是我们在现代社会注意力缺失的罪魁祸首，实则不然。设想我们利用游戏的力量来做善事，培养我们健全的性格和平和的心境，那何乐而不为呢？理查德的小组已经开始与开发益智电子游戏的设计师合作，为青少年开发一些有益身心健康的游戏。[5]

基于理查德团队关于呼吸计数的研究，游戏公司开发了一款名为《坚持不懈》（*Tenacity*）的电子游戏。[6] 游戏结果显示，如果要求某人在每次吸气的同时用一根手指敲击一下 iPad（苹果平板电脑），大多数人都可以精准地把握节奏，但如果要求他们每呼吸 9 次用两根手指敲击一下 iPad，那么大多数人都会出错，因为他们会在不经意间分散注意力。

理查德和他的同事将这些信息搜集起来，作为开发《坚持不懈》游戏核心机制的重要参考。游戏是让孩子们在吸气的同时用一根手指轻敲iPad，然后每隔5次呼吸用两根手指再敲一下。由于大多数孩子在第一次敲击时节奏非常准确，理查德的团队就可以据此确定孩子们第二次用两根手指的敲击有没有刚好对上第五次呼吸。对上的次数越多，游戏得分就越高。而且每对上一次，孩子们就会看到游戏中的风景图多了一样装饰。其中一张图是美丽的鲜花在沙漠中灿烂盛开，非常漂亮。

理查德的研究小组发现，玩家只需每天玩20~30分钟的游戏并坚持两周，其前额叶上的大脑执行中心和负责集中注意力的脑回路之间的联系就会加强。[7]在两周游戏过后对他们进行的其他测试中，玩家能够排除干扰因素，更好地将注意力集中在某个人的面部表情上，而这正是同理心能力增强的标志。

如果这些玩家就此打住，之后不再进行持续练习（最好是通过游戏以外的形式），那么没有人相信这些积极的变化能长期维持。不过，这些大脑和行为的积极变化验证了一个结论：电子游戏的确能提高我们的注意力和同理心能力。

精神体育馆

理查德在美国国立卫生研究院发表演讲时，曾以内部通知的方式提出一个有趣的设想："既然我们能锻炼身体，那是不是也能通过类似的方式锻炼大脑呢？"

我们渴望健康，健身行业就随之兴起。无论人们是否爱惜身体，身体健康都是我们与生俱来的愿望。定期洗澡、按时刷牙等个人卫生习惯则是后天形成的。那么，为什么心理健康不能像这些习惯一样通过后天培养呢？

神经可塑性是指通过反复的练习重塑大脑，这种改变往往是潜移默化的，难以察觉，但几乎每时每刻都在发生。每天我们都花费大量的时间对着手机屏幕，或者把时间浪费在其他种种不需过度用脑的事情上。与此同时，我们的神经元也在尽职尽责地加强或削弱着相关的脑回路。这些乌七八糟的"精神食粮"很可能会引起我们心肌的变化，使其同样朝着混乱的方向发展。

冥想科学告诉我们，我们要为照顾好自己的心智承担起更多的责任。正如我们在慈爱冥想练习的数据中所看到的那样，有意识地重塑心智可以很快见效。

来看一下神经科学家特蕾西·索尔斯（Tracy Shors）的研究成果，特蕾西开发了一项名为"心理和体能训练"（MAP）的项目。[8] 她提出了一个假设：训练能促进新脑细胞的生长，使神经再生。参加训练的志愿者要先练习 30 分钟的专注冥想，然后再进行 30 分钟中等强度的有氧运动。训练每周两次，持续 8 周。通过训练，志愿者的执行能力得到了提高，证明了特蕾西"运动能积极重塑大脑"的假设。

在此需注意，高强度的体能训练能让我们的肌肉更发达，耐力更强，但一旦停止锻炼，我们很快就会变得心慌气短、赘肉缠身。这个规律同样适用于让心智和大脑产生变化的思想训练、冥想训练及其他衍生的训练方法。

我们已经证实，大脑机能也能像肌肉一样通过锻炼得到增强。那么，既然人类能为强身健体修建健身体育馆，为什么不为陶冶心性修建一个“精神体育馆”呢？况且，“精神体育馆”根本不需要真正的场地，只需安装几款软件，我们就能在任何地方进行练习了。

数字传输系统将冥想练习的益处带给了更多人。虽然冥想练习软件的使用范围十分广泛，但是我们现在缺乏一个科学标准来对其效果进行评估。这些软件常常大量引用各地冥想研究的成果，却不甄别其优劣，而且不明确说明自身功效。有一款软件声称能提高心智水平，在政府机构证明其宣传不实后，制作者为自己的虚假宣传支付了一笔巨额罚款。

另外，迄今为止的证据表明，精心设计的数字传输系统能在严格的测试中表现良好。比如第六章中提到的慈爱冥想网络教学就能让人在放松精神的同时变得乐善好施。[9]

此外，索娜·狄米珍的小组通过网络向轻度抑郁症患者伸出了援手。要知道，他们在发病时承担的风险比重度抑郁症患者更大。基于正念认知疗法，索娜的小组开发了一门名为“正念情绪平衡”的网络课程。通过 8 堂课的学习，患者不时出现忧虑、沉思的抑郁和焦虑的症状可以得到缓解。[10]

不过，虽然我们有这些成功的案例，但这并不意味着任何在线冥想课程或其衍生的教学软件都是有益的。是不是有些课程质量高，有些质量低？该怎么拿出一个科学的评判标准呢？这些都是很现实的问题。

很多冥想教学软件都自称有科学理论支持，但据我们所知，在主流科学文献中，目前还没有任何一本期刊能对这些软件的功效给出直接评估。希望在未来我们能够创立一个统一的评估标准，来看看软件是否如宣传那般功效显著。

虽然尚未有科学的评价标准，但冥想研究还是为心智训练提供了大量支持，证明了其益处。希望在不远的将来，人类文明能进步到像爱护身体那般爱护思想，让陶冶心性的练习成为我们日常生活的一部分。

神经黑客

3 月的某个清晨，新英格兰地区的积雪渐渐抵挡不住暖春温和的攻势。在阿默斯特学院里有一小群志同道合的人，他们平日喜欢聚集在学校维多利亚式房屋的客厅里。这些人中有宗教学者、实验心理学家、神经科学家和哲学家。

他们在心智和生命研究院的赞助下聚集在一起，探索始于日常欲望的真实内心。有时候，他们会探讨人类染上瘾症的原因，毒瘾、性瘾甚至购物成瘾都包含在内。

这时，宗教学者首先指出占有欲是沾染恶习的罪魁祸首。他们认为，占有欲引起的情感冲动会让我们不顾一切形式追求快感。当大脑被欲望劫持，尤其是出现强烈的渴望和魔怔时，我们会产生不安全感，进而会产生一种诱惑性强且挥之不去的心理暗示，告诉我们只有某种特定物品才能让我们感觉到踏实。

占有欲萌生的一刻往往难以察觉，它在我们清醒的大脑被剧烈扰乱时出现，又悄无声息地离开。研究表明，在神智最不清醒的时候，我们极有可能主动把手伸向让我们上瘾的罪恶之源。瘾君子在看到某物时会产生再次吸毒的渴望。比如，一看到上次吸毒时所穿的衬衫，他们满脑子都会充斥着上次吸毒的“快乐”回忆。

哲学家杰克·戴维斯（Jake Davis）指出，当我们摆脱这种强迫性的动机时，内心会感受到真正的轻松。这与上文中依赖某物才能放松的心理形成了鲜明对比。培养出“非强迫性思维”能让我们对这些冲动免疫，满足于我们现在的状态。

正念冥想能让我们追踪大脑的思维进程，而不是单纯被想法牵着鼻子走。做到这一点后，我们控制冲动的想法就能占据上风。戴维斯说：“要想约束行为，先要看清诱因。”在我们进行正念冥想时，我们能感受到冲动的萌发，但我们对它置之不理，就像对待再平常不过的自发情绪一样去对待它。

精神病学家和神经科学家贾德森·布鲁尔提出，这类神经活动源于活跃的后扣带回皮质。伍斯特市麻省医学院是正念减压疗法的发源地，布鲁尔刚刚成为该大学正念研究中心的研究主任。与后扣带回皮质相关的精神活动包括分神、神游、自私、明知故犯和饥渴感。

正如我们在第八章中看到的，布鲁尔的小组在正念冥想的过程中将人类大脑影像化，从而大大减少了后扣带回皮质的活动。正念冥想越轻松，后扣带回皮质也就越平静。[11]在布鲁尔的实验室中，正念冥想成功帮助嗜烟者戒除了烟瘾。[12]此外，他还开发了两款软件，用以帮助人们摆脱暴饮暴食的恶习和戒除毒瘾。

之后，布鲁尔将他在神经学方面的发现转化成实用方法，他使用“神经反馈”来监测一个人的大脑活动，并立即告诉使用者其大脑给定区域是否变得更加活跃。这种方法让人们可以用自己的大脑做实验，找到让后扣带回皮质平静下来的办法。

通常情况下，人类对大脑活动一无所知，尤其是对大脑扫描仪或其他机器的读数缺乏了解。因此，神经科学方面的发现才有着如此重要的意义。不过，神经反馈打破了心智和大脑之间的屏障，为大脑活动开了一扇窗，我们可以透过这扇窗形成一个反馈回路，从而感受到特定心理行为对大脑活动产生的影响。可以预见的是，下一代冥想教学软件会以布鲁尔的后扣带回皮质神经反馈为基础，使用相关生理或神经过程的反馈来辅助教学。

神经反馈还会追踪伽马脑电波，这种脑电波模式为高级瑜伽修行者所共有。不过，尽管伽马脑电波反馈或许可以模拟出瑜伽修行者胸怀宽广的心理状态，但我们并不认为这是一条重塑人格的捷径。无论是伽马脑电波还是其他反馈模式都不能完整反映出瑜伽修行者的丰满人格，充其量只能草率片面地反映出一小部分。虽然这类反馈能描绘一种异于常人的思维模式，但是如果要将这种思维模式和瑜伽修行者几十年冥想实践的成果画等号，那是万万不可的。

不过反馈也有着其他益处。让我们来看看“冥想老鼠”的故事吧。

冥想老鼠?! 俄勒冈大学的神经科学家已经尝试过这项离奇的实验——或者说，尝试过类似的实验了。好吧，老鼠并没有真正进行冥想。研究人员不过是使用专业闪光灯以固定频率来刺激老鼠的大脑罢了，他们称其为“照射驱动”，通过刺激让老鼠的脑电波活动与闪光的节奏保持一致。随着实验的进行，老鼠出现了啮齿动物特有的焦虑减轻的迹象，老鼠似乎很享受这种闪光！[13] 其他研究者后来也进行了类似的实验，用伽马脑电波频率来刺激老鼠的大脑。结果发现，这种刺激能够减少阿尔茨海默病所引发的神经斑块。至少，这一结论在老年鼠身上得到了验证。[14]

那么，如果我们使用瑜伽修行者大脑中最频繁出现的伽马脑电波频率来刺激人脑，究竟能否缓解甚至治愈阿尔茨海默病呢？这个问题的答案我们还不得而知。毕竟在药物学史上，有太多的药只对小白鼠有效，其人体试验则往往以失败而告终。[15]

用伽马脑电波反馈来预防阿尔茨海默病有可能只是我们的一厢情愿。不过作为基本模型，神经反馈软件或许能让大多数人重新拥有宁静祥和的心理状态。在这里我们还是要提醒大家，通过软件创造的心理状态可能只是暂时的，而不会内化成你的人格。毕竟，数十年高强度冥想训练才达到的效果，不是用一款软件练习数日就能达到的。

我希望下一代冥想软件能具备更强大的功能，并且采用冥想科学所揭示的方法和见解，但是究竟这些软件会发展到何种程度和采用何种形式呢？我们现在还无法给出答案。

我们的旅程

几十年来，我们一点点搜集人格重塑的确凿证据。当初找到正确的研究方向时，我们还是研究生。如今我们终于能总结出令人信服的证据了，但也到了该退休的年纪。

在大部分时间里，我们都只能在缺乏数据支持的条件下做科学研究，追求预想中存在的理论。虽然条件艰苦，但是我们常常用“暂时没有证据，不等于证据不存在”这句格言来安慰自己。我们的信念根源于我们自己的冥想教学经历。在我们的学生里，有少数看起来实现了人格重塑。我们也读了些与冥想相关的文章，它们也指出心理的积极转变是真实存在的。

然而，从学术角度来看，这就相当于没有证据——因为我们拿不出正儿八经的实验数据。刚走上冥想研究这条路时，没几种方法能让我们用于人格重塑。在 20 世纪 70 年代，我们的研究遇到了瓶颈，当时能做的实验都离题甚远，因为我们根本接触不到合适的研究对象。举个例子，当时我们只能对着一群哈佛大学的大二学生进行研究，根本没有机会接触住在偏远山区、避世隐居的瑜伽修行者。

最重要的是，当时人类神经科学正处于起步阶段。以今天的标准来看，那时所用的大脑研究方法是非常原始的，其技术水平充其量只能对大脑活动做出模糊或间接的测量。

在我们去哈佛大学前的 10 年里，哲学家托马斯·库恩（Thomas Khun）出版了《科学革命的构架》（*The Structure of Scientific Revolutions*）一书。他认为，新思想和新式范例给人们的想法带来了改变，促成了科学革命的一次又一次爆发。这些新思想引起了我们的兴趣，促使我们去追求以前想都不敢想的科学典范。库恩的观点引发了学术界的热烈讨论，尽管我们当时的导师颇为反对，我们却从这种观点中得到了激励。

科学需要探险者，而我们正是其中一员。当理查德坐在蒲团上，和葛印卡一起静坐了一个小时一动不动时，我们在探险；当丹尼尔与瑜伽修行者一起花了数个月的时间精读 5 世纪冥想者的著作《清净道论》时，我们也在探险……

我们对重塑人格持非常谨慎的态度，因此对于支持我们理论的相关研究始终保持警惕。凭借丰富的经验，我们对这些研究发现进行了筛选，将错误发现剔除了出去，以免它们误人子弟。

在特定文化背景下发展的科学会限制我们的眼界和想象力。对行为科学来说，这一点表现得尤为明显。当代心理学界还不知道，东方学者已经有办法去改变一个人的心智状态。如果从东方文化角度来观察这一成果，我们就能看到新的可能性。

目前，实例研究已经证实我们的早期论断——持续的心智训练能够改变大脑的结构和功能，从而为重塑人格奠定神经基础。这与上千年来冥想研究者的描述也保持一致。更重要的是，这种心智训练的效果与训练量成正比，因此，所有人都应该坚持训练，练得越多，效果越好。

冥想神经科学是重塑人格的科学基础，可以说，这个新兴专业现如今已经发展成熟。

尾　声

“如果心智训练不仅能够让自己身心健康，而且能帮助到我们的社会乃至整个世界的话，我们何乐而不为呢？”

理查德在美国国立卫生研究院发表相关演讲后，与会人员反问道。

对啊，何乐而不为呢？

我期待我们能拥有这样一个世界，世间人人拥有健康心理，在深刻地影响着社会的同时让它变得更好。我们希望我们所做的科学研究向您展示了呵护心智和大脑对于长久幸福的巨大潜力，并且希望您能相信，只需每天抽出一点时间进行训练，长此以往，就能让您在通往幸福的道路上前进一大步。

相比有心理问题的人，心理健康的人有以下特征：他们更加慷慨、善良、专注，不严格区分你我。鉴于种种冥想练习提高了我们的同理心能力和洞察力，我们相信这些练习也加强了人与人之间以及人类与地球之间的相互依赖。

如果对人们进行大规模冥想培训，那么培养出的以慈善和同情为代表的美好品格就势必会对我们的社区、国家乃至全世界产生积极影响。这些积极的人格转变可能会改变我们的世界，不但能够促进个体繁荣，而且能让人类长久生存下去。

一位冥想大师描绘的愿景鼓舞了我们，他鼓励我们去做三件事：一是沉着冷静，二是慈悲为怀，三是为创造美好世界行动起来。做第一件事时要内心沉静；做第二件事时则要让同情心指引我们前进，这是冥想练习的结果；而践行第三件事则需要巧妙行动。虽然具体做法取决于个体自身，但是人人都可以成为善举的大使。

我们认为，大师的建议可以用来解决紧急的公共健康需求。践行这三件事，可以抑制人们的贪欲和自私，减少即将发生的生态灾害，同时能推动和发扬行善、思路清晰和遇事冷静等能力。重视提高这些能力有助于根治一些难以应对的社会弊病，如长期贫困、团体间的矛盾和地球环境污染等。[16]

我知道人们对于人格的重塑仍然有很多质疑，我们也还有许多研究要做。不过，我们已经搜集了大量有说服力的科学数据，任何一名负责任的科学家在看到这些数据后都会承认重塑人格是完全有可能的。可惜的是，我们当中很少有人意识到这一点，更不用说去争取那种可能性了。

科学数据当然是必要的，但是仅凭数据就想改变是痴心妄想。在日益支离破碎、危机重重的世界中，我们需要寻找一种新的思维方式来摆脱我们的刻薄和愤世嫉俗，将我们的注意力更多地放在每天层出不穷的善举上，不要只关注那些负面新闻。总之，我们对通过陶冶心性培养高素质人类的需求越来越大。

我们的社会需要更多善良、宽容、耐心、仁慈和富有同情心的人。这些高贵的品质不仅可以内化为个体人格，而且可以通过言谈举止表现出来，影响到更多的人。

40 多年来，我们和同行并肩作战，无论是在荒郊野外还是在实验室里，甚至连自己的大脑都成了研究重塑人格的阵地。有人可能会问：我们为什么要写这本书呢?

答案很简单。我们在研究过程中深刻体会到，人类大脑、思想和精神的状态越好，世界就会变得越美丽。曾经，乌托邦计划也想让人类过上更好的生活，但是没有成功。如今我们不会再失败，因为我们所做的一切背后都有着科学理论的支持。

我们已经证明过了，这些高贵品格可以内化为我们的人格，只要肯努力，任何人都能实现人格重塑。遗憾的是，许多人出于这样那样的原因无法付出足够多的努力，但是没关系，诸如平和与同情这类品质是很容易学习的，将它们内化为我们的人格后，我们就不仅仅是在完善自己了，还可以对我们的孩子言传身教。

未来还很长，但是我们会沿着现在的方向坚定地走下去。我们前进的每一步，都是对我们人类和这个世界的积极贡献。

推荐阅读

如果您想进一步了解有关冥想的研究，请参考下列网站

https://centerhealthyminds.org/（威斯康星大学麦迪逊分校健康心智研究中心）

https://www.mindandlife.org/（心智和生命研究院）

https://nccih.nih.gov/（美国国家补充和综合健康中心）

http://ccare.stanford.edu/（斯坦福大学同情心与利他主义研究和教育中心）

http://mbct.com/（正念认知疗法）

主要冥想研究团体

https://centerhealthyminds.org/science/studies（理查德·戴维森的实验室）

http://www.umassmed.edu/cfm/（贾德森·布鲁尔的实验室和正念减压疗法研究中心）

https://www.resource-project.org/en/home.html（塔尼亚·辛格的冥想研究）

http://www.amishi.com/lab/（阿米什·杰哈的实验室）

http://saronlab.ucdavis.edu/（克利福德·萨龙的实验室）

https://www.psych.ox.ac.uk/research/mindfulness（牛津冥想中心）

http://marc.ucla.edu/（加州大学洛杉矶分校正念认知研究中心）

本书英文版的音频版本

www.MoreThanSound.com

致　谢

首先，我们要感谢给我们启迪的冥想修行者，他们作为灵魂超然者在冥想上有很高的造诣，成为我们的灵感之源，使本书得以面世，如丹尼尔在亚洲遇到的僧人。

许多瑜伽修行者和冥想圣地法国多尔多涅省静修中心的西方冥想者都曾不远万里来到理查德的实验室。我们得到了马修·理查德的许多帮助，是他消除了科学界和冥想界的隔阂，使我们的研究成为可能。

鉴于为冥想研究做出贡献的科学家人数众多，我们就不一一介绍了。在此，我们对他们的工作表示衷心的感谢。在理查德的实验室中，安托万·卢茨、科特兰·达尔、约翰·邓恩、梅利莎·罗森克兰茨、海琳·斯莱戈特（Heleen Slagter）和翁海伦（Helen Weng）等人都对冥想工作做出了巨大的贡献。理查德研究中心的研究成果得益于领导和管理人员的不懈努力，我们尤其要感谢艾莎·多尔斯基（Isa Dolski）、苏珊·詹森（Susan Jensen）和巴布·马西森（Barb Mathison）的辛勤付出。

我们还要感谢杰克·康菲尔德、约瑟夫·戈尔茨坦、达瓦·塔奎因·菲利普斯（Dawa Tarchin Phillips）、塔尼亚·辛格、沙伦·扎尔伯格、米拉巴伊·布什（Mirabahai Bush）和拉里·布里连特（Larry Brilliant）等学者，他们为我们的研究提供了许多宝贵的建议。

当然，我们也要感谢我们二人的妻子——苏珊和塔拉，没有她们的爱、支持和鼓励，我们也无法完成本书。

我们最想感谢的是冥想修行者，正是他们向我们展示了冥想研究对于芸芸众生的意义。

注 释

第一章 冥想：提升心智的古老“神话”

1. 他提及的这些秽语可能有时来自患有抽动秽语综合征（Tourette's syndrome）的人，而不是患有强迫症的人，但在20世纪70年代初，临床心理学还无法诊断抽动秽语综合征。
2. www.mindandlife.org.
3. Daniel Goleman, *Destructive Emotions: How Can We Overcome Them?* (New York: Bantam, 2003). 也可参见www.mindandlife.org。
4. 该实验室由我们的生理学教授戴维·夏皮罗（David Shapiro）管理。研究小组的成员还有乔恩·卡巴金，他即将开始教授正念减压疗法，以及理查德·赛维（Richard Surwit），他当时是一名马萨诸塞州精神病医院的实习心理医生，后来成为杜克大学医学院的精神病学和行为医学教授。后来，戴维·夏皮罗离开哈佛大学，成为加州大学洛杉矶分校的教师，他在那里研究瑜伽带来的生理好处。
5. 这项研究的关键词有冥想、正念冥想、同情心冥想和慈爱冥想。

第二章 东方式修行的奥秘

1. 西方人对于他们所认识的尼姆·卡洛里巴巴有着万花筒式的感受，详见：Parvati Markus, *Love Everyone: The Transcendent Wisdom of Neem Karoli Baba Told Through the Stories of the Westerners Whose Lives He Transformed* (San Francisco: HarperOne, 2015)。
2. Mirka Knaster, *Living This Life Fully: Stories and Teachings of Munindra* (Boston: Shambhala, 2010).

3. 这个冥想者群体包括那些曾经跟随马哈拉吉的人，如克里希纳·达斯和拉姆·达斯。其他人还包括沙伦·扎尔茨贝格、约翰·特拉维斯（John Travis）和威斯·尼斯克（Wes Nisker），他们都成了内观冥想教师。另一位参与者米拉巴伊·布什不久建立了冥想心灵协会，这是一个致力于在大学阶段提倡冥想教学法的组织。她在谷歌网站与他人共同设计了关于正念冥想和情商的首个课程。
4. 不可否认，这本手册的某些部分似乎太过于离奇而不可认真看待，尤其是获得超现实能力的部分，这与波怛阇利（Patanjali）的《瑜伽经》（*Yoga Sutras*）中的相似片段异曲同工。两部经书宣扬类似顺风耳等超能力，却缺乏精神实质。实际上，在一些印度史诗如《罗摩衍那》中，一些恶棍据说经过数年虔诚的冥想修行而获得了这些能力，但是缺乏道德保护的框架体系（因此仍旧胡作非为）。
5. 详见：Daniel Goleman, "The Buddha on Meditation and States of Consciousness, Part I: The Teachings," *Journal of Transpersonal Psychology* 4:1 (1972): 1-44。
6. Daniel Goleman, "Meditation as Meta-Therapy: Hypotheses Toward a Proposed Fifth Stage of Consciousness," *Journal of Transpersonal Psychology* 3:1 (1971): 1-25. 约40年后，当再一次读到这篇论文时，丹尼尔既对该论文的天真幼稚颇觉有些尴尬，又对其某些方面的预见性感到欣慰。
7. B. K. Anand et al., "Some Aspects of EEG Studies in Yogis," *EEG and Clinical Neurophysiology* 13 (1961): 452-56. 这不仅仅是一份逸事性报告，这一研究在计算机数据分析和标准化流程出现很久以前就出现了。
8. 斯金纳的核心理念激进行为主义认为，一切人类行为都是不断给予刺激下的结果［著名的是巴甫洛夫（Pavlov）以狗为对象做的响铃实验］，以及得到强化（一开始是给狗投喂食物）的特定反应（狗对于响铃做出流口水的反应）。

9. 理查德所在的心理学系主任在哈佛大学获得了博士学位，而其导师正是斯金纳，并且把他对条件反射下的鸽子强化训练的研究带到了纽约大学，建立了充满鸽笼的实验室。这位系主任不仅在其行为主义理论上十分僵化，而且，在理查德看来，他非常顽固，完全是偏执的。在那些年中，行为主义在许多知名大学的心理学系中占据了主导地位，学术心理学领域十分普遍的活动是通过实验研究使得这一领域更加科学——这是对曾主导这一领域的心理分析理论的反应（心理分析理论更多地依靠临床掌故而非实验支撑）。

10. 作为一名学生，理查德在系主任主办的高级名誉论坛上吃惊地发现主题竟然是斯金纳1957年的著作《言语行为》（*Verbal Behavior*），这本书声称人类所有的行为习惯都是通过强化习得的，并以语言为恰当示例。多年以前，斯金纳的书便遭到麻省理工学院语言学家诺姆·乔姆斯基（Noam Chomsky）在其批判性评论中激烈的、非常明显的抨击。批评指出，以一条狗为例，无论怎样给予回报或者奖励，它都学不会人类的语言，但是人类的宝宝可以不经强化自己学会和掌握语言。这表明语言不是仅仅靠不断强化练习便可以习得的，而是有遗传和先天因素。在斯金纳的论坛上，理查德引用乔姆斯基批评斯金纳的话发表了反对系主任的观点，于是系主任便怀恨在心，不断贬低理查德，其真实目的是想把他驱逐出该校心理学系。在那次研讨会之后，理查德变得精神恍惚，甚至出现幻觉，曾试图在凌晨三点去系主任的实验室打开笼子放走鸽子。详见：Noam Chomsky, “The Case Against Behaviorism,” *New York Review of Books*, December 30, 1971。

11. 当时，理查德的导师朱迪思·罗丁女士刚刚博士毕业于哥伦比亚大学。罗丁女士在心理学研究的职业生涯中取得了非常卓越的成就，曾先后担任耶鲁大学艺术与科学研究生学院院长、该校教务长，并成为“常春藤联盟”大学之一宾夕法尼亚大学历史上的第一位女校长。在写这本书的时候，她刚刚从洛克菲勒基金会理事长的位置上退下来。

12. 为了掌握这些方法，理查德转而追随约翰 · 安特罗伯斯（John Antrobus），他在纽约另一端的纽约城市学院教书，理查德就在安特罗伯斯的实验室住了下来，把那儿当成逃离他自己的学校——纽约大学心理学系氛围的避难所。
13. Daniel Goleman, *Emotional Intelligence* (New York: Bantam, 1995).
14. William James, *The Varieties of Religious Experience* (CreateSpace Independent Publishing Platform, 2013), p. 388.
15. 弗洛伊德与罗曼 · 罗兰，详见：Sigmund Freud, *Civilization and Its Discontents*。然而，不久，超验主义体验被亚伯拉罕 · 马斯洛（Abraham Maslow）的理论吸纳，被称为“巅峰体验”。从20世纪70年代开始，就有接近外围人文主义心理学运动边缘的早期运动，称为“超个人心理学”，它可以引起强烈的心智状态转变。（丹尼尔就是超个人心理学协会的早期主席之一。）丹尼尔在《超个人心理学杂志》上发表了他的第一批有关冥想的论文。
16. Charles Tart, ed., *Altered States of Consciousness* (New York: Harper & Row, 1969).
17. 对于致幻剂的兴奋和迷恋在一定意义上是当时脑科学研究的衍生物，多年来脑科学研究一直促进神经递质相关知识的进展。20世纪70年代早期，许多神经递质被认识，但人们对其功能、作用知之甚少。40年后，我们可以认识100余种神经递质，并且掌握它们如何对大脑起作用的更加复杂的证据，对于它们互相作用的复杂性有了更加全面的评估。
18. 社会科学研究委员会的一个奖学金项目，旨在研究亚洲人精神传统中的心理学机制，即“民族心理学”研究。
19. “正念”一词的定义出自：Nyanaponika, *The Power of Mindfulness* (Kandy,

Sri Lanka: Buddhist Publication Society, 1986)。

20. Luria Castell Dickinson, quoted in Sheila Weller, "Suddenly That Summer," *Vanity Fair*, July, 2012, p. 72. 与之相似，神经学家奥利弗·萨克斯（Oliver Sacks）在对各种不同的状态转变药物的个人研究中写道："一些人通过冥想或者相似的催眠术可以实现超验的状态，而药物却提供了一条捷径，它们（致幻药物）对于超验状态的需要有求必应。"（出自：Oliver Sacks, "Altered States," *The New Yorker*, August 27, 2012, p. 40。）药物可以带来暂时的状态转变，却不能实现持续的人格特质转变。

第三章 重塑健康人格的工具

1. 向智长老，俗名西格蒙德·芬尼格（Siegmund Feniger），生于1901年，为德籍犹太人。由于深信佛法的真理，他20岁时就自认为是虔诚的佛教徒。向智长老在柏林接触到另一位德籍佛教徒三界智长老［俗名安东·居特（Anton Gueth）］的作品及译著，这些对佛陀教法真实且清楚的翻译，给他留下了深刻的印象。希特勒当权后，西格蒙德前往当时的锡兰（后来的斯里兰卡），在科伦坡附近的修道院同三界智长老相会。三界智长老与一位著名的缅甸僧人（一名阿罗汉）一起研究冥想，后来又与缅甸冥想大师、学者马哈希西亚多一同研究。马哈希西亚多是慕宁达的老师。
2. 健康和不健康：在翻译行话中，常被称为"有益身心的"和"有害身心的""心理因素"。
3. 当然，该课程也吸引了一些校外人员，其中包括米奇·考波尔（Mitch Kapor）。米奇后来成立了莲花软件公司。
4. 另一位助教是绍沙纳·祖博夫（Shoshanah Zuboff），他后来事业辉煌，成为哈佛商学院的教授。绍沙纳撰写书籍，其中一本名为《智能机器时代》［*In The Age of the Smart Machine* (Basic Books, 1989)］。

5. 如今有数百万人在现代化环境中练习瑜伽，但这并非真正的亚洲瑜伽修行者所练习的方法。真正的瑜伽修行者至今仍在偏僻的场所以私人化的形式进行练习。传统意义上的瑜伽教学，仅包括一位老师（或“导师”）和一名学生，而非老师在瑜伽教室里给一个班的学生讲解。现代化环境中的瑜伽成套动作与传统瑜伽练习在某些关键方面不同：站姿属创新，动作组成借鉴欧式日常锻炼。在户外进行的传统瑜伽，运用调息法来平心静气，达到冥想状态。与之相比，瑜伽课程专为健身而不是为了辅助冥想中的长期打坐（这是瑜伽体位法的初衷）。详见：William Broad, *The Science of Yoga* (New York: Simon & Schuster, 2012)。
6. Richard J. Davidson and Daniel J. Goleman, “The Role of Attention in Meditation and Hypnosis: A Psychobiological Perspective on Transformations of Consciousness,” *International Journal of Clinical and Experimental Hypnosis* 25:4 (1977): 291-308.
7. David Hull, *Science as a Process* (Chicago: University of Chicago Press, 1990).
8. Joseph Schumpeter, *History of Economic Analysis* (New York: Oxford University Press, 1996), p. 41.
9. 这一时期神经科学领域刚刚形成，主要以动物而非人类为研究对象。神经科学学会于1971年召开了第一次会议，理查德参加的会议是该学会的第五次会议。
10. E. L. Bennett et al., “Rat Brain: Effects of Environmental Enrichment on Wet and Dry Weights,” *Science* 163:3869 (1969): 825-26; http://www.sciencemag.org/content/163/3869/825.short. 我们现在知道了增长还可能包括增加新的神经元。
11. 关于音乐是如何塑造大脑的这一问题，最新评论参见：C. Pantev and S. C.

Herholz, "Plasticity of the Human Auditory Cortex Related to Musical Training," *Neuroscience Biobehavioral Review* 35:10 (2011): 2140-54; doi:10.1016/j.neubiorev.2011.06.010; S. C. Herholz and R. J. Zatorre, "Musical Training as a Framework for Brain Plasticity: Behavior, Function, and Structure," *Neuron* 76:3 (2012): 486-502; doi:10.1016/j.neuron.2012.10.011。

12. T. Elbert et al., "Increased Cortical Representation of the Fingers of the Left Hand in String Players," *Science* 270:5234 (1995): 305-7; doi:10.1126/science.270.5234.305. 就音乐训练对大脑的影响这一课题，该项研究具有重大的影响力。研究对象包括六位中提琴家、两位大提琴家和一位吉他手，以及与之年龄相当的非专业人士。音乐家所接受的音乐训练时长为7~17年不等。非专业人士的年龄和性别与音乐家相匹配。其中重要的一点是，所有的音乐家都演奏弦乐器，且为右利手，他们在演奏时需用左手不断弹奏乐器。演奏弦乐器需要灵巧的动手能力，并培养极强的触觉敏感度，这正是熟练演奏弦乐器的关键。通过一种技术测量大脑产生的磁信号，这一过程非常像测量电信号（尽管空间分辨率更高）。结果显示，与非专业人士相比，弦乐器演奏家的大脑皮质对左手手指的表征更强，且强弱幅度与开始学习乐器的年龄相关。开始学习乐器的年龄越小，表征越强。
13. 从技术层面来说，这属于"旁中央凹视觉"。视网膜的中央凹接收来自正前方物体的信号，位于右侧或左侧的信息则由旁中央凹接收。
14. 内维尔对10名平均年龄为30岁的先天性极度耳聋患者进行研究，并将其与年龄和性别相匹配的没有听力障碍的组别人员进行比较。内维尔的研究小组对受试者进行了一项旨在评估旁中央凹视觉的测试。实验屏幕上出现黄色闪光圈，少数闪速快，多数闪速较慢。受试者被要求在看到少数闪速快的黄色闪光圈时按下按钮。闪光圈有时出现在屏幕中心，有时则出现在屏幕两侧，即旁中央凹视觉区。聋人受试者能够比对照组受试者更为精准地发现闪光圈。这一研究结果属意料之中，因为聋人受试者都有手语经验，所以他们的视觉经历与对照组有很大的不同，其中包括经常接触出现在非中心位置的大量信息。该项研究结果中最令人吃惊之处在于，不同组别的初级听觉皮质（接收来自耳朵的最初上游输入）呈现不同的反应。对出现在屏幕两侧的闪光圈，聋人受试者的初级听觉皮质反应强烈，而听力良好的受试者的初级听觉区域则无激活反应。参见：G. D. Scott, C. M. Karns, M. W. Dow, C. Stevens, H. J. Neville, "Enhanced Peripheral Visual Processing in Congenitally Deaf Humans Is Supported by Multiple Brain Regions, Including Primary Auditory Cortex," *Frontiers in Human Neuroscience* 2014:8 (March): 1-9; doi:10.3389/fnhum.2014.00177。

15. 这项研究打破了一个神经界的神话，即在一个类似肾脏病的大脑图谱中，每个区域都有一组特定的功能，而这些功能不能被改变。
16. 这一观点对心理学中许多神圣的假设提出了严峻的挑战，例如，人在进入成年期后，性格得以固定，而此时的性格则会伴随人一生——在不同的时期和不同的环境中，其性格仍是稳定的。然而，神经可塑性表明，人的生活经历可以在一定程度上改变人格特质。
17. 例如，参见：Dennis Charney et al., "Psychobiologic Mechanisms of Post-Traumatic Stress Disorder," *Archives of General Psychiatry* 50 (1993): 294-305。
18. D. Palitsky et al., "The Association between Adult Attachment Style, Mental Disorders, and Suicidality," *Journal of Nervous and Mental Disease* 201: 7 (2013): 579-86; doi:10.1097/NMD.0b013e31829829ab.
19. 更正式地说，"重塑人格"代表持续的、有益的思维、情感和行为品质，这是通过有目的的思维训练和大脑中持久的、支持性的变化产生的。
20. Cortland Dahl et al., "Meditation and the Cultivation of Wellbeing: Historical Roots and Contemporary Science," *Psychological Bulletin*, in press, 2016.

21. 对卡罗尔 · 里夫的采访见http://blogs.plos.org/neuroanthropology/2012/07/19/psychologist-carol-ryff-on-wellbeing-and-aging-the-fpr-interview/。

22. Rosemary Kobau et al., "Well-Being Assessment: An Evaluation of Well-Being Scales for Public Health and Population Estimates of Well-Being among US Adults," *Applied Psychology: Health and Well-Being* 2:3 (2010): 272-97.

23. Viktor Frankl, *Man's Search for Meaning* (Boston: Beacon Press, 2006).

24. Tonya Jacobs et al., "Intensive Meditation Training, Immune Cell Telomerase Activity, and Psychological Mediators," *Psychoneuroendocrinology* 2010; doi:10.1016/j.psyneurn.2010.09.010.

25. Omar Singleton et al., "Change in Brainstem Gray Matter Concentration Following a Mindfulness-Based Intervention Is Correlated with Improvement in Psychological Well-Being," *Frontiers in Human Neuroscience*, February 18, 2014; doi: 10.3389/fnhum.2014.00033.

26. Shauna Shapiro et al., "The Moderation of Mindfulness-Based Stress Reduction Effects by Trait Mindfulness: Results from a Randomized Controlled Trial," *Journal of Clinical Psychology* 67:3 (2011): 267-77.

第四章 最好的研究

1. Richard Lazarus, *Stress, Appraisal and Coping* (New York: Springer, 1984).

2. Daniel Goleman, "Meditation and Stress Reactivity," Harvard University PhD thesis, 1973; Daniel Goleman and Gary E. Schwartz, "Meditation as an Intervention in Stress Reactivity," *Journal of Consulting and Clinical Psychology* 44:3 (June 1976): 456-66; http://dx.doi.org/10.1037/0022-006X.44.3.456.

3. Daniel T. Gilbert et al., "Comment on 'Estimating the Reproducibility of Psychological Science,'" *Science* 351:6277 (2016); doi:10.1126/science.aad7243.
4. 丹尼尔使用的自我评估方法——状态–特质测量，仍然广泛应用于对压力和焦虑的研究中，其中包括冥想研究。Charles D. Spielberger et al., *Manual for the State-Trait Anxiety Inventory* (Palo Alto, CA: Consulting Psychologists Press, 1983).
5. 在其导师的鼓励下，丹尼尔花了数周时间在哈佛医学院的贝克图书馆阅读书籍，追踪通往皮电反应——皮肤突然冒汗的大脑线路，但仅凭从神经解剖学获取的零碎知识，在当时还无法合成这一回路。丹尼尔的导师曾希望发表一篇关于这方面的期刊文章，但并未实现。
6. 可以肯定的是，理查德主要的电测量是先进的，但即使是读录音也不能准确地知道大脑内部实际发生的情况，尤其是与现代的脑电分析系统相比。
7. 更糟糕的是，在丹尼尔的研究中，即使是这些边缘措施也在一定程度上受到了破坏。除了心率和汗水反应外，丹尼尔还测量了肌电图（EMG），评估了前额肌肉的张力水平（当我们不悦或忧虑时，我们的眉头会紧皱），但是肌电图结果并不可用，因为丹尼尔听取了错误的建议，把传感器贴到了额头上。
8. 丹尼尔的导师建议他在论文中跳过心率测试的部分。随后，他们在学术期刊上发表了合著论文，他的导师从学院获取了一些资金，允许雇用一些本科生来做测试，但是没有足够的资金来记录整个过程的心率变化，丹尼尔的导师只选了特点的时间点进行记录，例如从看完车间事故到恢复正常状态时的斜率。这里又出现了一个问题：冥想者对事故的反应比对照组更强烈。虽然他们的恢复斜率更陡峭，表明其更快速地回到初始状态，但是这种测量并没有表明他们在看完事故后比对照组更放松。正如后来的批评研究中指出的那样，这是一个缺陷。例如，参见：David S. Holmes, "Meditation and Somatic Arousal Reduction: A Review of the Experimental Evidence," *American Psychologist* 39:1 (1984): 1-10。

9. 表明可能的特质效应的关键比较是在观看事故影片之前都没有进行冥想的情况下经验丰富的冥想者和冥想新手之间的对比。
10. Joseph Henrich et al., "Most people Are Not WEIRD," *Nature* 466:28 (2010), published online June 30, 2010; doi:10.1038/466029a.
11. Anna-Lena Lumma et al., "Is Meditation Always Relaxing? Investigating Heart Rate, Heart Rate Variability, Experienced Effort and Likeability During Training of Three Types of Meditation," *International Journal of Psychophysiology* 97 (2015): 38-45.
12. Eileen Luders et al.,"The Unique Brain Anatomy of Meditation Practitioners' Alterations in Cortical Gyrification,"*Frontiers in Human Neuroscience* 6:34 (2012): 1-7.
13. 推断的复杂性，即发现的变化是由诸如冥想（或心理治疗或药物）等给定的干预而不是通常干预的"非特异性"影响造成的，仍然是实验设计中的关键点。
14. S. B. Goldberg et al., "Does the Five Facet Mindfulness Questionnaire Measure What We Think It Does? Construct Validity Evidence from an Active Controlled Randomized Clinical Trial," *Psychological Assessment* 28:8 (2016): 1009-14; doi:10.1037/pas0000233.
15. R. J. Davidson and Alfred W. Kazniak, "Conceptual and Methodological Issues in Research on Mindfulness and Meditation," *American Psychologist* 70:7 (2015): 581-92.
16. 例如，也可参见：Bhikkhu Bodhi, "What Does Mindfulness Really Mean? A Canonical Perspective," *Contemporary Buddhism* 12:1 (2011): 19-39; John

Dunne, “Toward an Understanding of Non-Dual Mindfulness,” *Contemporary Buddhism* 12:1 (2011): 71-88。

17. 例如，参见：http://www.mindful.org/jon-kabat-zinn-defining-mindfulness/。也可参见：J. Kabat-Zinn, “Mindfulness-Based Interventions in Context: Past, Present, and Future,” *Clinical Psychology Science and Practice* 10 (2003): 145。
18. The Five Facet Mindfulness Questionnaire: R. A. Baer et al., “Using Self-Report Assessment Methods to Explore Facets of Mindfulness,” *Assessment* 13 (2009): 27-45.
19. S. B. Goldberg et al., “The Secret Ingredient in Mindfulness Interventions? A Case for Practice Quality over Quantity,” *Journal of Counseling Psychology* 61 (2014): 491-97.
20. J. Leigh et al., “Spirituality, Mindfulness, and Substance Abuse,” *Addictive Behavior* 20:7 (2005): 1335-41.
21. E. Antonova et al., “More Meditation, Less Habituation: The Effect of Intensive Mindfulness Practice on the Acoustic Startle Reflex,” *PLoS One* 10:5 (2015): 1-16; doi:10.1371/journal.pone.0123512.
22. D. B. Levinson et al., “A Mind You Can Count On: Validating Breath Counting as Behavioral Measure of Mindfulness,” *Frontiers in Psychology* 5:1202 (2014); http://journal.frontiersin.org/Journal/110196/abstract.
23. 同上。

第五章　掌控压力和情绪

1. 语出圣阿巴·佐罗塞奥斯（St. Abba Dorotheus），引自：E. Kadloubovsky and G. E. H. Palmer, *Early Fathers from the Philokalia* (London: Faber &

Faber, 1971), p.161。

2. Thomas Merton, "When the Shoe Fits," *The Way of Chuang Tzu* (New York: New Directions, 2010), p.226.
3. Bruce S. McEwen, "Allostasis and Allostatic Load," *Neuropsychoparmacology* 22 (2000): 108-24.
4. Jon Kabat-Zinn, "Some Reflections on the Origins of MBSR, Skillful Means, and the Trouble with Maps," *Contemporary Buddhism* 12:1 (2011); doi: 10.1080/14639947.2011.564844.
5. 同上。
6. Philippe R. Goldin and James J. Gross, "Effects of Mindfulness-Based Stress Reduction (MBSR) on Emotion Regulation in Social Anxiety Disorder," *Emotion* 10:1 (2010): 83-91; http://dx.doi.org/10.1037/a0018441.
7. Phillipe Goldin et al., "MBSR vs. Aerobic Exercise in Social Anxiety: fMRI of Emotion Regulation of Negative Self-Beliefs," *Social Cognitive and Affective Neuroscience Advance Access*, published August 27, 2012; doi:10.1093/scan/nss054.
8. Alan Wallace, *The Attention Revolution: Unlocking the Power of the Focused Mind* (Somerville, Ma: Wisdom Publications, 2006). 想了解"正念"的各种含义，请参见：B. Alan Wallace, "A mindful Balance," *Tricycle* (Spring 2008): 60。
9. Gaelle Desbordes, "Effects of Mindful-Attention and Compassion Meditation Training on Amygdala Response to Emotional Stimuli in an Ordinary, Non-Meditative State," *Frontiers in Human Neuroscience* 6:292 (2012): 1-15; doi:10.399/fnhum.2012.00292.
10. V. A. Taylor et al., "Impact of Mindfulness on the Neural Responses to Emotional Pictures in Experienced and Beginner Meditators," *NeuroImage* 57:4 (2011): 1524-1533; doi:10.1016/j.neuroimage.2011.06.001.
11. Tor D. Wager et al., "An fMRI-Based Neurologic Signature of Physical Pain,"

NEJM 368:15 (Aprill 11, 2013): 1388-97.

12. 例如，参见：James Austin, *Zen and the Brain: Toward an Understanding of Meditation and Consciousness* (Cambridge, MA: MIT Press, 1999)。
13. Isshu Miura and Ruth Filler Sasaki, *The Zen Koan* (New York: Harcourt, Brace & World, 1965), p. xi.
14. Joshua A. Grant et al., "A Non-Elaborative Mental Stance and Decoupling of Executive and Pain-Related Cortices Predicts Low Pain Sensitivity in Zen Meditators," *Pain* 152 (2011): 150-56.
15. A. Golkar, et al., "The Influence of Work-Related Chronic Stress on the Regulation of Emotion and on Functional Connectivity in the Brain," *PloS One* 9:9 (2014): e104550.
16. Stacey M. Schaefer et al., "Purpose in Life Predicts Better Emotional Recovery from Negative Stimuli," *PLoS One* 8:11 (2013): e80329; doi:10.1371/journal.pone.0080329.
17. Clifford Saron, "Training the Mind—The Shamatha Project," in A. Fraser, ed., *The Healing Power of Meditation* (Boston, MA: Shambhala Publications, 2013), pp. 45-65.
18. Bajinder K. Sahdra et al., "Enhanced Response Inhibition During Intensive Meditation Training Predicts Improvements in Self-Reported Adaptive Socioemotional Functioning," *Emotion* 11:2 (2011): 299-312.
19. Margaret E. Kemeny et al., "Contemplative/Emotion Training Reduces Negative Emotional Behavior and Promotes Prosocial Responses," *Emotion* 1:2 (2012): 338.
20. Melissa A. Rosenkranz et al., "Reduced Stress and Inflammatory Responsiveness in Experienced Meditators Compared to a Matched Healthy Control Group," *Psychoneuroimmunology* 68 (2016): 117-25. 长期冥想者都练习了至少三年

的内观禅修和至善冥想，每天至少练习30分钟，并且进行了几次深度禅修。每个经验丰富的冥想者都与之匹配了一个年龄和性别一样的非冥想志愿者来创建一个比较组。他们还在实验中的几个关键点提供唾液样本，以此揭示他们的皮质醇水平。这里没有主动控制组，有两点原因。第一，当所采取的措施是基于生物学而不是自我报告的时候，结果就不太容易受到偏差的影响。第二，和克利福德三个月的课程一样，在三年或更长的时间内，不可能创造一个类似9 000个小时冥想的主动控制。

21. T. R. A. Karl et al., "Meditation Training Is Associated with Altered Amygdala Reactivity to Emotional Stimuli," under review, 2017.

22. 如果理查德以与其他大多数研究相同的方式分析数据，则不会出现这些差异。杏仁核反应的峰值在这些组中是相同的。然而，练习时间最长的冥想者的反应却表现出最快的恢复速度。这可能是一个非黏性的神经回声——对测试图像产生适当的初始反应，但那种反应并不过多停留。

第六章　同理心，爱的前奏

1. “沙漠之父”们是早期的基督教隐士，2世纪时居住在遥远的埃及沙漠地区。他们主要通过背诵一条基督教口头禅——“Kyrie Eleison”（希腊语，意为“仁慈的主”）进行宗教实践。这些隐士的习俗是后来修士和修女遵循的基督教教条的前身，如今居住在阿托斯岛上的东正教修士仍然一遍遍地念着“Kyrie Eleison”。据史书记载，来自埃及的基督教修士自7世纪起就定居在阿托斯岛上。Helen Waddell, *The Desert Fathers* (Ann Arbor: University of Michigan Press, 1957).

2. 为了对促进或阻碍利他行为的条件进行全面而系统的评估，我们设置了“好撒玛利亚人”实验。Daniel Batson, *Altruism in Humans* (New York: Oxford University Press, 2011).

3. Sharon Salzberg, *Lovingkindness: The Revolutionary Art of Happiness* (Boston: Shambhala, 2002).
4. 研究人员发现，自我批评并非抑郁症患者的专利，而是伴随着种种情绪问题出现。像研究者一样，我们也乐意看到这样的研究成果：冥想训练增强了一个人的自我同情，同时在他的脑回路中发生了相应的转变。参见：Ben Shahar, "A Wait-List Randomized Controlled Trial of Loving-Kindness Meditation Programme for Self-Criticism," *Clinical Psychology and Psychotherapy* (2014); doi: 10.1002/cpp.1893。
5. 例如，参见：Jean Decety, "The Neurodevelopment of Empathy," *Developmental Neuroscience* 32 (2010), 257-67。
6. Olga Klimecki et al., "Functional Neural Plasticity and Associated Changes in Positive Affect after Compassion Training," *Cerebral Cortex* 23:7 (July 2013): 1552-61.
7. Olga Klimecki et al., "Differential Pattern of Functional Brain Plasticity after Compassion and Empathy Training," *Social Cognitive and Affective Neuroscience* 9:6 (June 2014): 873-79; doi:10.1093/scan/nst060.
8. Thich Nhat Hanh, "The Fullness of Emptiness," *Lion's Roar*, August 6, 2012.
9. Gaelle Desbordes, "Effects of Mindful-Attention and Compassion Meditation Training on Amygdala Response to Emotional Stimuli in an Ordinary, Non-Meditative State," *Frontiers in Human Neuroscience* 6:292 (2012):1-15; doi:10.399/fnhum.2012.00292.
10. Cendri A. Hutcherson et al., "Loving-Kindness Meditation Increases Social Connectedness," *Emotion* 8:5 (2008): 720-24.
11. Helen Y. Weng et al., "Compassion Training Alters Altruism and Neural Responses to Auffering," *Psychological Science*, published online May 21, 2013; http:/pss.sagepub.com/content/early/2013/05/20/0956797612469537.

12. Julieta Galante, "Loving-Kindness Meditation Effects on Well-Being and Altruism: A Mixed-Methods Online RCT," *Applied Psychology: Health and Well-Being* (2016); doi:10.1111/aphw.12074.
13. Antoine Lutz et al., "Regulation of the Neural Circuitry of Emotion by Compassion Meditation: Effects of Meditative Expertise," *PLoS One* 3:3 (2008): e1897; doi:10.1371/journal.pone.0001897.
14. J. A. Brefczynski-Lewis et al., "Neural Correlates of Attentional Expertise in Long-Term Meditation Practitioners," *Proceedings of the National Academy of Sciences* 104:27 (2007): 11483-88.
15. Clifford Saron, presentation at the Second International Conference on Contemplative Science, San Diego, November 2016.
16. Abigail A. Marsh et al., "Neural and Cognitive Characteristics of Extraordinary Altruist," *Proceedings of the National Academy of Sciences* 111:42 (2014): 15036-41; doi: 10.1073/pnas.1408440111.
17. 多种因素的共同作用促成了利他主义，其中，感同身受的能力是最重要的一个因素。当然，肾脏捐献者的大脑结构是独特的，冥想者的大脑变化不及肾脏捐献者那般强烈和持久。参见：Desbordes, "Effects of Mindful-Attention and Compassion Meditation Training on Amygdala Response to Emotional Stimuli in an Ordinary, Non-Meditative State," 2012.
18. Tania Singer and Olga Klimecki, "Empathy and Compassion," *Current Biology* 24:15 (2014): R875-R878.
19. Weng et al., "Compassion Training Alters Altruism and Neural Responses to Suffering," 2013.
20. Tania Singer et al., "Empathy for Pain Involves the Affective but Not Sensory Components of Pain," *Science* 303:5661 (2004): 1157-62; doi: 10.1126/science.1093535.

21. Klimecki et al., "Funtional Neural Plasticity and Associated Changes in Positive Affect after Compassion Training."
22. Bethany E. Kok and Tania Singer, "Phenomenological Fingerprints of Four Meditations: Differential State Changes in Affect, Mind-Wandering, Meta-Cognition, and Interoception Before and After Daily Practice Across 9 Months of Training," *Mindfulness*, published online August 19, 2016; doi: 10.1007/s12671-016-0594-9.
23. Yoni Ashar et al., "Effects of Compassion Meditation on a Psychological Model of Charitable Donation," *Emotion*, published online March 28, 2016; http:///dx.doi.org/10.1037/emo0000119.
24. Paul Condon et al., "Meditation Increases Compassionate Response to Suffering," *Psychological Science* 24:10 (August 2013): 1171-80; doi:10.1177/095679761385603.
25. 例如，参见：Derntl et al., "Multidimensional Assessment of Empathic Abilities: Neural Correlates and Gender Differences," *Psychoneuroimmunology* 35 (2010): 67-82.
26. L. Christov-Moore et al., "Empathy: Gender Effects in Brain and Behavior," *Neuroscience & Biobehavioral Reviews* 4:46 (2014): 604-27; doi:10.1016/j.neubiorev.2014.09.001.Empathy.
27. M. P. Espinosa and J. Kovářík, "Prosocial Behavior and Gender," *Frontiers in Behavioral Neuroscience* 9 (2015): 1-9; doi:10.3389/fnbeh.2015.00088.
28. A. J. Greenwald and M. R. Banaji, "Implicit Social Cognition: Attitudes, Self-Esteem, and Stereotypes," *Psychology Review* 102:1 (1995): 4-27; doi:10.1037/0033-295X.102.1.4.
29. Y. Kang et al., "The Nondiscriminating Heart: Lovingkindness Meditation Training Decreases Implicit Intergroup Bias," *Journal of Experimental*

Psychology 143:3 (2014): 1306-13; doi:10.1037/a0034150.

第七章　注意力

1. Charlotte Joko Beck, *Nothing Special: Living Zen* (New York: HarperCollins, 1993), p.168.
2. Akira Kasamatsu and Tomio Hirai, "An Electroencephalographic Study on Zen Meditation (Zazen)," *Psychiatry and Clinical Neurosciences* 20:4 (1966): 325-36.
3. Elena Antonova et al., "More Meditation, Less Habituation: The Effect of Intensive Mindfulness Practice on the Acoustic Startle Reflex," *PLoS One* 10:5 (2015): 1-16; doi:10.1371/journal.pone.0123512. 冥想者被要求在听到噪声时保持"开放的意识"，而冥想初学者被要求"在整个实验过程中保持警觉和清醒……如果发现自己走神了，就将意识拉回周围环境中"。
4. T. R. A. Kral et al., "Meditation Training Is Associated with Altered Amygdala Reactivity to Emotional Stimuli," under review, 2017.
5. Amishi Jha et al., "Mindfulness Training Modifies Subsystems of Attention," *Cognitive, Affective, &Behavioral Neuroscience* 7:2 (2007): 109-19; http://www.ncbi.nlm.nih.gov/pubmed/17672382.
6. Catherine E. Kerr et al., "Effects of Mindfulness Meditation Training on Anticipatory Alpha Modulation in Primary Somatosensory Cortex," *Brain Research Bulletin* 85 (2011): 98-103.
7. Antoine Lutz, et al.. "Mental Training Enhances Attentional Stability: Neural and Behavioral Evidence," *Journal of Neuroscience* 29:42 (2009): 13418-27; Heleen A. Slagter, et al., "Theta Phase Synchrony and Conscious Target Perception: Impact of Intensive Mental Training," *Journal of Cognitive Neuroscience* 21:8 (2009): 1536-49. 阳性对照组在三个月的开始和结束时

分别接受了一小时的正念训练，并被指导每天练习20分钟，与训练之前相比，其选择性注意力并没有提高。

8. Katherine A. MacLean et al., "Intensive Meditation Training Improves Perceptual Discrimination and Sustained Attention," *Psychological Science* 21:6 (2010): 829-39.
9. H. A. Slagter et al., "Mental Training Affects Distribution of Limited Brain Resources," *PLoS Biology* 5:6 (2007): e138; doi:10.1371/journal.pbio.0050138. 在相同的时间间隔内，对非冥想控制组进行测试，其注意瞬脱没有发生变化。
10. Sara van Leeuwen et al., "Age Effects on Attentional Blink Performance in Meditation," *Consciousness and Cognition* 18 (2009): 593-99.
11. Lorenzo S. Colzato et al., "Meditation-Induced States Predict Attentional Control over Time," *Consciousness and Cognition* 37 (2015): 57-62.
12. E. Ophir et al., "Cognitive Control in Multi-Taskers," *Proceedings of the National Academy of Sciences* 106:37 (2009): 15583-87.
13. Clifford Nass, in an NPR interview, as quoted in *Fast Company*, February 2, 2014.
14. Thomas E. Gorman and C. Shawn Gree, "Short-Term Mindfulness Intervention Reduces the Negative Attentional Effects Associated with Heavy Media Multitasking," *Scientific Reports* 6 (2016): 24542; doi:10.1038/srep24542.
15. Michael D. Mrazek et al., "Mindfulness and Mind Wandering: Finding Convergence through Opposing Constructs," *Emotion* 12:3 (2012): 442-48.
16. Michael D. Mrazek et al., "Mindfulness Training Improves Working Memory Capacity and GRE Performance While Reducing Mind Wandering," *Psychological Science* 24:5 (2013): 776-81.
17. Bajinder K. Sahdra et al., "Enhanced Response Inhibition During Intensive

Meditation Predicts Improvements in Self-Reported Adaptive Socioemotional Functioning," *Emotion* 11:2 (2011): 299-312.

18. Sam Harris, *Waking up: A Guide to Spirituality Without Religion* (NY: Simon & Schuster, 2015), p.144.

19. 例如，参见：Daniel Kahneman, *Thinking*, *Fast and Slow* (New York: Farrar, Straus, and Giroux, 2011)。

20. R. C. Lapate et al., "Awareness of Emotional Stimuli Determines the Behavioral Consequences of Amygdala Activation and Amygdala-Prefrontal Connectivity," *Scientific Reports* 20:6 (2016):25826; doi:10.1038/srep25826.

21. Benjamin Baird et al., "Domain-Specific Enhancement of Metacognitive Ability Following Meditation Training," *Journal of Experimental Psychology: General* 143:5 (2014): 1972-79; http://dx.doi.org/10.1037/a0036882. 冥想组和阳性对照组进行两周每周4次、每次45分钟的课程，并且每天进行15分钟的家庭练习。

22. Amishi Jha et al., "Mindfulness Training Modifies Subsystems of Attention," *Cognitive Affective and Behavioral Neuroscience* 7:2(2007): 109-19; doi: 10.3758/cabn.7.2.109.

第八章 轻盈的身心

1. Marcus Raichle et al., "A Default Mode of Brain Function," *Proceedings of the National Academy of Sciences* 98 (2001): 676-82.

2. M. F. Mason et al., "Wandering Minds: The Default Network and Stimulus-Independent Thought," *Science* 315:581 (2007): 393-95; doi:10.1126/science.1131295.

3. Judson Brewer et al., "Meditation Experience Is Associated with Differences

in Default Mode Network Activity and Connectivity," *Proceedings of the National Academy of Sciences* 108:50 (2011): 1-6; doi:10.1073/pnas.1112029108.

4. Fakhruddin Iraqi, a thirteenth century Sufi poet, quoted in James Fadiman and Robert Frager, *Essential Sufism* (New York: Harper Collins, 1997).
5. Abu Said of Mineh, quoted in P. Rice, *The Persian Sufis* (London: Allen & Unwin, 1964), p.34.
6. David Creswell et al., "Alterations in Resting-State Functional Connectivity Link Mindfulness Meditation with Reduced Interleukin-6: A Randomized Controlled Trial," *Biological Psychiatry* 80 (2016): 53-61.
7. Brewer et al., "Meditation Experience Is Associated with Differences in Default Mode Network Activity and Connectivity."
8. Kathleen A. Garrison et al., "BOLD Signals and Functional Connectivity Associated with Loving Kindness Meditation," *Brain and Behavior* 4:3 (2014): 337-47.
9. Aviva Berkovich-Ohana et al., "Alterations in Task-Induced Activity and Resting-State Fluctuations in Visual and DMN Areas Revealed in Long-Term Meditators," *NeuroImage* 135 (2016): 125-34.
10. Giuseppe Pagnoni, "Dynamical Properties of BOLD Activity from the Ventral Posteromedial Cortex Associated with Meditation and Attentional Skills," *Journal of Neuroscience* 32:15 (2012): 5242-49.
11. V. A. Taylor et al., "Impact of Meditation Training on the Default Mode Network during a Restful State," *Social Cognitive and Affective Neuroscience* 8 (2013): 4-14.
12. D. B. Levinson et al., "A Mind You Can Count On: Validating Breath Counting as a Behavioral Measure of Mindfulness," *Frontiers in Psychology* 5 (2014);

http://journal.frontiersin.org/Journal/110196/abstract.

13. Cole Koparnay, Center for Healthy Minds, University of Wisconsin, in preparation. 这项研究采用了比先前的一些研究更严格的标准来衡量大脑的变化。先前的一些研究结果显示冥想者大脑各项指标均有上升。
14. 但是，也许还有一小部分冥想者走上了一条不同的道路，变得既冷酷又漠然。也许是为了阻止这种趋势发展下去，许多冥想传统才着重强调同情心和奉献，因为这两者是“顶好的”。
15. Arthur Zajonc, personal communication.
16. Kathleen Garrison et al., “Effortless Awareness: Using Real Time Neurofeedback to Investigate Correlates of Posterior Cingulate Cortex Activity in Meditators’ Self-Report,” *Frontiers in Human Neuroscience*7:440 (August 2013): 1-9.
17. Anna-Lena Lumma et al., “Is Meditation Always Relaxing? Investigating Heart Rate, Heart Rate Variability, Experienced Effort and Likeability During Training of Three Types of Meditation,” *International Journal of Psychophysiology* 97 (2015): 38-45.

第九章 大脑、身体和基因组

1. Natalie A. Morone et al., “A Mind-Body Program for Older Adults with Chronic Low Back Pain: A Randomized Trial,” *JAMA Internal Medicine* 176:3 (2016): 329-37.
2. M. M. Veehof, “Acceptance- and Mindfulness-Based Interventions for the Treatment of Chronic Pain: A Meta-Analytic Review, 2016,” *Cognitive Behaviour Therapy* 45:1 (2016): 5-31.
3. Paul Grossman et al., “Mindfulness-Based Intervention Does Not Influence

Cardiac Autonomic Control or Pattern of Physical Activity in Fibromyalgia in Daily Life: An Ambulatory, Multi-Measure Randomized Controlled Trial," *Clinical Journal of Pain* (2017); doi:10.1097/AJP.0000000000000420.

4. Elizabeth Cash et al., "Mindfulness Meditation Alleviates Fibromyalgia Symptoms in Women: Results of a Randomized Clinical Trial," *Annals of Behavioral Medicine* 49:3 (2015): 319-30.
5. Melissa A. Rosenkranz et al., "A Comparison of Mindfulness-Based Stress Reduction and an Active Control in Modulation of Neurogenic Inflammation," *Brain, Behavior, and Immunity* 27 (2013): 174-84.
6. Melissa A. Rosenkranz et al., "Neural Circuitry Underlying the Interaction Between Emotion and Asthma Symptom Exacerbation," *Proceedings of the National Academy of Sciences*102: 37 (2005): 13319-24; http://doi.org/10.1073/pnas.0504365102.
7. Jon Kabat-Zinn et al., "Influence of a Mindfulness Meditation-Based Stress Reduction Intervention on Rates of Skin Clearing in Patients with Moderate to Severe Psoriasis Undergoing Phototherapy (UVB) and Photochemotherapy (PUVA)," *Psychosomatic Medicine* 60 (1988): 625-32.
8. Melissa A. Rosenkranz et al., "Reduced Stress and Inflammatory Responsiveness in Experienced Meditators Compared to a Matched Healthy Control Group," *Psychoneuroimmunology* 68 (2016): 117-25.
9. E. Walsh, "Brief Mindfulness Training Reduces Salivary IL-6 and TNF-α in Young Women with Depressive Symptomatology," *Journal of Consulting and Clinical Psycho*logy 84:10 (2016): 887-97; doi:10.1037/ccp0000122; T. W. Pace et al., "Effect of Compassion Meditation on Neuroendocrine, Innate Immune and Behavioral Responses to Psychological Stress," *Psychoneuroimmunology* 34 (2009):.87-98.

10. David Creswell et al., "Alterations in Resting-State Functional Connectivity Link Mindfulness Meditation with Reduced Interleukin-6: A Randomized Controlled Trial," *Biological Psychiatry* 80 (2016): 53-61.
11. Daniel Goleman, "Hypertension? Relax," *New York Times Magazine*, December 11, 1988.
12. Jeanie Park et al., "Mindfulness Meditation Lowers Muscle Sympathetic Nerve Activity and Blood Pressure in African-American Males with Chronic Kidney Disease," *American Journal of Physiology—Regulatory, Integrative and Comparative Physiology* 307:1 (July 1, 2014), R93-R101; published online May 14, 2014; doi:10.1152/ajpregu.00558.2013.
13. John O. Younge, "Mind-Body Practices for Patients with Cardiac Disease: A Systematic Review and Meta-Analysis," *European Journal of Preventive Cardiology* 22:11 (2015): 1385-98.
14. Perla Kaliman et al., "Rapid Changes in Histone Deacetylases and Inflammatory Gene Expression in Expert Meditators," *Psychoneuroendocrinology* 40 (2014): 96-107.
15. J. D. Creswell et al., "Mindfulness-Based Stress Reduction Training Reduces Loneliness and Pro-Inflammatory Gene Expression in Older Adults: A Small Randomized Controlled Trial," *Brain, Behavior, and Immunity* 26 (2012): 1095-1101.
16. J. A. Dusek, "Genomic Counter-Stress Changes Induced by the Relaxation Response," *PLoS One* 3:7 (2008): e2576; M. K. Bhasin et al., "Relaxation Resonse Induces Temporal Transcriptome Changes in Energy Metabolism, Insulin Secretion and Inflammatory Pathways," *PLoS One* 8:5 (2013): e62817.
17. H. Lavretsky et al., "A Pilot Study of Yogic Meditation for Family Dementia Caregivers with Depressive Symptoms: Effects on Mental Health, Cognition,

and Telomerase Activity," *International Journal of Geriatric Psychiatry* 28:1 (2013): 57-65.

18. N. S. Schutte and J. M. Malouff, "A Meta-Analytic Review of the Effects of Mindfulness Meditation on Telomerase Activity," *Psychoneuroendocrinology* 42 (2014): 45-48; http://doi.org/10.1016/j.psyneuen.2013.12.017.
19. Tonya L. Jacobs et al., "Intensive Meditation Training, Immune Cell Telomerase Activity, and Psychological Mediators," *Psychoneuroendocrinology* 36:5 (2011): 664–81; http://doi.org/10.1016/j.psyneuen.2010.09.010.
20. Elizabeth A. Hoge et al., "Loving-Kindness Meditation Practice Associated with Longer Telomeres in Women," *Brain, Behavior, and Immunity* 32 (2013): 159-63.
21. Christine Tara Peterson et al., "Identification of Altered Metabolomics Profiles Following a *Panchakarma*-Based Ayurvedic Intervention in Healthy Subjects: The Self-Directed Biological Transformation Initiative (SBTI)," *Nature: Scientific Reports* 6 (2016): 32609; doi:10.1038/srep32609.
22. A. L. Lumma et al., "Is Meditation Always Relaxing? Investigating Heart Rate, Heart Rate Variability, Experienced Effort and Likeability During Training of Three Types of Meditation," *International Journal of Psychophysiology* 97:1 (2015): 38-45.
23. Antoine Lutz et al., "BOLD Signal in Insula Is Differentially Related to Cardiac Function during Compassion Meditation in Experts vs. Novices," *NeuroImage* 47:3 (2009): 1038-46; http://doi.org/10.1016/j.neuroimage.2009.04.081.
24. J. Wielgosz et al., "Long-Term Mindfulness Training Is Associated with Reliable Differences in Resting Respiration Rate," *Scientific Reports* 6 (2016): 27533; doi:10.1038/srep27533.

25. Sara Lazar et al., "Meditation Experience Is Associated with Increased Cortical Thickness," *Neuroreport* 16 (2005): 1893-97. 这一研究比较了20位同龄、性别相同的内观禅修者（一生练习时长人均约3 000个小时）。

26. Kieran C.R. Fox, "Is Meditation Associated with Altered Brain Structure? A Systematic Review and Meta-Analysis of Morphometric Neuroimaging in Meditation Practitioners," *Neuroscience and Biobehavioral Reviews* 43 (2014): 48-73.

27. Eileen Luders et al., "Estimating Brain Age Using High-Resolution Pattern Recognition: Younger Brains in Long-Term Meditation Practitioners," *NeuroImage* (2016); doi:10.1016/j.nueroimage. 2016.04.007.

28. Eileen Luders et al., "The Unique Brain Anatomy of Meditation Practitioners' Alterations in Cortical Gyrification," *Frontiers in Human Neuroscience* 6:34 (2012): 1-7.

29. 例如：B. K. Holzel et al., "Mindfulness Meditation Leads to Increase in Regional Grey Matter Density," *Psychiatry Research: Neuroimaging* 191 (2011): 36-43.

30. S. Coronado-Montoya et al., "Reporting of Positive Results in Randomized Controlled Trials of Mindfulness-Based Mental Health Interventions," *PLoS One* 11:4 (2016): e0153220; http://doi.org/10.1371/journal.pone.0153220.

31. Cole Korponay, in preparation.

32. A. Tusche et al., "Decoding the Charitable Brain: Empathy, Perspective Taking, and Attention Shifts Differentially Predict Altruistic Giving," *Journal of Neuroscience* 36:17 (2016): 4719-32; doi:10.1523/JNEUROSCI.3392-15.2016.

33. S. K. Sutton and R. J. Davidson, "Prefrontal Brain Asymmetry: A Biological Substrate of the Behavioral Approach and Inhibition Systems," *Psychological*

Science 8:3 (1997): 204-10; http://doi.org/10.1111/j.1467-9280.1997.tb00413.x.

34. Daniel Goleman, *Destructive Emotions: How Can We Overcome Them?* (New York: Bantam, 2003).
35. P. M. Keune, et al., "Mindfulness-Based Cognitive Therapy (MBCT), Cognitive Style, and the Temporal Dynamics of Frontal EEG Alpha Asymmetry in Recurrently Depressed Patients," *Biological Psychology* 88:2-3 (2011): 243-52; http://doi.org/10.1016/j.biopsycho.2011.08.008.
36. P. M. Keune et al., "Approaching Dysphoric Mood: State-Effects of Mindfulness Meditation on Frontal Brain Asymmetry," *Biological Psychology* 93:1 (2013): 105-13; http://doi.org/10.1016/j.biopsycho.2013.01.016.
37. E. S. Epel et al., "Meditation and Vacation Effects Have an Impact on Disease-Associated Molecular Phenotypes," *Nature* 6 (2016): e880; doi:10.1038/tp.2016.164.
38. The Stephen E. Distinguished Lecture in the Science of Complementary Health Therapies.

第十章　冥想心理疗法

1. Tara Bennett-Goleman, *Emotional Alchemy: How the Mind Can Heal the Heart* (New York: Harmony Books, 2001).
2. Zindel Segal, Mark Williams, John Teasdale, et al., *Mindfulness-Based Cognitive Therapy for Depression* (New York: Guilford Press, 2003); John Teasdale et al., "Prevention of Relapse/Recurrence in Major Depression by Mindfulness-Based Cognitive Therapy," *Journal of Consulting and Clinical Psychology* 68:4(2000): 615-23.
3. Madhav Goyal et al., "Meditation Programs for Psychological Stress and Well-

Being: A Systematic Review and Meta-Analysis," *JAMA Internal Medicine,* published online January 6, 2014; doi:10.1001/jamainternmed.2013.13018.

4. J. Mark Williams et al., "Mindfulness-Based Cognitive Therapy for Preventing Relapse in Recurrent Depression: A Randomized Dismantling Trial," *Journal of Consulting and Clinical Psychology* 82:2(2014): 275-86.
5. Alberto Chiesa, "Mindfulness-Based Cognitive Therapy vs. Psycho-Education for Patients with Major Depression Who Did Not Achieve Remission Following Anti-Depressant Treatment," *Psychiatry Research* 226 (2015): 174-83.
6. William Kuyken et al., "Efficacy of Mindfulness-Based Cognitive Therapy in Prevention of Depressive Relapse," *JAMA Psychiatry* (April 27, 2016); doi:10.1001/jamapsychiatry.2016.0076.
7. Zindel Segal, presentation at the International Conference on Contemplative Science, San Diego, November 18-20, 2016.
8. Sona Dimidjian et al., "Staying Well During Pregnancy and the Postpartum: A Pilot Randomized Trial of Mindfulness-Based Cognitive Therapy for the Prevention of Depressive Relapse/Recurrence," *Journal of Consulting and Clinical Psychology* 84:2 (2016): 134-45.
9. S. Nidich et al., "Reduced Trauma Symptoms and Perceived Stress in Male Prison Inmates through the Transcendental Meditation Program: A Randomized Controlled Trial," *Permanente Journal* 20:4 (2016): 43-47; http://doi.org/10.7812/TPP/16-007.
10. Filip Raes et al., "School-Based Prevention and Reduction of Depression in Adolescents: A Cluster-Randomized Controlled Trial of a Mindfulness Group," *Mindfulness*, March 2013; doi:10.1007/s12671-013-0202-1.
11. Philippe R. Goldin and James J. Gross, "Effects of Mindfulness-Based Stress

Reduction (MBSR) on Emotion Regulation in Social Anxiety Disorder," *Emotion* 10:1 (2010): 83-91; http://dx.doi.org/10.1037/a0018441.

12. David J. Kearney et al., "Loving-Kindness Meditation for Post-Traumatic Stress Disorder: A Pilot Study," *Journal of Traumatic Stress* 26 (2013): 426-34. 退伍军人管理局的研究人员指出需进行后续研究论证这一开创性研究成果，在本书写作时，后续研究正在进行中。该项研究涉及130名患有创伤后应激障碍的退伍军人，他们被随机分为一个阳性对照组，为期4年。慈爱冥想被拿来和阳性对照组使用的被视作创伤后应激障碍"黄金标准"疗法的各种认知疗法进行比较。假设慈爱冥想也能发挥作用，但需通过不同的机理。
13. 另一篇逸事报道: P. Gilbert and S. Procter, "Compassionate Mind Training for People with High Shame and Self-Criticism: Overview and Pilot Study of a Group Therapy Approach," *Clinical Psychology & Psychotherapy* 13 (2006): 353-79。
14. Jay Michaelson, *Evolving Dharma: Meditation, Buddhism, and the Next Generation of Enlightenment* (Berkeley: Evolver Publications, 2013). 在广泛的使用过程中，心灵之旅中"黑夜"一词已经有些偏离其最初的含义。17世纪西班牙的神秘学家圣十字约翰（St. John of the Cross）第一个使用该词，当初只是用以描述通过一个神秘的领域与上帝高度合体的升华过程，而今天的"黑夜"一词意味着陷入恐惧之中，从而放弃我们的世俗身份所带来的一切。
15. Daniel Goleman, "Meditation as Meta-Therapy: Hypotheses Toward a Proposed Fifth State of Consciousness," *Journal of Transpersonal Psychology* 3:1 (1971): 1-26.
16. Jack Kornfield, *The Wise Heart: A Guide to the Universal Teachings of Buddhist Psychology* (New York: Bantam, 2009).

17. Daniel Goleman and Mark Epstein, “Meditation and Well-Being: An Eastern Model of Psychological Health,” *ReVision* 3:2 (1980): 73-84. Reprinted in Roger Walsh and Deane Shapiro, *Beyond Health and Normality* (New York: Van Nostrand Reinhold, 1983).
18. *Thoughts Without a Thinker: Psychotherapy from a Buddhist Perspective* (New York: Basic Books, 1995) was Mark Epstein’s first book; *Advice Not Given: A Guide to Getting over Yourself* (New York: Penguin Press, 2018) will be his next.

第十一章 瑜伽修行者的大脑

1. 弗朗索瓦 · 雅各布发现细胞中酶的表达水平是通过DNA转录机制发生的，他因此发现而获得1965年的诺贝尔生理学或医学奖。
2. 几年来，马修一直是心智和生命研究院的董事会成员，并且长期与该界相关的科学家保持联系，参与多次科学对话。
3. Antoine Lutz et al., “Long-Term Meditators Self-Induce High-Amplitude Gamma Synchrony During Mental Practice,” *Proceedings of the National Academy of Sciences* 101:46 (2004): 16369; http://www.pnas.org/content/101/46/16369.short.
4. Lawrence K. Altman, *Who Goes First?*(New York: Random House, 1987).
5. Francisco J. Varela and Jonathan Shear, “First-Person Methodologies: What, Why, How?” *Journal of Consciousness Studies* 6:2-3 (1999): 1-14.
6. H. A. Slagter et al., “Mental Training as a Tool in the Neuroscientific Study of Brain and Cognitive Plasticity,” *Frontiers in Human Neuroscience* 5:17 (2011); doi:10.3389/fnhum.2011.00017.
7. 当时，约翰 · 邓恩是威斯康星大学亚洲语言与文化系的助理教授。现在，他是理查德研究项目的冥想人文学特聘教授。

8. Antoine Lutz et al., "Long-Term Meditators Self-Induce High-Amplitude Gamma Synchrony During Mental Practice," *Proceedings of the National Academy of Sciences* 101:46 (2004): 16369; http://www.pnas.org/content/101/46/16369.short.

第十二章　科学奇观

1. Third Dzogchen Rinpoche, trans. Cortland Dahl, *Great Perfection, Volume Two: Separation and Breakthrough* (Ithaca, NY: Snow Lion Publications, 2008), p. 181.
2. F. Ferrarelli et al., "Experienced Mindfulness Meditators Exhibit Higher Parietal-Occipital EEG Gamma Activity during NREM Sleep," *PLoS One* 8:8 (2013): e73417; doi:10.1371/journal.pone.0073417. 这符合瑜伽修行者所说，我们也十分怀疑会在他们身上发现伽马振荡（虽然瑜伽修行者在睡眠期间确实会练习培养冥想意识，但我们尚未对他们的睡眠进行研究）。
3. Antoine Lutz et al., "Long-Term Meditators Self-Induce High-Amplitude Gamma Synchrony During Mental Practice," *Proceedings of the National Academy of Sciences* 101:46 (2004): 16369; http://www.pnas.org/content/101/46/16369.short.
4. Antoine Lutz et al., "Regulation of the Neural Circuitry of Emotion by Compassion Meditation: Effects of Meditative Expertise," *PLoS One* 3:3 (2008): e1897; doi:10.1371/journal.pone.0001897.
5. 进行脑部扫描的一周内，初学者每天花20分钟对所有人产生这种积极状态。

6. Lutz et al., "Regulation of the Neural Circuitry of Emotion by Compassion Meditation: Effects of Meditative Expertise."
7. Judson Brewer et al., "Meditation Experience Is Associated with Differences in Default Mode Network Activity and Connectivity," *Proceedings of the National Academy of Sciences* 108:50 (2011): 1-6; doi:10.1073/pnas.1112029108.
8. https://www.freebuddhistaudio.com/texts/meditation/Dilgo_Khyentse_Rinpoche/FBA13_Dilgo_Khyentse_Rinpoche_on_Maha_Ati.pdf
9. The Third Khamtrul Rinpoche, trans. Gerardo Abboud, *The Royal Seal of Mahamudra* (Boston: Shamhala, 2014), p. 128.
10. Anna-Lena Lumma et al., "Is Meditation Always Relaxing? Investigating Heart Rate, Heart Rate Variability, Experienced Effort and Likeability During Training of Three Types of Meditation," *International Journal of Psychophysiology* 97 (2015): 38-45.
11. R. van Lutterveld et al., "Source-Space EEG Neurofeedback Links Subjective Experience with Brain Activity during Effortless Awareness Meditation," *NeuroImage* (2016); doi:10.1016/j.neuroimage.2016.02.047.
12. K. A. Garrison et al., "Effortless Awareness: Using Real Time Neurofeedback to Investigate Correlates of Posterior Cingulate Cortex Activity in Meditators' Self-Report," *Frontiers in Human Neuroscience* 7 (August 2013):1-9; doi:10.3389/fnhum.2013.00440.
13. Antoine Lutz et al., "BOLD Signal in Insula Is Differentially Related to Cardiac Function during Compassion Meditation in Experts vs. Novices," *NeuroImage* 47:3 (2009): 1038-46; http://doi.org/10.1016/j.neuroimage.2009.04.081.

第十三章　重塑人格

1. Milarepa in Matthieu Ricard, *On the Path to Enlightenment* (Boston: Shambhala, 2013), p. 122.
2. Judson Brewer et al., "Meditation Experience Is Associated with Differences in Default Mode Network Activity and Connectivity," *Proceedings of the National Academy of Sciences* 108:50 (2011): 1-6; doi:10.1073/pnas.1112029108; V. A. Taylor et al., "Impact of Mindfulness on the Neural Responses to Emotional Pictures in Experienced and Beginner Meditators," *NeuroImage* 57:4 (2011): 1524-33; doi:10.1016/j.neuroimage. 2011.06.001.
3. Francis de Sales, quoted in Aldous Huxley, *The Perennial Philosophy* (New York: Harper & Row, 1947), p. 285.
4. 温迪 · 哈森坎普和她的团队使用功能性磁共振成像来识别这些步骤的每一步涉及的大脑区域。Wendy Hasenkamp et al., "Mind Wandering and Attention during Focused Meditation: A Fine-Grained Temporal Analysis during Fluctuating Cognitive States," *NeuroImage* 59:1 (2012): 750-60; Wendy Hasenkamp and L.W. Barsalou, "Effects of Meditation Experience on Functional Connectivity of Distributed Brain Networks," *Frontiers in Human Neuroscience* 6:38 (2012); doi:10.3389/fnhum.2012.00038.
5. Anders Ericsson and Robert Pool, *Peak: Secrets from the New Science of Expertise* (New York: Houghton Mifflin Harcourt, 2016).
6. T. R. A. Kral et al., "Meditation Training Is Associated with Altered Amygdala Reactivity to Emotional Stimuli," under review, 2017.
7. J. Weilgosz et al., "Long-Term Mindfulness Training Is Associated with Reliable Differences in Resting Respiration Rate," *Scientific Reports* 6 (2016): 27533; doi:10.1038/srep27533.

8. Jon Kabat-Zinn et al., "The Relationship of Cognitive and Somatic Components of Anxiety to Patient Preference for Alternative Relaxation Techniques," *Mind/Body Medicine* 2 (1997): 101-9.
9. Richard Davidson and Cortland Dahl, "Varieties of Contemplative Practice," *JAMA Psychiatry*74:2 (2017): 121; doi:10.1001/jamapsychiatry. 2016. 3469.
10. 例如，参见：Daniel Goleman, *The Meditative Mind* (New York: Tarcher/Putnam, 1996; first published 1977 as *The Varieties of the Meditative Experience*)。丹尼尔现在认为这种分类在很多方面都受到限制。比如，这种二元分类在很多方面忽略或者扭曲了一些重要的冥想方法，例如可视化练习，你生成一个图像后会伴随一系列的感受和态度。
11. Cortland J. Dahl, Antoine Lutz, and Richard J. Davidson, "Reconstructing and Deconstructing the Self: Cognitive Mechanisms in Meditation Practice," *Trends in Cognitive Science* 20 (2015): 1-9; http//dx.doi.org/10.1016/j.tics.2015.07.001.
12. Hazrat Ali, quoted in Thomas Cleary, *Living and Dying in Grace: Counsel of Hazrat Ali* (Boston: Shambhala, 1996).
13. Paraphrased from Martin Buber, *Tales of the Hasidim* (New York: Schocken Books, 1991), p. 107.
14. The Third Khamtrul Rinpoche, trans. Gerardo Abboud, *The Royal Seal of Mahamudra* (Boston: Shamhala, 2014).
15. J. K. Hamlin et al., "Social Evaluation by Preverbal Infants," *Nature* 450:7169 (2007): 557-59; doi:10.1038/nature06288.
16. F. Ferrarelli et al., "Experienced Mindfulness Meditators Exhibit Higher Parietal-Occipital EEG Gamma Activity during NREM Sleep," *PLoS One* 8:8 (2013): e73417; doi:10.1371/journal.pone.0073417.
17. 斯蒂芬 · 杰伊 · 古尔德（Stephen Jay Gould）主张这一观点：科学和宗教

代表着不同领域的权威与认知方式，而这些领域并不重叠。Stephen Jay Gould, *Rocks of Ages: Science and Religion in the Fullness of Life* (New York: Ballantine, 1999).

第十四章　培养健全心智

1. L. Flook et al., “Promoting Prosocial Behavior and Self-Regulatory Skills in Preschool Children through a Mindfulness-Based Kindness Curriculum,” *Developmental Psychology* 51:1 (2015): 44-51; doi:http://dx.doi.org/10.1037/a0038256.
2. R. Davidson et al., “Contemplative Practices and Mental Training: Prospects for American Education,” *Child Development Perspectives* 6:2(2012): 146-53; doi:10.1111/j.1750-8606.2012.00240.
3. Daniel Goleman and Peter Senge, *The Triple Focus: A New Approach to Education* (Northampton, MA: MoreThanSound Productions, 2014).
4. Daniel Rechstschaffen, *Mindful Education Workbook* (New York: W. W. Norton, 2016); Patricia Jennings, *Mindfulness for Teachers* (New York: W. W. Norton, 2015); R. Davidson et al., “Contemplative Practices and Mental Training: Prospects for American Education.”
5. 这项工作仍处于起步阶段，截至撰写本书时，评估游戏的第一批科学论文正在准备发表。
6. D. B. Levinson et al., “A Mind You Can Count On: Validating Breath Counting as a Behavioral Measure of Mindfulness,” *Frontiers in Psychology* 5 (2014); http://journal.frontiersin.org/Journal/110196/abstract.《坚持不懈》于2017年年底面世。更多信息详见：http://centerhealthyminds.org/。
7. E. G. Patsenko et al., “Resting State (rs)-fMRI and Diffusion Tensor

Imaging (DTI) Reveals Training Effects of a Meditation-Based Video Game on Left Fronto-Parietal Attentional Network in Adolescents," submitted 2017.

8. B. L. Alderman et al., "Mental and Physical (MAP) Training: Combining Meditation and Aerobic Exercise Reduces Depression and Rumination while Enhancing Synchronized Brain Activity," *Translational Psychiatry* 2 (accepted for publication 2016): e726-9; doi:10.1038/tp.2015.225.
9. Julieta Galante, "Loving-Kindness Meditation Effects on Well-Being and Altruism: A Mixed-Methods Mnline RCT," *Applied Psychology: Health and Well-Being* 8:3 (2016): 322-50; doi:10.1111/aphw.12074.
10. Sona Dimidjian et al., "Web-Based Mindfulness-Based Cognitive Therapy for Reducing Residual Depressive Symptoms: An Open Trial and Quasi-Experimental Comparison to Propensity Score Matched Controls," *Behaviour Research and Therapy* 63 (2014): 83-89; doi:10.1016/j.brat.2014.09.004.
11. Kathleen Garrison et al., "Effortless Awareness: Using Real Time Neurofeedback to Investigate Correlates of Posterior Cingulate Cortex Activity in Meditators' Self-Report," *Frontiers in Human Neuroscience* 7(August 2013):1-9.
12. Judson Brewer et al., "Mindfulness Training for Smoking Cessation: Results from a Randomized Controlled Trial," *Drug and Alcohol Dependence* 119 (2011b): 72-80.
13. A. P. Weible et al., "Rhythmic Brain Stimulation Reduces Anxiety-Related Behavior in a Mouse Model of Meditation Training," *Proceedings of the National Academy of Sciences*, in press, 2017. 闪光灯可能会对癫痫患者造成危险，因为有节奏的闪光有时会引发癫痫发作。

14. H. F. Iaccarino et al., “Gamma Frequency Entrainment Attenuates Amyloid Load and Modifies Microglia,” *Nature* 540:7632 (2016): 230-35; doi:10.1038/nature20587.

15. 老鼠具有基本的哺乳动物生理特征，其反应能在一定程度上映射人类，但不完全。当涉及大脑时，差异变得更加明显。

16. 这种策略的一些证据: C. Lund et al., “Poverty and Mental Disorders: Breaking the Cycle in Low-Income and Middle-Income Countries.” *Lancet* 378:9801 (2011): 1502-14; doi:10.1016/S0140-6736(11)60754-X。